教育学博士文库

中国教育学会教育学分会　组编

策划：郭　戈　刘立德

教育学博士文库（已出书目）

◎教育均衡论——中国基础教育均衡发展实证分析（翟博著）
◎期望与行动——边疆多民族地区高等教育投入研究（李慧勤著）
◎小学语文主题教学研究（窦桂梅著）
◎城乡教育公平论——基于文化视阈的研究（王振存著）
◎经合组织参与全球教育治理研究（丁瑞常著）
◎教育不平等的发生机制研究——基于资源分配的视角（郭丹丹著）
◎新时代教育公平研究（庞君芳著）

丛书责编　刘立德　韩华球
本书责编　陆　洋

教育学博士文库

新时代教育公平研究

庞君芳 著

中国教育出版传媒集团
人民教育出版社
·北京·

图书在版编目（CIP）数据

新时代教育公平研究/庞君芳著. — 北京：人民教育出版社，2023.9
（教育学博士文库）
ISBN 978-7-107-37268-1

Ⅰ. ①新… Ⅱ. ①庞… Ⅲ. ①教育—公平原则—研究—中国 Ⅳ. ①G52

中国国家版本馆 CIP 数据核字（2023）第 171006 号

新时代教育公平研究

出版发行 人民教育出版社
（北京市海淀区中关村南大街 17 号院 1 号楼 邮编：100081）
网　　址 http://www.pep.com.cn
经　　销 全国新华书店
印　　刷 唐山玺诚印务有限公司
版　　次 2023 年 9 月第 1 版
印　　次 2023 年 9 月第 1 次印刷
开　　本 787 毫米×1 092 毫米 1/16
印　　张 16.75
字　　数 242 千字
印　　数 0 001～1 500
定　　价 49.00 元

序

公平一直是人类社会孜孜以求的崇高目标和永恒理念，而教育公平则是其中至关重要的一项内容，它关涉人们在教育领域的自由权利，体现了受教育个体或群体在社会中被平等对待的程度。可以说，教育公平是实现社会公平的重要基础，是促进社会公平发展的逻辑起点，也是实现人的全面发展的重要途径。因此，教育公平已经成为衡量现代社会公平正义水平的一个重要指标，是我国社会主义现代化强国建设、实现共同富裕的重要内容，是新时代教育的一项重要任务和一个重大课题，也是社会对教育满意度的风向标。

教育公平是一个古老的话题。中国自春秋以来就相当重视教育，孔子等开办私塾，主张有教无类，改变了官学一统天下的格局，使受教育者有了新的选择和机会。自隋唐开创科举制以后，读书应试便成为寒门学子改变命运的最重要的机会，而且也成为维护社会长期稳定的“变压器”。

进入21世纪以来，随着教育事业的快速发展，教育公平成为一个热门话题，在新时代仍然是国家教育政策的一个基本取向。2013年9月，习近平同志在联合国举行的“教育第一”全球倡议行动一周年纪念活动上发表视频贺词时指出：“中国将坚定实施科教兴国战略，始终把教育摆在优先发展的战略位置，不断扩大投入，努力发展全民教育、终身教育，建设学习型社会，努力让每个孩子享有受教育的机会，努力让13亿人民享有更好更公平的教育，获得发展自身、奉献社会、造福人民的能力。”党的十八大以来，以习近平同志为核心的党中央坚持以人民为中心的发展思想，把教育优先发展、建设教育强国作为中华民族伟大复兴的基础工程，大力促进教育公平，全面提高教育质量，保障每个人平等接受教育，让人人都有人生出彩的机会。

2017 年 10 月 18 日，习近平同志在党的十九大报告中进一步指出，要“努力让每个孩子都能享有公平而有质量的教育”。这是新时代教育变革的新要求，也是新时代教育发展的价值诉求。2018 年 9 月 10 日，习近平同志在全国教育大会上进一步强调，要坚持教育公平，希望通过改革创新，“推动教育从规模增长向质量提升转变，促进区域、城乡和各级各类教育均衡发展，以教育现代化支撑国家现代化”，明确提出要将教育公平的理念和实践相结合，促进新时代教育公平的发展。有一段时期，我们总是把公平和质量对立起来：谈促进教育公平，怕损害教育质量；谈提高教育质量，怕制约教育公平的推进。但是，党的十九大正式将“公平”和“质量”连接并举，表明今后每一个孩子，不管在城市还是在乡村，均应接受公平而有质量的教育。这也意味着只有坚持公平与质量兼顾的价值理性和工具理性的统一，才能做到真正的教育公平。

约翰·罗尔斯（J. B. Rawls）在他的《正义论》中提出了“公平的正义”观念，认为通常情况下，一般的社会价值，无论是自由、机会，还是财富、自尊等，都需平等分配。对于公平的两大正义原则，罗尔斯把“公平自由”列为“第一优先原则”。诚然，在影响教育公平发展的诸多因素中，公平和质量同样被认为是促进个体多元、协调发展的首要原则。对于每个独立的人而言，教育公平是充分发挥个体潜能、尊重个人选择，从而实现自身价值的存在。按照马克思的观点，教育公平所持守的是“作为一个总体的人，占有自己的全面的本质”，是人通过自身合乎人性的复归使自身充分占有人的真正本质，体现为人摆脱奴役与压迫，追求理想的、更为人性的生产和社会关系，实现真正的自由发展。

大力发展教育事业，优先发展教育事业，是加快推进社会主义现代化、实现中华民族伟大复兴中国梦的必由之路。面对新时期经济社会发展的迫切要求和广大人民群众对教育日益增长的多样化需求，我国教育发展还不能完全满足这些要求和需求，存在许多矛盾和困难，也面临新的挑战。虽然教育发展已经站在一个新的历史起点上，但与发达国家相比，我国教育发展总体水平依然不高，结构不尽合理，教育观念、教育内容和人才培养模式还不能适应现代化建设和提高国际竞争力的需要，教育投入不足的问题仍然比较突出，教育实现全面协调可持续发展的任务还很艰巨，特别是在教育公平方面，还存在这样或那样的问题，社会转型期出现的诸多矛盾反映在教育领域中，使得教育承载着较大的压力。解决我国经济社会发展面临的诸多矛盾和问题，包括构建和谐社会和实现中国梦面临的许多矛盾和问题，关键还是要靠发展。因此，必须从社会主义现代化建设的全局出发，着眼于实现中华民族伟大复兴的长远需求，坚定不移地走中国特色社会主义教育发展道路，坚定不移地实施科教兴国战略和人才强国战略，始终坚持教育优先发展，牢固树立“抓教育就是抓发展、抓未来”的理念，真正把教育搞上去，培养和造就数以亿计的高素质劳动者、数以千万计的专门人才和一大批拔尖创新人才，加快推进教育现代化，基本形成学习型社会，基本建成人力资源强国，为实现共同富裕、构建社会主义和谐社会、加快社会主义现代化建设提供强有力的人才和人力资源保证，为在 2035 年基本实现社会主义现代化奠定更为坚实的基础。有鉴于此，全面考察教育公平的相关理论与实践问题就具有十分重要的意义。

庞君芳博士几年前就基于马克思主义公平观的视角，密切关注教育公平的“应然”和“实然”，并把这一问题作为她博士学位论文的选题。在此基础上，尤其是结合新时代中国特色社会主义教育的新进展、新视野，她撰写了《新时代教育公平研究》一书。该书分析了教育公平的内涵和价值，回顾了中外教育公平思想的发展历程，研究了当代中国教育公平的现状，特别是对于现代化进程中教育公平典型问题进行了深入分析并提出了解决问题的思路，展望了中国教育公平的未来发展，为构建新时代中国特色社会主义教育的公平战略和策略、推动教育公平实践提供了参照。

这本书最大的特点是不再局限于教育学的角度对教育公平做“实然”描述，而是从马克思主义政治哲学的角度，基于哲学、教育学、法学、社会学等多学科视角进行研究，丰富了教育公平研究的维度，提供了马克思主义政治哲学视域下教育公平的实证研究范式。

这本书以“新时代”冠名，给教育公平的研究打上了鲜明的时代印记。在中国教育进入新时代的重要历史时刻，该书重点对马克思主义政治哲学视域下当代中国的教育公平问题进行深入的研究和新的展望，尤其是对新时代教育公平的发展战略和推进策略进行前瞻性思考，这对当前和今后我国教育公平实践具有很好的借鉴意义，对从事教育政策研究、教育理论探索的同志来说，也有一定的参考价值。

诚然，任何研究都不可能一步到位，也不可能十全十美。教育公平还有许多问题需要继续深入研究和探索。例如，关于个性化公平的问题。孔老夫子在2 000多年前提出人类的教育梦想，就是“有教无类”和“因材施教”。前者解决的是教育公平的问题，后者解决的是个性化教育的问题。两者并不矛盾。我认为，个性化的公平才是真正的公平、高质量的公平，平均化的公平只是低阶段的公平。目前，我们做的很多推进教育公平的措施，是在教育资源有限的情况下被迫做的选择，未来随着教育资源泛在化、充裕化，教育的选择会不断增加，个性化才能更好地得到实现，帮助每个人得到最适合的教育，让每个人成为更好的自己，才是公平与个性化的完美结合。

再如，关于阅读与教育公平的研究。美国学者赫希（E. D. Hirsch, Jr.）在《知识匮乏：缩小美国儿童令人震惊的教育差距》一书中提出，阅读的差距，恰恰是社会不公平的重要原因所在，“我们只有在妥善处理好阅读问题后，才能在知识经济时代的竞争中处于最佳地位，才能实现保证每位学生人生起点公平的目标。与经济繁荣和社会公平相比，解决阅读问题才是当下最为紧要的事情”。所以，他发起的核心知识运动，就是努力让所有的学生能够和那些最伟大的经典对话，用阅读填平社会的沟壑。研究教育公平，如果能够关注阅读公平的问题，也许能够发现一些新的推进教育公平与社会公平的路径。

瑕不掩瑜。希望君芳博士百尺竿头，更进一步，继续对教育公平问题进行深入钻研，为教育公平研究再谱新篇章。

是为序。

朱永新

2021年12月8日写于北京滴石斋

（本序作者系苏州大学教授、博士生导师，中国陶行知研究会会长，“新教育实验”发起人，全民阅读形象代言人）

目　录

第一章
导 论

从人类社会发展来看，公平一直是人们追求的崇高目标和永恒理念，也是人们进行价值判断的标准之一。教育公平是人类社会实现社会公平的重要基础，是促进社会公平发展的逻辑起点，也是实现人的全面发展的重要途径。被称为美国“公立学校之父”的贺拉斯·曼（H. Mann）曾这样说：“教育是实现人类平等的伟大工具，它的作用比任何其他人类的发明都伟大得多。”① 特别是在当代，教育公平已经成为衡量现代社会是否公平的一个重要指标，追求教育公平成为世界范围教育改革和社会发展的重要趋势，关于教育公平问题的讨论和研究一刻也没有停止过。然而综观已有的相关研究成果，从马克思主义公平观的视角考察教育公平问题在当前的研究领域还是一个薄弱的环节。因此，加强这方面的研究具有重要的意义。

一、研究内容和研究意义

教育公平作为一个研究对象，其意义一方面来自教育本身的内在价值，另一方面则来自人们对公平的普遍性诉求。从词源学上来讲，“教育”一词取自德语单词“die Bildung”，原指一种具有创造性质的绘画过程，引申为人类通过对自然乃至社会的认知，形成自我内在精神的塑型，并将其形式表现在客观的成长过程中。从哲学的角度来看，这一过程意味着主体在自我丰富和完善过程中与外在客体之间关系的逐渐明晰，更意味着主体对自身及周围世界认知的提升。人是自

① 布鲁贝克. 高等教育哲学［M］. 王承绪，郑继伟，张维平，等译. 杭州：浙江教育出版社，1987：66.

然的实体，也是社会的实体，在对自然的改造中，创造着丰富多彩的社会生活形式。因而认识和理解人在物质生产与社会生活中接受客观世界的教育，便是教育本质的研究问题。教育伴随着人类的产生而产生，与社会的发展息息相关。在中国，历史上有着百家争鸣式的教育思想和形式多样的教育实践活动。现阶段，教育在促进个人发展与增强国家影响力方面的作用，已成为国家决策者及大多数教育研究者关注的热点。与教育相关的诸多问题也相应地引起了各方有识人士的注意。其中，既有宏观层面上关乎教育主客体关系的哲学思考，也有微观层面涉及教育课堂课程方面的实践教学环节，更有从教育公平层面澄清教育问题逻辑前提和现实政策可行性的国家制度设计。

党的十九大报告指出，中国特色社会主义进入新时代，我国社会主要矛盾已经转化为人民日益增长的美好生活需要和不平衡不充分的发展之间的矛盾，要把“推进教育公平”“努力让每个孩子都能享有公平而有质量的教育”作为改善民生水平的重要着力点。新时代社会主要矛盾的变化在教育领域也有反映。新时代教育领域的主要矛盾也已经转化为人民群众对更公平更优质教育的需求和优质教育资源不平衡不充分之间的矛盾。① 这种“不平衡不充分”的教育发展与新时代教育公平的需求不相适应，因而，新时代的教育公平需要满足人民从“有学上”到“上好学”，从“要我学”到“我要学”的转变。②

当然，教育公平之所以对新时代中国特色社会主义现代化建设时期的中国如此重要，并不仅仅因为其在发展现实经济上所拥有的软实力，还因为教育公平问题在关注公共利益的同时对于个人全面自由发展的价值诉求。而一旦我们从哲学、历史过程乃至现实存在的角度思考教育公平，就会发现，教育公平并不是一种抽象的概念，而是有着自己的逻辑相关性、历史演变性乃至制度发展性。因而，当我们把一个更为宽泛的概念——公平，应用到教育领域的时候，公平便在具有

① 冯建军. 新时代美好教育生活及其创造之路［J］. 中国教育学刊，2018（12）：43－48.

② 程天君. 以人为核心评估域：新教育公平理论的基石——兼论新时期教育公平的转型［J］. 华东师范大学学报（教育科学版），2019（1）：116－123.

社会范围内的普遍性的同时，开始关照教育领域的历史和逻辑前提，从而既赋予教育以历史基础，又时刻提醒研究者在历史范畴内对教育公平问题的逻辑合理性予以关注。如此一来，教育公平问题便开始剥离人们主观想象的构建，立足于历史和社会现实，通过逻辑合理性与历史现实的辩证统一，实现对教育公平概念的全方位剖析。

教育公平概念，或者从更为广泛的意义上来说，公平概念本身并非一个凭借自身便能构建出合理的论证体系的概念，尚有其他相关概念在与公平概念进行对比的过程中，呈现出公平概念的具体内涵，勾勒出公平概念应用的具体对象。这些概念包括自由、平等、公正、正义、效率，它们各自的地位和作用可以总结为：(1) 作为逻辑起点的自由；(2) 体现客观价值的形式统一的平等；(3) 体现主观价值的形式差异的公平；(4) 体现法律监督机制的公正；(5) 作为主观价值与客观价值的辩证统一的正义；(6) 展现价值实现的内在结构的效率。从价值层面上来讲，罗尔斯（J. B. Rawls）是最早发现由公平正义所主导的价值体系的逻辑构成的，因而与公平正义相关的其他概念也可以从价值可能实现的角度予以分析。罗尔斯在《正义论》中提出了正义的有关原则。第一正义原则是平等自由的原则，这一原则提倡自由的优先性，即自由只能为了其自身的原则而受到限制。第二正义原则为差别原则和机会公平原则。在对自由、正义以及效率等进行价值排序时，罗尔斯认为，自由具有最为突出的优先性，它优先于其他所有价值。

但公平本身在人类社会中具有永恒的价值。诚然，公平、平等、公正、正义、效率不能脱离规定其存在的社会和历史现实。可以说，自由为以上诸多概念的实现提供了主体性的活动意向，而历史的社会现实则为其提供了活动的场所和可能开拓的更多空间。具体来讲，公平概念是自由概念主体意识在社会领域的实际应用，是个体依据自身处境表达符合自身需求的一种价值诉求，是由千差万别的主体自我考量后的主观表达，它关乎人的自由在人的自然关系、社会关系以及与人自身的关系中的实现程度。

教育公平作为社会公平在教育领域的价值延伸，成为衡量现代民主社会公平与否的一个重要指标，是人类社会实现社会公平的重要手段和途径，是现代社会的基础性公平。因而，教育公平在一定程度上分享了社会公平的价值取向，也分享了社会公平之所以可能的逻辑前提。按照马克思主义的观点，社会公平只有在人与人结合而成的社会之中实现，公平并不是一个原子个人的公平，公平首先意味着个人生存于其中的那个社会的公平，是整个社会范围内人与人之间关系的某种合理性调适的结果。既然教育公平是实现社会公平的重要手段，因此有关教育公平的讨论也不能离开受教育个人所处的那个社会，教育公平首先是人与人之间的公平。这种公平受到自然条件和社会条件的制约，受到先天存在和后天养成的影响，因而它也就不可能像罗尔斯所坦言的那样，在无知之幕的脆弱掩盖下，建立起形式主义的公平。而如果这种公平忽略人自然状态下的智力和体力的差异、社会状态下家庭伦理出身、社会国家制度设计上的复杂考量，只单纯考虑原子个人的公平，忽视个人所生长的社会环境，那么仅从这样的角度来看待教育公平问题，多少带有乌托邦的色彩。因此，应用马克思主义的观点历史辩证地看待教育公平问题就具有重要的价值意义。

马克思主义认为，公平不单是表面的国家领域内的实现，它同时还是实际的，是社会领域包括教育领域内的实行。这就有了公平与社会公平、教育公平的现实关系问题。从马克思（K. Marx）、恩格斯（F. Engels）的有关论述中，我们可以看到，教育公平和社会公平紧密相连，前者是后者实现的重要凭借。① 因此，在我们言说社会公平时，实际上已经在某种程度上涉及教育公平所能实现的逻辑前提，即人类自有社会以来的各种社会存在形态。同时，罗尔斯在对那种形式上的公平观予以批判后，提出了较具说服力的公平思想。罗尔斯认为，与公平意思相近的正义的主要问题是社会的基本结构，或更准确地说，是社会主要制度分配基本权利和义务，决定由社会合作产生的利益之

① 《国家中长期教育改革和发展规划纲要（2010—2020 年）》中明确指出，教育公平是社会公平的重要基础。

划分的方式。[1] 然而，既然教育公平涉及人与人之间在教育领域利益的恰当分配关系，那么，在现有教育公共资源相对稳定有限的前提下，如何满足人人享有平等的受教育权利，这种普遍权利如何在现实中通过教育资源的恰当分配得以实现等问题也就渐渐成为最值得关注的焦点。

依据马克思、恩格斯的理论学说展开对教育公平问题的分析时，我们发现，若要全面理解教育公平问题，必然涉及四个方面的内容。

第一，教育公平的核心问题：平等受教育权的人人享有。马克思在对资本主义的平等观进行批判的过程中，提出了一种消灭阶级界限的平等思想。他认为，无产阶级提出的平等要求具有双重意义。它或者是对“明显的社会不平等”的自发的反应，或者是“从对资产阶级平等要求的反应中”产生出来的。在这两种情况之下，“无产阶级平等要求的实际内容都是消灭阶级的要求。任何超出这个范围的平等要求，都必然要流于荒谬”[2]。无产阶级的平等概念反映在教育领域内，即是在消灭资产阶级有限范围内的平等观之后，建立起人人享有的平等受教育权。这种终极的公平观在马克思那里是一种需要长久的历史和物质积累后才能达致的目标。然而，虽然马克思设立了一个终极的公平概念，这种公平也并非永久的公平，而是存在于一定的生产制度之中，因此，即便在未完成的历史终极目标之前，公平或者说教育公平，仍然会以其相应的形态获得其存在的空间。

第二，教育公平的本质问题：教育资源的公平分配。将教育公平的核心问题转化到实践操作层面，这就涉及教育公平的本质问题，那就是教育资源的恰当分配。只有将核心问题和本质问题结合起来，才能看到教育公平的实质性领域。否则，只是抽象地讨论平等受教育权，并不能使教育公平发挥实际的功能。而教育资源恰当分配的核心问题又在于如何以合理的方式分配既有教育资源以满足人人平等享有受教育权的需要。马克思首先承认每个个体的不同，创造劳动产品的

---

① 罗尔斯. 正义论［M］. 何怀宏，何包钢，廖申白，译. 北京：中国社会科学出版社，1988：5.

② 马克思恩格斯选集：第 3 卷［M］. 中共中央马克思恩格斯列宁斯大林著作编译局，编译. 北京：人民出版社，2012：484.

质量和数量有所差异，并且认为社会应该按照劳动的多寡进行分配，从而实现平等。他说："生产者的权利是同他们提供的劳动成比例的；平等就在于以同一尺度——劳动——来计量。"① 但是，另一方面，马克思又认为这种基于原始意义上的平等仅仅是一种形式的平等，它同时产生另外一种形式的不平等现象。如此，便需要在产生的物质财富和精神财富中进行公平的分配。

第三，教育公平的实现基础：生产力的高度发展。马克思所批判的资产阶级的公平观是建立在现代世界的商品经济基础之上的，它是把等价交换视为公平的重要尺度。恩格斯在谈到资产阶级平等观的产生时就说："当社会日益成为资产阶级社会的时候，国家制度仍然是封建的。大规模的……世界贸易，要求有自由的、在行动上不受限制的商品占有者……是有平等权利的，他们根据对他们所有人来说都平等的、至少在当地是平等的权利进行交换。"②

第四，教育公平的终极理想：人的自由全面发展。可以说，马克思、恩格斯所构筑的历史唯物主义的宏伟工程中，教育公平问题成为一个检验马克思、恩格斯学说的极为适当的试验场。教育公平所涉及的四个方面的内容，既有西方哲学语境下对于形式公平的设想，又有教育诸活动中构建教育主客体关系时的对象性运动，既有形而上的制度构想，又有形而下的实践操作。尤其重要的是，教育公平概念本身所引申出来的价值判断，在马克思主义的学说体系中，焕然成为人类追求自身全面发展的目标，从而使那些片面地将马克思主义学说理解为经济决定一切的庸俗唯物主义者们无所遁形。最终不得不同意这样一种见解，即在承认生产力发展的同时，不断强调人类自由全面发展的终极价值目的。

当前，我国存在着教育不公平的诸多现象，由此引发我们思考造成教育不公平现象的原因。

首先，教育不公平是人类社会普遍存在的一种现象，具有普遍性和一般性，是全人类的问题。之所以如此，既有个体天赋差异的原

①② 马克思恩格斯选集：第 3 卷［M］. 中共中央马克思恩格斯列宁斯大林著作编译局，编译. 北京：人民出版社，2012：364；482.

因，又有家庭出身、区域成长环境不同等方面的原因。个人天赋的情况，家庭的经济状况，家庭成员的职业、文化修养以及他们对教育的基本认识，家庭的地理位置等都是直接影响人类受教育机会的重要因素。而且，这些因素很难予以消除。因此，在教育机会方面绝对均等的设想是不可能实现的。

其次，教育不公平是阶级社会这个特有的历史存在阶段的必然现象。其中既有工农阶级之间差别造成的制度性问题，也有马克思《1857—1858 年经济学手稿》中提及的在“城市乡村化”和“乡村城市化”过程中形成的城乡差别问题。除此之外，还有因阶级社会分工的逐渐细化而造成的日趋扩大的脑力劳动与体力劳动之间的差别问题。

最后，一些人为因素造成了教育不公平现象。人为因素造成的教育不公平现象源于生产力发展水平、社会发展程度的限定，特别是国家政策制定和执行过程中的失误等。这种不公平现象可以通过丰富合理的物质积累和制度设计予以解决。

由种种一般性或者特殊性的原因造成的教育不公平现象，在中国教育现状中，特别是在教育资源的均衡发展问题、人才培养的机制健全问题和人才选拔的高考公平问题这三个极具典型性的课题中显得尤为突出。

在教育资源不均衡问题上，具体表现为：（1）城乡教育差距较大，农村教育问题突出。（2）地区教育差距明显，教育经费投入差别显著。（3）阶层差距明显，学校等级化问题突出。然而，从当前情况看，我国要想在教育投入上达到合理的水平，实现城乡、区域、校际等机会均等，似乎道阻且长。在这种情况下，教育结构的优化和教育资源的整合就显得尤其重要。“早期，政府在教育资源的配置方面，基于早出人才、多出人才的理念，往往对于同一区域不同等级的高校采取差别对待的方式。在教育资源配置过程中，向重点学校倾斜的政策屡见不鲜，这样必然使得高等教育资源在分配过程中形成了强者越强、弱者越弱的马太效应，加剧了不同高校之间的不公平竞争。”①

---

① 联合国教科文组织. 教育的权利：走向全民终身教育［M］. 联合国教科文组织中文科，译. 北京：中国对外翻译出版公司，2001：63.

因此，要想实现人人平等地享有公共教育资源的愿望，政府必须采取切实有力的措施，矫正历史形成的教育不平衡，减少各种教育差距，促进教育资源更加均衡地发展。这些举措包括以下内容：(1) 优化师资队伍配置，理顺内部关系，促进教育均衡发展；(2) 坚持公平与质量并重的原则，建立有效的政策机制，促进教育公平；(3) 优化教育资源配置，增加教育投入，推动教育公平；(4) 加强政府督导力度，提高办学规范，维护教育公平；(5) 推动教育变革，在人的全面发展中实现教育公平。

实际上，教育不公问题的出现除了教育资源分配不均等原因外，还有教育体制上的一些原因。教育公平的实现不仅是简单的教育理念上的勾勒，更需要形成促进教育机会、权利等平等发展的机制。我国现存的教育公平问题，很大程度上不是教育者和受教育者自身的或自然的原因造成的，而主要是由教育政策以及由教育政策延伸出来的教育法规、制度、机制的缺失和错位造成的。当前教育公平机制既不能协调经济不平衡发展所带来的两极分化现象，又不能抑制某些制度性因素对教育公平的损害，更不可能真正实现受教育者个性自由发展的目标。为了解决教育体制导致的教育不公问题，笔者试图在本书中从平等、差异、补偿、评价四个维度寻找解决之道。

高考公平作为教育公平的重要组成部分，由于与高等教育入学机会、入学条件乃至个体今后的社会地位和发展紧密相关，因此直接影响教育公平的实现程度。区域不公平导致的竞争机会不平等、利益表达失衡导致的竞争过程失范、差异失衡导致的竞争结果不公平等都是当前我国高考面临的现实问题。从深层原因分析，高考公平的实现程度同一定的社会制度相联系，与社会的文化发展相关联，是社会经济利益冲突在教育实践中的集中反映。为解决高考不公平导致的教育不公问题，本书试图从程序性正义、补偿性正义和评价性正义三个原则和统一性与多元性、公平性与科学性、民主化与个性化三个方面寻求高考公平的解决路径。

新时代经济社会的快速发展对教育公平的发展提出更高要求，教育公平在发展战略和推进策略上都有了新的时代变化。

发展战略上，要明确教育公平的当代意义，坚持中国梦视域下的教育公平实践场域，主要举措有：(1) 锚定中华民族伟大复兴，为实现教育公平激发精神力量；(2) 坚持教育优先发展，为实现教育公平奠定坚实基础；(3) 推动教育协调发展，为实现教育公平构筑牢固平台；(4) 深化教育改革发展，为实现教育公平提供动力支持；(5) 促进人的全面发展，为实现教育公平明确努力方向。

推进策略上，坚持以人为本，指向受教育个体的个性化、多样化发展，促进新时代教育现代化美好目标的实现。主要策略有：(1) 坚持公平而有质量的教育发展观；(2) 推动教育机制的有效变革，以促进教育资源的均衡发展；(3) 振兴乡村教育，以促进教育资源的优化配置；(4) 推动差异化教育，实现个性发展；(5) 在改革创新的各类实践中推进美好教育的实现。

二、研究设计和研究方法

(一) 研究设计

第一，从历史角度考察教育公平思想的历史沿革，得出从中国古代社会一直到近现代社会，教育公平问题并不是以一种固定的存在样态困扰着社会上的人们，它在不同的历史时代具有不同的表现。沿着这一线索，将每个历史时代所面临的教育公平诸问题提炼出来，进而反思当今中国教育公平领域为何会出现这些问题，并试图寻找解决这些问题的根本路径和方法。

第二，明确教育公平的理论内涵及其内在价值。以马克思主义公平观为指导，分析公平、教育公平，辨析公平与平等、公正和正义等的差异，区分教育公平与教育平等、教育效率以及教育自由之间的差别；指出教育公平的内涵既包括对人人都有平等受教育机会和权利的普遍确认，也包括如何在现实中维护这种普遍机会和权利，从而实现对教育资源的恰当分配；明确马克思主义教育公平观的基本属性，包括教育公平的核心问题、本质问题、实现基础和终极理想。

第三，概述改革开放之后中国教育公平发展的现状与困境，提出解决教育公平问题的基本原则：承认教育不公平的客观存在，消灭影响教育公平的三大差别，探索按劳分配条件下的教育资源恰当配置，规范教育公平的法治基础。

第四，对社会转型期中国教育公平典型问题进行剖析。从微观角度，从教育资源的均衡发展问题、人才培养的机制健全问题、人才选拔的高考公平问题三个方面，突出呈现当前中国教育公平领域的典型问题，探讨其现实困境及形成原因，探索实现教育公平的应对策略，实现理论分析对实践活动指导的目的，为解决当代中国讨论教育公平时所遇到的问题，提供可供参考的见解和对策。

第五，分析新时代中国特色社会主义背景下教育公平的实践场域，对当前教育公平的实践进行现实的理性思考和展望。明确教育公平是实现中国梦的内在要求和根本保障，是新时期马克思主义基本原理与中国特色社会主义教育实践相结合的具体表现。指出教育公平发展对于实现中华民族伟大复兴中国梦的重大意义，明确教育优先发展、教育协调发展、教育改革发展、人的全面发展等之于教育公平的重要价值。

第六，探索新时代教育公平的推进策略。新时代教育公平的内涵是以人为本，指向受教育个体的个性化、多样化发展。要根据教育不公平的客观存在因素，坚持公平和质量并重，把握教育资源的均衡分配以及分配的恰当性。促进有差异的平等的实现，满足不同受教育个体、群体对教育公平的需要，促进新时代美好教育的实现。

总体而言，遵循历史与逻辑相统一、理论与实践相结合的方法论，从理论、历史、现实和未来四个层次研究教育公平的理论内涵、历史线索、发展现状、典型问题、应对策略及未来发展，分析当前中国社会产生教育不公平现象的深层原因，在此基础上全景式呈现教育公平本身及其诸问题，为构建中国特色社会主义教育的公平战略和策略、推动教育公平实践提供参考。

（二）研究方法

1. 文献研究法

文献研究法主要是通过文献的收集、整理等形成科学认识。因为教育公平问题关乎哲学、社会学、历史学、政治学、伦理学等多学科知识内容，所以在探讨教育公平问题时会涉及大量文献。其中不仅有中国的历史文献，还有西方世界的古典与现代文献，它们共同构成一个庞大的文献库，为该研究提供了充足的资料准备。在梳理中西方文献的过程中，相对于社会学、政治学、历史学、伦理学的分析视角，对教育公平问题的哲学分析成为笔者关注的一个重点，因而在文献筛选上，更集中于搜集中西方大思想家、大哲学家的经典作品。其中，西方部分多偏重选取柏拉图（Plato）、亚里士多德（Aristotle）、洛克（J. Locke）、卢梭（Rousseau）、康德（I. Kant）、罗尔斯等人的著作中有关教育公平问题的阐释。中国部分则多集中于对古典文献的现代解读，从而梳理出中国教育公平思想的发展脉络及其在世界范围内的影响与特色。最为重要的一点是，由于是在马克思主义公平观的背景下谈论教育公平问题，因而更需要参考马克思、恩格斯经典著作中有关此类问题的研究，其中涉及的文献包括《1844 年经济学哲学手稿》《1857—1858 年经济学手稿》《德意志意识形态》《共产党宣言》《哥达纲领批判》《关于费尔巴哈的提纲》《资本论》等。

2. 历史和逻辑相统一的方法

本书选择从马克思主义公平观的视角来研究教育公平问题。马克思主义的理论学说认为，教育公平的发展是一个动态变化、具体实践的历史过程，同时又是一个逻辑论证的过程。教育发展最终必然能够促进教育公平程度和水平的提高，但在现代教育发展过程的某一阶段，教育发展基础、教育公平形态、参考群体的变化，以及由此所产生的相对剥夺，会引起社会更大的教育不公平，甚至比教育发展水平较低的历史时期更加突出的教育不公平问题和社会现象。因此必须依据历史和逻辑相统一的分析方法，准确地使用概念、范畴、理论等思维形式反映教育发展的规律，既从理论结果分析发展进程，又从现状和问题入手，归纳成因，阐明理想结果，探讨解决问题的对策。

3. 分析比较方法

本书对不同历史时期的教育公平以及中西方的教育公平思想进行比较分析；着眼“理想与现实”“过去与现在”的比较，加深对教育公平的认识，以全面了解马克思、恩格斯教育公平理论的内涵及其现实指向。

4. 理论联系实际的方法

深入研究马克思主义教育公平理论的一个最重要的目的，就是以马克思主义理论为指导，应对当前中国社会所出现的教育不公平问题。本书不仅仅着眼于教育公平的理论研究，更与当前的中国现实相结合，立足于根据处于转型期的中国国情，思考如何解决当前中国教育不公平现象的典型问题，如教育资源的均衡发展问题、人才培养的机制健全问题和人才选拔的高考公平问题等，思考如何在新时代背景下构建教育公平的发展战略和推进策略，以更好地实现教育公平，体现教育公平的当代意义等。因此，在研究教育公平的过程中，坚持理论联系实际的方法，将理论与具体的现实和历史条件相结合，理解并深化教育公平的内蕴。

三、研究思路和创新目标

（一）研究思路

关于教育公平问题的探究，是新时代中国特色社会主义教育的现实问题。本书以辩证唯物主义和历史唯物主义理论为指导，以马克思主义公平观为依据，从教育公平的研究现状入手，从马克思主义教育公平观的本体含义出发，考察新时代教育公平的困境和现实选择，并从实践战略的角度论述新时代教育公平的本质意义。本书以理论—历史—现实—策略为基本思路，试图从概念解读、理论分析、现实研究三个层次展开，内含理论—实践—理论的逻辑，有着内在的逻辑统一性，遵循由理论到实践、由历史到现实、由抽象到具体的逻辑方法和研究思路。本研究包含文献分析、历史比较、问题研究、治理探索四部分（见图1-1）。

根据这一思路，本书的研究任务面临双重考验：一是推进教育公平研究的内容建构和意义对话进程，促进中西方研究的跨越和整合；二是加强相关教育公平现实问题的思考，防止研究陷入价值虚化和变异的尴尬处境。

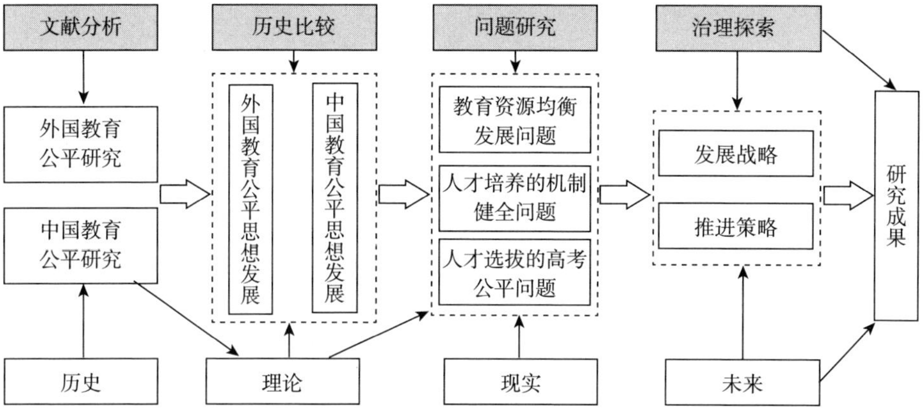

图 1-1　研究结构图

（二）创新目标

本书力图从三个维度实现创新。

第一，哲学理论视角有突破。从历史唯物主义哲学的层面分析教育公平的意义和价值。第四章在马克思主义公平观的视角下，通过对教育公平的历史唯物主义考察，从教育公平的历史与逻辑分析（包括教育公平的历史发展、平等受教育权的人人享有的核心问题、教育资源恰当分配的本质问题、生产力高度发展的实现基础、人的自由全面发展的终极理想）等，探讨人的本质与教育公平的实质、人的异化与教育公平的根源、人的个性与教育公平的制度、人的存在的终极理想与教育公平的结果等方面，反思教育不公平的成因。为了达到哲学性地分析教育公平概念的目的，笔者在第四章中首先澄清了几个极易与公平概念相混淆的概念，比如公正、平等、正义等。在此基础上，进一步剖析公平概念具体应用到教育领域时，与教育平等、教育自由、教育效率等概念之间的关联，试图在此关联性的区分中，将“教育公平”从其他概念中剥离出来，使其成为一个便捷清晰的概念。

第二，历史维度视角有新意。从历史演变的维度分析中国教育公平思想的历史与现实。首先，探讨不同历史条件下，不同教育家在不同时代针对同样一个教育公平问题所给出的丰富多样的解答，并试图从这些解答体现的多样性统一中，呈现教育公平的本质问题，最终确定教育公平问题的逻辑前提和应用边界。其次，梳理西方文化背景下有关教育公平问题讨论的历史脉络，借鉴其解决不同历史阶段教育公平问题的方法与措施，为中国解决自己的教育公平问题提供参考。最后，发掘中国历史中具有价值的有关教育公平的思想资源和实践智慧，寻找具有中国特色的解决教育公平问题的道路。为此，笔者于第二章着重梳理了从中国古代社会一直到改革开放之前我国历史上有关教育公平思想的讨论，为第五章社会主义市场经济条件下中国教育公平“道路”选择呈现出解决问题的历史维度，同时也为梳理第六章现代化进程中教育公平典型问题的应对策略提供了一种历史的参考。

第三，现实问题视角有创新。从社会实践的维度分析当前中国教育公平的发展现状与困境，尤其是社会转型期中国的教育公平典型问题。从教育资源的均衡发展问题、人才培养的机制健全问题、人才选拔的高考公平问题三个方面进行重点探究，试图从对典型问题的分析中呈现出解决问题的原则与策略，为当前中国解决教育公平问题提供合理性的对策。在理论分析和实践研究的基础上，从教育公平的社会性、发展性和具体性特征上，通过对现实社会教育不公平问题及教育公平发展的逻辑分析，实现对人的自由全面发展目标的把握。在此基础上，笔者植根于教育现实问题并进行了超越，为第七章和第八章教育公平的发展战略和推进策略提供了一种现实的参考，夯实了教育公平的当代意义和未来价值。

第二章
中外教育公平思想发展历程

教育公平的思想源远流长，追求教育公平是人类社会孜孜以求的崇高理念。不同的历史时期和社会语境中，人们对教育公平的理解和诉求是不同的。研究教育公平思想的历史发展线索对我们今天探究教育公平的现实问题具有重要的意义。教育公平思想萌芽于原始社会，在资产阶级革命时期初步形成。在中国，孔子提出的“有教无类”“因材施教”思想，体现了中国最早的教育公平思想。在西方，亚里士多德提出的“比例的平等”思想，体现了西方阶级社会对教育公平思想最初的理解。真正使教育公平成为一个社会普遍关注的对象，成为衡量一个社会的秩序安排和文明程度的重要标准，则是在工业革命以来的现代社会。人们开始认识到受教育权是每个人都应具有的基本权利，它对个人的生存与发展，乃至对各种自由权利的获得等，都是重要的保证。

一、中国教育公平思想发展历程

中国传统教育公平思想萌芽于原始社会，形成于奴隶社会，发展于封建社会。到了近现代社会，每一次激烈而深刻的社会变革中，教育公平思想在教育运动中都能得到体现和发展。在当代社会主义市场经济条件下，教育公平思想又有了新的发展。我们这里以生产力发展为标准，划分为传统社会、近代社会和现代社会的教育三阶段，以简要比较不同历史时期人们对教育公平思想的理解和实践。

（一）中国传统教育公平思想的演进

我国教育公平思想的渊源，最早可以追溯到原始社会。孔子的“有教无类”“因材施教”等主张，是中国古代教育公平思想的生动体现。到了封建社会，科举制度作为一种选士制度，在一定程度上肯定了教育公平对社会公平的价值。

1. 中国传统教育公平思想的萌芽

中国在170多万年前就已经出现了原始人群。在经历了漫长的原始人群、母系氏族公社和父系氏族公社三个阶段后，教育活动开始产生。原始社会人类的教育活动主要源于生产劳动和社会生活的需要。当人类在社会生活中自觉或不自觉地思考自身的教育活动时，最原始的教育思想开始萌芽了。恩格斯曾指出："历史中的决定性因素，归根结底是直接生活的生产和再生产。但是，生产本身又有两种。一方面是生活资料即食物、衣服、住房以及为此所必需的工具的生产；另一方面是人自身的生产，即种的繁衍。"① 这里，生活资料的生产和种的繁衍是决定教育产生的两个主要因素：前者是为维持人类个体生命的需要，后者是为延续群体生命的需要。在生命延续的过程中，要将知识、技能、经验、传统等传递给下一代，就必须进行教育。

"人民之生活，逐水草而居，恃渔猎为生。后由牧畜之民，进而为耕作之业。所谓教育制度者，利用厚生以养民而已。教之渔猎，教之牧畜，教之耕耘。其教育不外乎处世日用之需，所见所闻，皆家庭宗族之事也。而教育之目的，即所以增加富源与人生境地之利益耳。"② 随着语言的产生和生产工具的制造出现，我们的祖先在依靠自然、征服自然的社会生活过程中，交流思想，传递信息，互相帮助，共同协作，传授给下一代劳动生活的经验和技能。原始社会虽然没有正式的学校教育系统，但社会成员在长期的亲族生活中逐渐自发积累了一定的习俗、规范和仪式，存在着自发而平等的原始教育活动特征。由于生产力水平低下，人们之间的劳动关系还是简单协作的关系，人们过着原始共同体的生活，没有剩余产品，也不存在剥削现象，因此教育还未从社会生活中分化出来，也没有专门的教育机构和

① 马克思恩格斯选集：第4卷［M］. 中共中央马克思恩格斯列宁斯大林著作编译局，编译. 北京：人民出版社，2012：13.

② 郭秉文. 中国教育制度沿革史［M］. 福州：福建教育出版社，2007：1.

教育工作者，劳动生产的原始共同性带来了教育的平等性、全民性和统一性。“原始社会教育的特点：一是没有阶级性，即人人享有受教育的平等权利，教育内容体现了互助友爱的精神；二是原始性，即教育没有分化为专门的活动，也尚无形成专门的施教机构，施教的手段仅为语言的口耳相传和行动的实际模仿。”① 一方面，由于私有制和阶级分化没有产生，人与人的关系并不是根据个人在社会权力结构中的位置而决定的，而是一种自然的平等关系，人人都享有平等的受教育权利。另一方面，这时候的教育资源依据个体在群体生活中的处境平等分配。社会成员为了整个氏族的生存和发展，平等接受一定的教育，享有相同的受教育机会。因此可以这样说，原始社会时期，原始的教育公平形态已经萌芽。当然，这种教育公平应该是无意识的。

2. 教育公平思想的初步形成

中国古代最早的教育思想可以追溯到殷周时期，这时已经有了关于教育活动的文字记载，学校的教育系统也日趋完善。从《尚书》《周易》《诗经》《周礼》等文献典籍中，我们可以窥见古代教育思想的端倪。

随着奴隶制的产生和国家的出现，阶级、剥削开始在人类社会的生产和分配中发挥重大作用，教育活动逐渐丧失了它原始的公平性，较之原始社会，教育呈现出不同的特点：一是由于产生社会分工，学校开始作为一个专门的施教场所出现；二是教育开始被统治阶级垄断，与社会生产和劳动相脱离。因此，从人类社会的历史活动来看，教育公平真正成为问题，最本质的原因在于私有制的出现和阶级的产生。奴隶社会的“学在官府”表明奴隶主的弟子控制受教育的权利，奴隶则被当作私有财产，根本没有平等的受教育权。“至今一切社会的历史都是阶级斗争的历史。”② 马克思和恩格斯在《共产党宣言》中，一针见血地揭示了人类社会历史发展的本质规律。“在过去的各

---

① 张彬，周谷平. 中国教育史导论［M］. 杭州：浙江大学出版社，2007：1.

② 马克思恩格斯选集：第1卷［M］. 中共中央马克思恩格斯列宁斯大林著作编译局，编译. 北京：人民出版社，2012：400.

个历史时代，我们几乎到处都可以看到社会完全划分为各个不同的等级，看到社会地位分成多种多样的层次。在古罗马，有贵族、骑士、平民、奴隶，在中世纪，有封建主、臣仆、行会师傅、帮工、农奴，而且几乎在每一个阶级内部又有一些特殊的阶层。”①

夏、商、周时期是奴隶社会学校产生、建立和鼎盛发展的时期。这首先跟当时社会经济的发展有很大的关系。随着社会生产力的发展，农业、手工业的发展，产生了剩余商品，脑体分工产生，社会中有一部分人可以脱离体力劳动专门从事脑力劳动，这为学校的产生提供了基础。其次，奴隶制国家的建立为学校的产生创造了条件。国家的产生必然伴随国家机器的出现，统治阶级为胜任国家的各级统治，就要成立专门的教育机构，培养各级官吏需具备的品德和才能，使之胜任国家管理。

在这种以阶级地位主导教育权利的历史条件下，以孔子为代表的先贤提出教育公平思想，为后世社会教育民主思想的形成奠定了基础。据《周礼》记载，大约公元前 2700 年，中国出现最早的学校，称为“成均”。作为儒家学派的创始人，孔子首创“私学”，毕生追求的是建立天下一统的理想社会。正如《礼记·礼运》中所说的“大道之行也，天下为公”，这种主张“人格平等”的“天道之公”的观点，在某种程度上已经有了对所有人一视同仁、打破血统论的意蕴。② 可以这样说，孔子在教育上提出的“学而不厌，诲人不倦”“有教无类”“因材施教”等主张，是孔子教育思想的重要组成部分，也是中国传统教育思想中的经典理念，体现了中国古代最早的教育公平思想。

首先，“学而不厌，诲人不倦”是基于人性平等基础上孔子教育公平思想的起点。《论语·述而》中，孔子说：“若圣与仁，则吾岂敢？抑为之不厌，诲人不倦，则可谓云尔已矣。”孔子认为学习是人区别于动物，实现自身生命完善和素质提升的主要途径，而教化则是

---

① 马克思恩格斯选集：第 1 卷［M］. 中共中央马克思恩格斯列宁斯大林著作编译局，编译. 北京：人民出版社，2012：400 - 401.

② 何怀宏. 选举社会及其终结——秦汉至晚清历史的一种社会学阐释［M］. 北京：生活·读书·新知三联书店，1998：77.

君子必须承担的历史文化使命。这种以平等的态度对待学生，“学而不厌，诲人不倦”的精神，是孔子对人性平等的认同在教育上的体现，是孔子仁学思想的重要表征。其次，“有教无类”是基于人性为善基础上孔子教育机会平等思想的体现。“有教无类”是孔子在人存在价值的平等性思想上直接生发出来的。历史发展的趋势，要求突破以前“类”的限制，使教育的对象有所扩大。“私学”的出现，也使更多的人接受文化教育成为可能。但是，在阶级社会里，教育是有阶级性的，它不仅表现在招收什么人上，根本的还是看它是为哪个阶级的利益服务，培养什么样的接班人。① 孔子创办的“私学”，打破了当时教育由奴隶主贵族垄断的“学在官府”的局面，推动了战国时期私学的进一步发展。“有教无类”强调教育面前人人平等，即不分族类，无论贫富贵贱，无论年龄，都给予受教育的机会，冲击了统治阶级以“类”分人的传统观念，扩大了教育对象的范围。最后，“因材施教”是基于人性尊重基础上孔子教育过程公平思想的体现。“因材施教”是继“有教无类”之后孔子教育公平思想的又一开创性的体现。孔子认为每个人都有受教育的机会，但现实中每个人的性格、天赋、智力水平等各不相同，这就意味着要根据不同的学业程度对学生进行指导。孔子的学生来源复杂，国籍、贵贱、贫富、老幼各不相同，更重要的是聪慧迂拙素质不一，文化素养高低不同，性格各异，学习目的也是千差万别。在这种情况下，教育要想达到预期的目标，就必然要求教师针对学生的不同特点，对症下药地采取不同的教育方法。教师要深入了解受教育者的个性特点，尊重每个受教育个体的主体性和个体性，根据受教育者的个体差异进行教育。

孔子十分注重后天的教化作用。“性相近也，习相远也”，他认为人与人之间之所以各不相同，原因在于后天的学习和教育存在差异。所以孔子认为后天必须勤奋学习，每个人都应当接受教育，通过教育革新自我，改造和提高自身素养。这“充分表现了孔子教育思想中的人民性和民主性的因素，开创了通向文化下移和普及教育的新道路，

---

① 全国教育史研究会编务组. 孔子教育思想研究［M]. 北京：人民教育出版社，1985：48.

是中国教育史上划时代的革命创举”①。

孔子这种朴素的教育公平思想强调了普及教育对于人的发展的意义，“从而形成了中国儒家重视教育的传统，也开了中国平民教育的先河”②。而孔子在此基础上提出的“为学”主张，追求为学与为人的和谐统一，对完善人格起到了良好的推动作用。“学知与修身并举，使其弟子既学诗书，又学做人，从而有力地奠定了中国哲学之重人生、重世事的鲜明格调。”③ 以孔子为代表的先秦诸子的教育公平思想对中国教育的影响十分深远。

综上所述，教育作为一种上层建筑，从本质上说，是一种促进人的发展和完善的社会实践活动。作为中国古代教育公平思想的最早体现，孔子的“诲人不倦”“有教无类”“因材施教”思想既表达了对个体存在价值平等性的肯定，体现了对个体生命价值意义的思考，是对教育公平理念的朴素阐释，为中国早期推行教育公平建设提供了宝贵的理论和实践依据，使教育公平得以褪去虚像的外衣逐渐走到实践的层面，同时，对促进我国当前教育公平的发展，推动教育公平目标的实现，也具有重要的现实意义和借鉴价值。

3. 教育公平思想的初步发展

我国封建社会教育公平思想的发展，主要体现在科举制的兴起、发展和完善过程中。当时社会不公平的主要原因是社会资源的不均等分配。在不同的社会群体中，由于经济、社会和文化的差异，社会成员对价值资本诸如财富、名望、教育机会、社会地位等的占有是不平等的。这种不平等逐渐导致社会的分层：优势阶层凭借自身的特权获得更多的社会公共资源，劣势阶层则因社会条件的局限而丧失获得公共资源的权利。教育制度作为社会分层的重要机制，在促进社会流动，分化社会分层结构中凸显出巨大的作用。科举制度因其与当时社会人才选拔密切相关，成为封建社会教育制度的重要组成部分。

---

① 匡亚明. 孔子评传［M］. 济南：齐鲁书社，1985：277－278.

② 朱永新. 中国教育思想史：上［M］. 上海：上海交通大学出版社，2011：20.

③ 高专诚. 孔子·孔子弟子［M］. 太原：山西人民出版社，1991：4.

封建社会的教育主要分小学和大学两个层次，学校有官学和私学两大类。在封建社会，掌握教育领导权和教育资源分配权的是占据统治地位的地主阶级。农民和手工业者的子弟则被排除在外。例如，唐朝中央官学设有“二馆六学”，其学校教育制度规定：“弘文馆、崇文馆招收皇帝及一品大臣以上的子孙；国子学、太学、四门学分别招收三品、五品、七品以上文武官员的子孙；书学、算学、律学则招收八品以下子孙及庶人通其学者。”① 隋唐以后，封建社会在选士制度上发生重大变革，科举制度逐渐发展。科举制度在人才选拔上由推荐为主转向考试为主，这种形式一直沿用到清末，历时 1 300 年之久。在科举制度之前，我国历史上曾有过各种不同的人才选拔制度，这些选拔制度最后之所以式微，根本原因是统治阶层无视弱势阶层的受教育权利和教育机会，教育资源过分集中于统治阶级手中，社会阶层之间的流动无法展开，平等的受教育权利无法实现，各种矛盾集中出现。

如奴隶社会采用的是贵族世袭制，史称“世卿世禄”，是以宗法亲缘关系为纽带的，结果导致世族对政治权力的绝对垄断，平民百姓几乎与政治无缘，完全无公平可言。到了汉朝，大致采用“征辟”和“察举”两种制度，取代了世袭制。征辟制度一般由皇帝下诏直接征用人才，察举制度则由州、郡等地方长官向朝廷推荐人才。由于掌握推荐大权的官僚阶层只关注本阶层的利益，任人唯亲，徇私舞弊，善恶不分，最后使举荐流于形式。南朝宋时期的范晔在《后汉书·左周黄列传》中记录左雄向汉顺帝痛陈当时“虚诞者获誉，拘检者离毁”的流弊。晋代葛洪在《抱朴子》中收录的一首民谣记录了由察举制导致的“举秀才，不知书；察孝廉，父别居。寒素清白浊如泥，高第良将怯如鸡”等荒诞现象。出身贫寒的优秀人才因其处在社会底层而难以被选拔。魏晋南北朝实行的“九品中正制”，初衷是让一些真正有才能的人能够通过公平的选拔进入仕途发挥作用。但后来由于中正官被豪门世族的权力所掌控，根本无法公平选拔人才，造成“上品无寒门，下品无士族”的积弊，不但平民百姓无缘参与政治，而且选出的

① 张忠华. 教育学原理［M］. 北京：世界图书出版公司，2012：46.

人才素质低劣，严重削弱了统治阶级的社会政治基础。“科举制度的实行，则彻底打破了世族贵胄对权力的垄断，甚至突破了历来从封建统治阶级产生权力精英的界限，几乎把政治录用的范围扩展到了整个社会。”①可以说，科举制度同时造就了一个“脱离狭隘地域、家族利益，脱离武装实力的知识分子（儒生）阶层”②。

科举制度虽然带有鲜明的阶级性，但因其不设门第、等级限制，公开考试、平等竞争、择优录取等，具有一定的公正客观的优越性，给予当时的中小地主阶级和平民百姓参与政治的机会，促进了当时社会阶层的合理流动，体现了丰富的教育公平思想，在一定程度上成为封建社会促进社会公平的重要手段。

首先，科考权利平等是科举制度基于受教育权平等基础上教育起点公平思想的体现。科举考试面向的对象是全体社会成员，在科举制度下，每个人都有平等竞争的机会，享有参加科举考试的权利。从参加科考人员的资格来看，几乎每个朝代对取士范围的限制都是相当宽松的，不分身份、地位、经历、地区和民族，“无贵无贱无贫无富，都须经过考试，考试不因富贵而保证其不失败，亦不因贫贱而阻碍其成功”③。一切人通过科举皆可入仕。清朝对入仕的条件是限制最多的，但即使是这样，也只有三类人排除在外：“一是从事低贱职业者。主要是娼妓、优伶、隶、卒不得入仕。二是家奴及其子孙不得入仕。三是祖父犯有严重罪行，其子孙入仕受限制。”④ 由此可见，当时对应考人员的资格限定还不是十分严格，入仕的门槛并不高。这比之前的世袭制、察举制和九品中正制只凭门第和权势选拔人才要公正和合理得多，更符合历史的要求和发展。它使包括农民阶层在内的士子也拥有入仕的机会，促进了社会阶层的流动，给出身寒门的知识分子在

① 房宁. 科举制与现代文官制度——科举制的现代政治学诠释［J］. 战略与管理，1996（6）：66－69.

② 金诤. 科举制度与中国文化［M］. 上海：上海人民出版社，1990：4.

③ 周青山，寇杰. 论唐宋科举选材制度中的教育公平思想［J］. 南都学坛，2001（1）：28－30.

④ 艾永明. 清朝文官制度［M］. 北京：商务印书馆，2003：18－19.

通向参政议政的道路上打开了一扇门，成为底层知识分子获取政治特权、提高社会地位的最佳途径。像宋朝出现的“平民”状元，唐朝出现的“外国考生”等，这些人都是通过科举考试金榜题名，从而改变了自身及家庭的命运。“崔致远曾做过唐僖宗的翰林学士，晁衡在唐朝历任御史中丞、秘书监等官职。”① 名动朝野的崔致远来自朝鲜半岛，而晁衡（即阿倍仲麻吕）则来自日本，都是通过科举这种公平公开的考试考取中国的进士。科举制度这种平等择优的竞争方式至少在形式上给每个人提供了平等竞争的机会。

其次，科举选士制度是科举制度基于受教育机会平等基础上教育过程公平的保证。教育公平是一种社会性的存在，而社会分层是制度化了的社会不平等。社会分层缘于社会的不平等，在这种不平等中，不同阶层对公共教育资源的获取是截然不同的。

科举制度作为一种选士制度，它打破了世家大族垄断政治的局面，使得平民阶层中的优秀分子能够通过自身的努力进入上层社会，促进了社会流动，较好地解决了统治集团权力资源再分配问题，缓和了各个阶级、阶层之间的矛盾。这种公平选拔的选士制度充分体现了教育机会均等思想，是对科举考试公平性的有效保证。平民出身的知识分子和世家的子弟站在相同的起跑线上竞争，他们入仕的机会是均等的，这种变化同时带来社会政治文化的变化。克拉克（E. A. Kracke，Jr.）曾对宋朝 1148 年和 1256 年中国家庭背景和科举成功者的关系进行研究，发现 1148 年无背景的人数比例占 56.3%，1256 年占 57.9%。这体现了科举制度对打破社会分层、促进社会流动具有积极的意义。后来，英美相继吸收科举考试制度背后的能力本位理念，推行文官考试制度，正是看到了这一点。②

科举制度对选士的公平性问题十分重视，为保障教育机会的均等，施行了许多有效的举措。首先，在科举考试的考场上，规定统一

---

① 王运来．论历史上科举制度在国外的重大影响［J］．晋阳学刊，2000（3）：90－92.

② Kracke，E. A.，Jr. Family vs. merit in Chinese civil service examinations under the empire［M］//Bishop，J. L. *Studies of Governmental Institutions in Chinese History*. Cambridge，MA：Harvard University Press，1968：173－193.

的考场规则，任何人都要严格遵守，不得例外。如发现有挟带与考试有关的资料，不论多少，一律逐出考场，并处以今后连续两次不得参考的惩罚。其次，加强对主考官权力的限制。严令禁止考官与考生结成“师生”关系，严禁官士勾结，这为防范主考官滥用权力、维护考试公平和考试秩序、保证竞争时的机会均等创造了良好的条件。最后，确立殿试制度，实行弥封与誊录的办法，推行锁院制度、别头试制度、解额制度等，为防止主考官徇私舞弊，限制贵族子弟入仕特权，均衡录取名额的分配，实现公平竞争、机会均等原则等提供了保障。如隋朝实行的解额制度，对各地参加科考的人数进行规定和核准。隋文帝时规定，每州岁贡 3 人，考中者即为秀才。① 到唐朝时，仍然实行按郡人口多少进行岁贡，上郡岁贡 3 人，中郡 2 人，下郡 1 人；同时还规定应考者必须在籍贯地报名考试。②这是教育公平思想的又一鲜明体现。争取区域之间名额的分配公平，是避免教育资源区域失衡的重要举措，保证了地区之间教育资源的均衡。

“唐宋科举考试实行公开竞争、机会均等，说到底是为了录取出类拔萃的人才，以推动国家机器运转，因此在录用方面严格按考试成绩录用，并且建立一套择优录用的保障体系，以维护录用方面的机会均等。这种选材制度充分体现了公平竞争的原则，实现了机会均等，保证了科举考试的公平。这也正是历代统治者异常重视、竭力维护、制定种种严厉措施保证这种公平、平等的原因所在。”③ 在这种平等择优的政治文化背景下，古代先贤提倡的“尚贤”思想、“大一统”政治理念、“学而优则仕”的教育价值观等，都体现了鲜明的追求公平公正的社会理念，成为科举制赖以产生和发展的思想文化基础。④但是，到了封建社会末期，尤其是明代以后，科举制度的公平性越来越被削弱，考试的内容刻板落后，无论是思想还是形式都不再具有创

①② 杨学为，等. 中国考试制度史资料选编［M］. 合肥：黄山书社，1992：61；71－72.

③ 周青山，寇杰. 论唐宋科举选材制度中的教育公平思想［J］. 南都学坛，2001（1）：28－30.

④ 张彬，周谷平. 中国教育史导论［M］. 杭州：浙江大学出版社，2007：111.

造性，对人才的选拔和社会思想的发展产生巨大的遏制，最终被时代废除。

（二）中国近代教育公平思想的探索

从1840年鸦片战争爆发，到1919年五四运动，再到1949年中华人民共和国成立，中国近现代教育公平思想的变化和发展，几乎都伴随着经济基础和政治制度的变化。在近现代社会的每一次激烈而深刻的变化中，教育公平思想都得到推进和发展。

早在资产阶级改良派提出"开民智"的主张时，新式教育公平思想就初见端倪。康有为坚持资产阶级民权平等思想，对封建社会旧教育的不平等现象进行猛烈抨击，更在他的《大同书》中旗帜鲜明地提出了男女应平等接受教育、人人都平等享受教育权利的主张："女子未有异于男子也，男子未有异于女子也。……故以公理言之，女子当与男子一切同之；以实效征之，女子当与男子一切同之。"① "同为人类，等是男身，而生落边蛮，僻居山穴，片布蔽体，藜藿果腹，不识文字，蠢如马鹿，不知服食之美为何物，不知学问之事为何方；其与都邑之士，隐囊尘尾，裙屐风流，左图右书，古今博达，不几若人禽之别欤！"②康有为还提出了"大同之世，天下为公，无有阶级，一切平等"的教育思想。梁启超指出："然民权非可以旦夕而成也，权者生于智者也，有一分之智，即有一分之权；有六七分之智，即有六七分之权；有十分之智，即有十分之权。"③ 梁启超认为开民智和兴民权要同时并举，只有普及教育，改变人民的愚昧状况，才有可能谈论民权，实现民主。章太炎创办的《教育今语杂志》办刊宗旨之一，就是提倡"平民普及教育"。1912年，蔡元培首任南京临时政府教育总长，他在《对于新教育之意见》一文中，提出民主平等、全面和谐的教育思想，指出民国教育"其精神不在提倡革命，而在养成完全之人格。盖国民而无完全之人格，欲国之隆盛，非但不可

①② 康有为. 大同书［M］. 北京：中华书局，1959：126－127；12.

③ 梁启超. 上陈宝箴书论湖南应办之事［M］//中国史学会. 中国近代史资料丛刊·戊戌变法：二. 上海：上海人民出版社，1957：551.

得，且有衰亡之虑焉”①。蔡元培高度强调普及教育的重要性和必然性，指出自由、平等和博爱即为教育的主旨，把教育提高到影响民族存亡的重要地位。他认为教育应该是一种共同的、进步的、谋个性与群性协调发展的工具，教育的根本目的是发展人的能力，完成人的人格。② 陈独秀在《今日之教育方针》一文中除提出“职业主义”教育方针之外，还提出了“唯民主义”，即必须要给人民基本受教育的权利。这种教育公平思想的推进和发展，也直接促进了一代平民教育家的产生。

1. 平民教育家的教育公平理论和实践

任何一种教育思想的产生，必定和当时社会的经济发展水平、社会体制等相适应。民国时期，尤其是 20 世纪 20—30 年代，现代教育观逐渐形成，民主自由精神得到一定程度的传播，是中国现代教育公平思想发展的重要时期。可以这样说，倡导平民教育、乡村教育、民众教育，使教育走向农村，走向大众，是教育民主精神在新教育运动中的实践体现。这一时期，教育公平思想在中国已经得到了很好的酝酿和滋长，并产生了晏阳初、陶行知、黄炎培、梁漱溟等一批具有鲜明的教育公平思想的平民教育家。他们在积极学习西方教育理论和经验的同时，结合当时中国的实际，在教育实践中积极践行。如晏阳初在河北主持的定县平民教育实验，陶行知领导的南京晓庄乡村师范学校实验，黄炎培在江苏昆山进行的徐公桥乡村教育改进实验，梁漱溟在山东邹平主持的乡农教育实验等，都对当时中国农村教育的改革起到了极大的推动作用，对新中国教育公平思想产生了一定影响。

第一，以解放人的个性为目的，强调人人有受教育的权利，倡导平民教育。以晏阳初为代表的平民教育家认为，中国的平民教育的目的是“除文盲，作新民”，主张教育为平民百姓服务，提倡任何普通民众都享有受教育的权利，对教育的等级化和贵族化进行批判。作为 20 世纪世界著名的平民教育家，晏阳初深刻认识到，在中国这样一

① 董宝良，周洪宇. 中国近现代教育思潮与流派［M］. 北京：人民教育出版社，1997：107 - 108.

② 朱永新. 中国教育思想史：上［M］. 上海：上海交通大学出版社，2011：265.

个以农业立国的国家，广大民众中有80%的人生活在农村，且大多不识字。这样的情况下，教育如果离开了农村和农民，就称不上是真正的平民教育。因而他大力提倡教育下乡，为农民服务。“平民教育运动就是为全体中国人创造平等的教育机会，使每个人都受到良好的教育，最终达到天下太平的理想目标。”① 他随后提出的文艺教育、生计教育、卫生教育、公民教育四大教育内容，针对的是中国农村存在的“愚、穷、弱、私”。他认为教育如果没有人民群众的自觉参与而把学习内容生搬硬套地强加，那就注定会失败。因此他提倡把教育的内容渗透到人民群众的生产生活当中。晏阳初的平民教育理论强调一切公民，不论男女，只要没有文化，都有权利接受教育。从1926年起，晏阳初在河北定县农村开展平民教育的实验工作。在这一过程中，他指出教育是一种人的本质的改造工作，是关系整个中国社会发展的关键问题，并提出体现了明显教育公平思想的六大平民教育原则：（1）全民性；（2）以平民教育需要为标准；（3）适合平民生活状况；（4）根据本国国情和人民心理；（5）地方自动负责；（6）人人有参加的可能。②这使他的平民教育具有广泛的社会基础。

晏阳初的平民教育思想和乡村建设实验，把教育与社会改造统一进行，力图使农村摆脱贫穷与愚昧，在当时特殊的社会背景下，在全世界范围内都产生了影响。民国时期，在探索民族复兴，实现“民族再造”的道路上，中国先进的知识分子已经深刻地意识到，推进平民教育，使广大平民享有受教育的权利，提高平民素质，对塑造民族新人格以及整个国家和民族长足发展都有重要意义。

第二，以解放人的创造力为根本，强调人人有平等接受教育的机会，倡导生活即教育，推行大众教育思想。在中国近现代史上，若论大众教育思想的巨大推动者，非陶行知莫属。作为我国20世纪著名的人民教育家、思想家，陶行知推行的大众教育提倡教育机会均等，教育为人民大众服务，体现了“教育为公”的教育公平思想，跟他所倡导的“生活即教育”的教育思想一样，是在他自身的教育活动经历

①② 詹一之. 晏阳初文集［M］. 成都：四川教育出版社，1990：260；23－24.

中逐步酝酿，并形成和发展的。陶行知认为，每一个体，尤其是儿童，都具有创造力，而要解放这种创造力，则必须使每个人都有接受教育的机会。清末以来尽管废科举、兴学堂，但换汤不换药，新学依然与广大民众脱节，与人民大众的实际生活无关，只是少数统治者及其子女的专利品。陶行知认为当时中国的教育掌握在统治阶级手中，教育被少数统治者垄断。教育严重脱离社会生活的实际，贫苦大众被排斥在学校大门之外，根本受不到教育，导致整个中国社会处于贫穷落后状态。为彻底改变这种状况，办一种使全国人民都能享有的新教育，陶行知于1917年留美回国后，放弃优厚的生活待遇，投身农村教育的普及，大力推行教育改革。他以“捧着一颗心来，不带半根草去”的民族责任感，致力于使广大人民群众都有受教育的机会。在具体的学校教育中，陶行知强调民主精神的培养，主张师生平等，因材施教，注重对儿童创造力的培养。这种教育对象和方法的巨大改变，体现了生动的教育公平思想，为当时中国广大劳动人民享有受教育的机会创造了良好的社会条件和思想条件。“普及教育运动之最大使命，便是把这个钥匙从少数人的手里拿出来交给大众。”① 为了解决师资不足的矛盾，使普及教育迅速发展，陶行知一方面编写《老少通千字课》和一些科学普及读本，提出普及教育的原则和方法；另一方面提出了“小先生制”。小先生即小学生，让正在上学的小学生用他们学到的知识去教不识字的成人，不需花费专门的教育经费就能把教育知识普及给大众。

“小先生制”的推行给每个人提供自我发展的平等机会，尤其是给劳动人民的子女提供上学的权利和接受精英教育的机会；同时也给中国最难普及的女子教育问题提供了破解的途径，使广大贫困妇女有了平等接受教育的机会；使教育与生产劳动相结合，促进人的创造力的发展。这对于加强学校和社会、家庭的联系，使教育真正成为人民群众生活的需要，具有重要的意义。因而当时不但在国内大面积推广，也被东南亚的部分国家仿效，甚至在新中国成立初期中国教育公

① 董宝良. 陶行知教育论著选［M］. 北京：人民教育出版社，1991：420.

平实施的过程中仍被广泛采用。

第三，基于对平等受教育权的普遍确认，对现实教育资源恰当分配的维护，提倡乡村教育。在中国近代社会兴起的乡村教育运动，不但体现了一种新的教育公平思想，而且对农村教育资源和城市教育进行了有效的疏导和整合，是教育公平思想更新发展的逻辑必然。首先，梁漱溟倡导的乡村教育运动，在教育理念上体现了教育起点公平的思想。辛亥革命后，中国农村的经济生产、农民的社会生活处于极端恶劣的境地。处于社会底层的农民，其受教育程度之低和精神的贫困已经到了令人难以置信的地步。普遍接受教育对于当时的农村和农民是一个不切实际的影子。而当时取法欧美的新式教育因其水土不服而大多发展艰难。“数十年来，与此乡村社会不切合的西式学校教育，是专门诱致乡人于城市，提高他们的欲望而毁灭他们的能力。”① 梁漱溟认为由平民教育转向农民教育，拓展农民教育的内容和意义，是乡村教育的进步。乡村教育的主要对象是农民，只有农民接受教育，乡村的改造才有可能成功，民族的复兴才有可能实现。这种让广大农民接受教育的主张，体现了朴素的教育公平思想，也为农民教育的起点公平提供了可能。其次，梁漱溟倡导的乡村教育运动，在教育实践上体现了教育过程公平的思想。梁漱溟的乡村教育实验主张集政治、经济、文化、教育于一体，重视乡村建设，强调去阶级等差的乡村教育。“他们的农民运动是在乡村社会里首先作一种分化的工夫，使乡村社会成为分离对抗的形势。……所以我们现在必须看乡村是一个整个的。至少我们中国社会的多数乡村，是必须如此看法。我们要求整个乡村社会的改善与进步，故我们所作的工夫，是积极的、培养的、建设的。”② 梁漱溟认为旧教育只注重城市教育，这加剧了城乡之间教育资源的不平衡发展，而打破统治阶级对教育的垄断，普及乡村教育，实现对乡村教育资源的恰当分配，以乡村教育的途径完成乡村建设，则是民主精神在教育领域的重要体现。

---

① 马秋帆. 梁漱溟教育论著选［M］. 北京：人民教育出版社，1994：42.

② 宋恩荣. 梁漱溟教育文集［M］. 南京：江苏教育出版社，1987：143－144.

以晏阳初、陶行知、梁漱溟等为代表的平民教育家倡导的平民教育、大众教育、乡村教育思想，“开了教育下嫁的先河，使教育的重心由城市转向乡村，为广大农民办学，并以自身的实践，使知识分子自觉地为农民服务”①。中国传统的封建教育，教育主动权主要掌握在统治阶级手中，官学也主要向那些居住在城市中心的士大夫阶层开放，占中国总人口80%以上的农民蛰居乡村，几乎被隔离在教育之外。即使一些农村有少量的私塾，真正生活贫困的农家子弟也是无缘接受教育，这必然会导致教育的严重失衡。因此，近现代平民教育家深刻认识到中国农村教育文化流失的恶劣现状和巨大危害，意识到中国教育要想有出路，必须把教育的重心由城市转向农村。这种对城市和农村教育资源均衡分配的更新和认识，既反映了农村教育的迫切性，又体现了对农村教育的重视，同时也使教育公平思想的发展有了巨大的社会基础。当然，教育家试图仅仅运用教育的力量去改变当时中国乡村政治恶化、经济崩坏、教育贫困的现状，去实现理想中的教育公平的社会，在当时的历史条件下是不现实的，但却为推进教育公平提供了参考和借鉴。

2. 中国共产党的教育公平理论和实践

自中国共产党成立开始，在领导工农运动的革命实践中，对教育公平问题十分重视。当时，处于社会下层的普通百姓没有受教育的机会，教育成为少数地主资产阶级的专利品。民主革命时期，以毛泽东为代表的中国共产党人，在武装斗争和根据地建设中，高度重视教育公平，提倡教育向工农普及，为广大工人阶级和农民阶级提供受教育的机会和权利。

早在1919年，毛泽东在《民众的大联合》一文中就指出：“从前的教育，是贵族和资本家的专利，一般平民，绝没有机会去受得。他们既独有知识，于是生出了智愚的阶级。”② 1922年，中国共产党在

① 朱永新. 中国教育思想史：下［M］. 上海：上海交通大学出版社，2011：394.

② 中共中央文献研究室，中共湖南省委《毛泽东早期文稿》编辑组. 毛泽东早期文稿［M］. 长沙：湖南出版社，1990：339.

第二次代表大会宣言中旗帜鲜明地指出，要“改良教育制度，实现教育普及”，“女子在政治上、经济上、社会上、教育上一律享受平等权利”。1927 年，在《湖南农民运动考察报告》中，毛泽东又明确指出：“中国历来只是地主有文化，农民没有文化……中国有百分之九十未受文化教育的人民，这个里面，最大多数是农民。”①

土地革命战争时期，中国共产党第一次以宪法的形式，明确规定了广大工农群众拥有受教育的权利。1931 年，《中华苏维埃共和国宪法大纲》规定：“中国苏维埃政权以保证工农劳苦民众有受教育的权利为目的，在进行阶级战争许可的范围内，应开始施行完全免费的普及教育，首先应在青年劳动群众中施行，并保障青年劳动群众的一切权利，积极地引导他们参加政治的和文化的革命生活，以发展新的社会力量。”② 这对处于社会底层的劳动人民而言，是前所未有的。它不仅是土地革命时期中国共产党的教育方针，对此后半个多世纪中国教育的发展也产生了深远的影响。

抗日战争时期，中国共产党进一步推进土地革命战争时期的教育公平思想。1941 年，《陕甘宁边区施政纲领》明确指出：“继续推行消灭文盲政策，推广新文字教育，健全正规学制，普及国民教育，改善小学教员生活，实施成年补习教育，加强干部教育，推广通俗书报，奖励自由研究，尊重知识分子……保护流亡学生与失学青年。”③中国共产党在陕甘宁边区推行的教育公平举措，使受教育对象的群体不断扩大，不但规定工农群众等“普通国民”拥有受教育的权利和机会，而且保障一些没有社会地位的“游民分子”也拥有这种权利，“给社会游民分子以……参加教育的机会”④。

---

① 毛泽东选集：第 1 卷［M］. 北京：人民出版社，1991：39.

② 中央档案馆. 中共中央文件选集（一九三一）：第七册［M］. 北京：中共中央党校出版社，1991：775.

③④ 中央档案馆. 中共中央文件选集（一九四一——一九四二）：第十三册［M］. 北京：中共中央党校出版社，1991：92－93；93.

这一时期，中国共产党注重教育与生产劳动相结合，开展了形式多样的工农教育、干部教育和群众文化教育等。首先，创立干部学校，实行干部教育，培养干部热爱劳动、参加劳动的良好习惯和品质。其次，开展群众扫盲识字教育。如按照工农生产相结合的方针，开办各类民众学校、流动学校、识字班、扫盲班等，消灭文盲，提高广大人民群众的文化水平和阶级觉悟。最后，设立正式的学校教育，让工农子女免费入学。如徐特立在1932年创办的中央列宁师范学校，学生是各级苏维埃政府保送来的贫苦农民子弟，学习期限为3—6个月，一般毕业后就去担任小学教师和识字班的先生了。① 这种大力推行教育公平的举措，在师资严重匮乏的革命战争年代，是非常难能可贵的。

（三）中国现代教育公平思想的发展

新中国成立，中国的政治、经济、文化等各项建设进入了一个新的发展时期。如何施行教育普及，提供适合公民自身发展水平的教育，成为当时教育发展的重点。

1. 1949—1957年的教育公平思想

马克思主义者一直以来就十分重视无产阶级的受教育权。“但不管怎样，最先进的工人完全了解，他们阶级的未来，从而也是人类的未来，完全取决于正在成长的工人一代的教育。”② 无产阶级要想最终获得解放，不但要求工农群众在政治上当家做主，掌握国家政权，而且在经济上和思想上要摆脱贫穷和愚昧。教育在其中占有举足轻重的地位。

新中国成立初期，中国共产党根据国情，制定具有鲜明教育公平特色的“为工农服务”的教育方针，向广大工农及其子女开放教育，对工农干部、工农群众、工农子女等施行普及教育，同时鼓励地主资产阶级子女入学。运用多种形式实现教育起点上的公平，保障人民平等的受教育权利，并尽可能提供适合各自文化水平的教育。

---

① 曹国智，孟湘砥. 徐特立教育思想讲座［M］. 长沙：湖南教育出版社，1983：62.

② 上海师范大学教育系. 马克思恩格斯论教育［M］. 北京：人民教育出版社，1979：127.

第一，确立“为工农服务”的教育方针，保障不同社会群体平等的受教育权利。1949 年 9 月通过的《中国人民政治协商会议共同纲领》(以下简称《共同纲领》）规定：“中华人民共和国的文化教育为新民主主义的，即民族的、科学的、大众的文化教育。人民政府的文化教育工作，应以提高人民文化水平，培养国家建设人才，肃清封建的、买办的、法西斯主义的思想，发展为人民服务的思想为主要任务。”①《共同纲领》第一次从法律意义上规定了广大劳动人民，不分民族、籍贯、地域、性别、职业，人人都享有平等的受教育权利，在法律层面上保障了公民在教育权利上的平等。《共同纲领》规定的文化教育政策，指导着新中国成立初期很长一段时间的文化教育事业。《共同纲领》对旧的教育制度、教育内容和教育方法进行改革。旧中国的教育为少数特权阶级服务，受到帝国主义、封建主义、资本主义的侵害。新中国的教育是为广大劳动人民服务的，教育的对象是全国人民，尤其是工农大众，保证每个人都有受教育的权利和机会。毛泽东曾指出：“新民主主义的文化，同样应该是‘为一般平民所共有’的，即是说，民族的、科学的、大众的文化，决不应该是‘少数人所得而私’的文化。”② 这里的“大众”，即是指新中国的文化教育是为一般平民所共有的，是“为全民族中百分之九十以上的工农劳苦民众服务，并逐渐成为他们的文化”③。《共同纲领》规定了文化教育的具体展开方向：“有计划有步骤地实行普及教育，加强中等教育和高等教育，注重技术教育，加强劳动者的业余教育和在职干部教育，给青年知识分子和旧知识分子以革命的政治教育，以应革命工作和国家建设工作的广泛需要。”④这从不同角度保障了不同社会群体公民受教育的权利，使得新中国成立初期的教育公平能很好地展开。

第二，推行文化知识补习教育，使不同社会群体平等受教育机会得到保障。在 1950 年 6 月召开的第一次全国高等教育会议上，《共同

①④ 中央档案馆. 中共中央文件选集（一九四九年一月至九月）：第十八册［M］. 北京：中共中央党校出版社，1992：593；594.

② 毛泽东选集：第 3 卷［M］. 北京：人民出版社，1991：1058.

③ 毛泽东选集：第 2 卷［M］. 北京：人民出版社，1991：708.

纲领》的“为人民大众的教育”思想得到重申，并确定举办工农速成学校、干部培训学校、工农业余教育学校、夜校、政治学校等，使许多原本无缘接受教育的人因此而获得不同程度的文化知识补习教育。

首先，推行工农干部教育。新中国成立初期，党和政府在推进教育公平的进程中，首先对工农干部进行教育，发挥其领导带头作用。此举意在先培养具有高度文化水平、全心全意为人民服务的现代化建设人才，再逐步把教育对象普及到工农群众中。时任教育部部长的马叙伦在第一次全国工农教育会议后，就“工农干部首先着重教育”的认识向政务院做了专门报告，这从《关于第一次全国工农教育会议的报告》中可窥见一斑。“教育对象，应首先着重对工农干部和积极分子的教育，并逐步地推广到有组织的青年男女和迫切要求学习的工农群众中去。”① “教育应着重为工农服务，而当前的中心环节，应是机关、部队、工厂、学校普遍设立工农中学，吸收大批工农干部及工农青年入学，培养工农知识分子干部。”② 中央人民政府政务院于 1951 年 10 月 1 日颁布《关于改革学制的决定》，以法令的形式明确规定学校教育要面向工农大众，要满足工农和干部的学习需要，适应经济建设和国防建设的需要；同时对职业技术教育和业余教育的地位也做了明确规定。

其次，普及普通工农群众教育。一方面，进行扫除文盲运动。早在 1949 年 12 月，中央人民政府教育部召开了新中国第一次全国教育工作会议。会议指出教育工作的方针是普及与提高相结合，并明确了推行扫除文盲、全民识字的运动。“在全国各个地区，应该着手准备识字教育的教材和组织群众中的师资，争取从 1951 年开始，进行全国规模的识字运动。”③ 1956 年，中共中央、国务院专门颁布《关于扫除文盲的决定》，提出要开展识字教育，扫除文盲，分期普及小学义务教育。在 1950 年 9 月召开的第一次全国工农教育会议上，党和

①②③ 何东昌. 中华人民共和国重要教育文献（1949 年～1997 年）[M]. 海口：海南出版社，1998：65；11；8.

政府把工农教育问题列为推进教育公平工作的主要事项。另一方面，开展职工业余教育。为保证不同社会群体受教育机会的均等，新中国成立初期，党和政府兴办了形式多样、活泼机动的各类业余学校。

最后，为保障工农群众受教育的机会，建立“助学金制”。1952年建立的助学金制度规定：初级中学学生实行占总人数20%的每人每月8.5万元①的助学金标准；高级中学学生实行占总人数30%的每人每月9.5万元的助学金标准；高等学校（高等师范学校除外）学生全部实行每人每月12万元的助学金标准；高等师范学校本科学生全部实行每人每月14万元的助学金标准，专修科学生的这一标准为每人每月16万元；工农速成中学学生全部实行每人每月30万元的助学金标准；对进入高等学校学习的干部，全部实行每人每月32万元的助学金标准。②

这些举措不仅从制度上，而且从实践行动上，为广大劳动人民享有受教育的权利提供了有效的保障，充分体现了新中国成立初期教育公平的特征。

教育作为一种上层建筑，它的发展不但受当时社会意识形态、社会政治及社会制度的影响，同时也受现实社会生产力发展水平及教育经济条件、教育资源分配状况的制约。新中国成立初期这种面向工农大众、保障不同社会群体平等受教育权利的举措，体现了对教育公平基本价值的肯定和重视。但同时这种面向工农大众的教育由于受当时社会经济条件及教育资源的限制，表现出急躁的情绪，在教育的“公平与效率”之间摇摆不定。一方面，理论上，应优先发展高等教育。国民经济的发展迫切需要培养一批具有高度文化素养的专业人才，为社会主义的工业化和现代化建设提供智力支持。另一方面，从现实来看，当时社会发展水平落后的现状，又要求国家教育要面向广大人民大众，优先普及基础教育。因此，保障广大工农大众平等的受教育权

① 此为旧币制币值。我国1955年实施币制改革，1万元旧币折合新币1元。

② 中华人民共和国教育部办公厅. 教育文献法令汇编：1949—1952［G］. 内部资料，1958：82.

和为社会主义工业化建设培养高质量人才之间就成为当时社会教育发展的一种矛盾。事实上，新中国成立初期由于受社会经济发展压力和国内政治形势的影响，国家在教育资源配置上存在失衡情况，表现为重高等教育而轻基础教育，教育投资集中在高等教育领域，削弱了基础教育尤其是农村基础教育。这虽然在一定阶段对迅速实现工业化的目标有促进作用，但对长远的现代化建设是一种制约，不但加大了城乡之间、区域之间、学校之间的教育差距，而且也损害了教育公平的发展。

2. 1958—1976 年的教育公平思想

从社会主义改造基本完成到“文化大革命”结束这段时期，强调教育的政治功能。基于政治不平等的教育不平等危害严重，公民平等的受教育权和教育机会一度被削弱，教育公平在实践探索中曲折前行。1958 年，中共中央、国务院颁布的《关于教育工作的指示》确立了党的教育工作方针是“教育为无产阶级的政治服务，教育与生产劳动相结合”，并指出：“正确地领导教育工作，坚持党的教育工作的方针，反对右倾思想和教条主义，调动一切积极因素，鼓足干劲、力争上游，多快好省地扫除文盲，普及教育，培养出一支数以千万计的又红又专的工人阶级知识分子的队伍，是全党和全国人民的巨大的历史任务之一。”① 这种普及教育的思想，是对新中国成立初期教育公平原则的强调和坚持，对于保障广大人民群众受教育的权利、扩大受教育的机会具有指导性的意义。

这一时期，党和政府始终关注工农子女享有的受教育权，主张普及基础教育尤其是农村基础教育，并为此进行一系列改革教育的努力。如一方面取消统一考试制度，打破分数限制对工农阶级子女的束缚，招生录取采用推荐与选拔相结合的方式。另一方面缩短学制，改革办学形式，下放各级教育管理权限尤其是基础教育的办学权，提倡群众集体办学，多形式、多种渠道发展教育。

① 中央档案馆，中共中央文献研究室. 中共中央文件选集（1949 年 10 月—1966 年 5 月）：第二十九册 [M]. 北京：人民出版社，2013：33.

然而，这种过分强调政治功能的教育公平，从一定意义上讲只是“工农阶级”内部的一种平等，它使得非工农阶层的子女失去了平等受教育的权利，同时掩盖了工农阶级的“阶级内平等”问题。同时这种“阶级内平等”也是等级化的，一些干部相对享有教育优先特权。如“文革”中高考制度被取消后，曾经实行的免试推荐和选拔中出现了权力交易的情形，公平与正义失去了制度保障。同时，由于农村基础教育的大规模普及，政府财政无法及时对经费支出提供保障，直接影响了教育质量的提高。“尽管当时这种低重心、实用型的教育在很大程度上满足了农村学生基本的学习需要，但这种在功利性主导下的教育普及率提高是以牺牲教育质量为代价的，最终将陷入教育乌托邦的困境，并不是真正意义上的教育公平。”① 这一时期，政治不平等成为社会不平等的主线，出身工农阶层的学生在社会各个阶层中具有教育优先权。这种基于政治不平等的教育不平等，使得公平竞争成为一句空话，直接损害了人们平等受教育的权利。

同时，这种“政治挂帅，学业为辅”的选拔机制改变了公民受教育机会的分配标准。在高校招生中，“政治质量”成为学生能否进入高等教育学校的首要条件，以学业成绩为选拔标准的招生方式则几乎完全被摒弃。1958 年高等学校招考新生规定：“要认真贯彻阶级路线，保证新生的质量，加强招生的政治审查工作，高等学校新生入学后，要进行政治复查，复查不合格的，取消入学资格。”② 政治出身成为学生能否进入高等院校接受教育的决定性条件，直接举措是实行政治审查和保送入学制度。教育发展中的人力资本和文化资本的再生产机制根本无法发挥作用。1970 年，北京大学和清华大学在试点招生中提出的招生条件为：“政治思想好、身体健康、具有三年以上实践经验、年龄在二十岁左右、有相当于初中以上文化程度的工人、贫下中农、解放军战士和青年干部。有丰富实践经验的工人、贫下中

① 华桦. 教育公平新解——社会转型时期的教育公平理论和实践探究［M］. 上海：上海社会科学院出版社，2010：203.

② 贯彻阶级路线保证新生质量——教育部发出高等学校招考新生的规定［N］. 人民日报，1958-07-03（7）.

农，不受年龄和文化程度的限制。还要注意招收上山下乡和回乡知识青年。"① 高等教育能够为个人带来向上流动的机会，但高等教育的资源是非常短缺的。在有限的教育资源面前，这种以家庭出身来进行社会分层的方式加速了教育资源的不均衡分配。当时，工农速成中学的毕业生、工农干部、工人、农民等能获得优先保送高等学校入学的机会，而非工农阶层子女的受教育机会则被逐步剥夺。根据相关资料统计，1958—1964 年，工农家庭及本人为工农成分的，在每年录取的新生中所占的比例呈逐年上升趋势，1964 年上升到 70.10%；而剥削阶级家庭出身的子弟，在每年录取的新生中所占的比例逐年下降，1964 年下降到 5.32%。② "文革"时期，分配高等教育机会的依据不是学术标准而是政治出身，自愿报名、群众推荐、领导批准、学校复审等成为分配高等教育机会的基本方式。高考制度的取消意味着依据学术标准分配高等教育机会被彻底废除，政治出身和政治表现成为分配高等教育机会的首要条件。那些政治出身不好的，则被贴上一种特殊的政治标签而成为推荐制度的失败者，这对教育机会的公平分配是一种极大的破坏。③ 这种政治选拔机制改变了公民受教育机会的分配，高等教育机会从初期社会各阶级、各阶层都拥有的权利演变为无产阶级的内部专利。在无产阶级利益和社会公平的价值区间，受教育的价值主体已经完全发生了变化。

高考制度的取消虽然在一定程度上扩大了工农阶层接受高等教育的机会，为广大工农子弟创造了更多的受教育机会，但也导致了高等教育质量一定程度的下降。另外，由于把高等教育机会的分配权由国家和学校下放到个人手中，且缺少客观的标准和有效的监督，少数干部便滥用职权，设法操纵有利于其子弟的入学方式，使得他们的子弟

---

① 中央教育科学研究所. 中华人民共和国教育大事记（1949—1982）[M]. 北京：教育科学出版社，1984：433.

② 杨学为. 高考文献：上 [M]. 北京：高等教育出版社，2003：525.

③ 杜瑞军. 从高等教育入学机会的分配标准透视教育公平问题——对新中国 50 年普通高校招生政策的历史回顾 [J]. 高等教育研究，2007（4）：29－35.

在大学生中占了不适当的比例。①

二、外国教育公平思想发展历程

外国关于教育公平的思考，最早可以追溯到古希腊时期。当时，客观政治形势和经济形势的变化，导致人们在世界观和人生观上也发生变化。柏拉图在《理想国》中提出了给每个人提供相同教育机会的教育公平思想，认为不论是自由民还是奴隶主，都有接受教育的机会，女子可以跟男子一样接受平等的教育。同时，柏拉图第一次明确强调教育在政治中的作用，指出要建立公共教育制度，让不同的人都能受到合适的教育，拥有受教育的机会和权利。亚里士多德对柏拉图的教育公平思想进行了发展，第一次提出从法律的层面对教育公平权利进行保障，认为一切儿童都有接受教育、成为一名公民的权利。之后，无论是文艺复兴时期的"天赋人权"思想，还是启蒙时期的"自由、平等、博爱"，都标志着教育公平思想从乌托邦式的空想到理性构建的觉醒。

欧洲在启蒙运动之前，教会也充当施教者的角色。洛克的《政府论》和卢梭的《爱弥儿》中，都有提到父母教育子女的权利和义务。教育对人生成长的重要性不言而喻，它已经成为天赋的或者自然的权利。直到"在现代世俗国家出现后，教育才被认为是公共事务和国家的责任"②。因此，"教育公平"可以看作是一个近现代的事物，它是随着人们对自身的独立权利的觉醒而出现的。

文艺复兴时期，西方进步的思想家们重视个性的解放，崇尚理性觉醒，坚持人文主义精神。他们提出了普及义务教育的主张，认为每个儿童都应该进入学校学习，接受平等的教育，享有平等的受教育机会。随着人文主义教育思想的崛起和传播，各种类型的新式学校开始出现，这些学校冲破封建教育以及教会教育的禁锢，允许平民子弟进

---

① 麦克法夸尔，费正清. 剑桥中华人民共和国史（1966—1982）［M］. 李向前，旷昕，韩钢，等译. 海口：海南出版社，1992：601.

② Nowak，M. The right to education［M］//Eide，A.，Krause，C.，Rosas，A. *Economic，Social and Cultural Rights*. Boston：Martinus Nijhoff Publishers，1995：189 - 191.

入学校学习，扩大了受教育对象的范围。托马斯·莫尔（T. More）在其代表作《乌托邦》中，提出要废除私有制，推行公共教育。他认为在理想的社会里，人与人之间的关系是平等和谐的，每个人都应该享有平等的受教育机会。恩格斯对文艺复兴运动曾这样评价："这是地球从来没有经历过的一场最伟大的革命。……这是一个需要巨人并且产生了巨人的时代，那是一些在学识、精神和性格方面的巨人。"① 文艺复兴运动激发了人们对教育公平的思考和追求，对教育公平思想的发展具有非常重要的历史意义。

"受教育权尽管很重要，但在公民自由的历史中却姗姗来迟。"② 文艺复兴以来，启蒙主义、理性主义等思潮启发了人自身的觉醒，个人对自身的权利意识普遍增长。教育公平就随着人的自我意识的增长和对自我的重新发现而成为普遍关注和讨论的一个问题。这时，"人人都有受教育的权利"成为人们所追求的教育公平理想。其中，著名教育家夸美纽斯（Comenius）就在其代表作《大教学论》中明确提出"一切男女青年都应该进学校"的主张。他根据"泛智论"的思想，认为按其本性，所有人都应学习一切必需的和有用的知识，并且能够接受发展自我身心的教育，因而，"不仅有钱有势的人的子女应该进学校，而一切城镇乡村的男女儿童，不分富贵贫贱，同样都应该进学校"③。卢梭认为在自然状态下，人生而平等，每个人都拥有相同的权利。人类这种自然状态的平等经过"社会契约"的缔结，建立起道德和法律上的平等，从而获得社会状态的平等。基于人人平等的理性观念，卢梭认为每个人都应该受到公平和优质的教育，以取得与他相称的人品。"在自然秩序中，所有的人都是平等的。他们共同的天职，是取得人品；不管是谁，只要在这方面受了很好的教育，就不至于欠缺同他相称的品格。"④ 虽然爱尔维修（Helvetius）的"教育万能论"过分夸大了教育的作用，但在人的理性得到充分尊重和张扬的

---

① 马克思恩格斯选集：第3卷［M］．中共中央马克思恩格斯列宁斯大林著作编译局，编译．北京：人民出版社，2012：843.

② 霍奇森．受教育人权［M］．申素平，译．北京：教育科学出版社，2012：6.

③④ 任钟印．西方近代教育论著选［M］．北京：人民教育出版社，2001：19－20；118.

时代，平等的教育使人发生重要的改变、形成完美的人格，则是那个历史时期的共识。

18世纪末期，在欧洲启蒙思想的影响下，受教育机会均等的思想逐渐成为西方一些国家的共识。美国《独立宣言》的起草人托马斯·杰斐逊（T. Jefferson）在承认“人生而平等”思想的基础上，指出平等受教育权利是社会公民的自然权利之一。在此基础上拟定的教育改革法案中，明确提出了教育平等的思想，规定每个儿童都享有免费公共教育的机会。法国大革命时期，哲学家孔多塞（Condorcet）在其向立法议会提出的法案中，明确表明教育平等的主张，从法律的意义上肯定了教育的平等性和普遍性，确认了人人都享有平等的受教育机会和权利。

19世纪，空想社会主义者在肯定人人享有平等受教育权利和机会的理论基础上，开始对资本主义私有制进行揭露和批判。随着阶级对立的激化，理性主义基础上的人人平等的受教育权并没有转化为现实的景象，反而出现了新的教育不公平以及由此而引发的对教育不公的激烈反抗。如果说，前资本主义时代的教育公平问题主要集中在统治阶级内部对教育资源分配不均的争论，那么资本主义时代的教育公平问题则是以阶级之间的对抗为前提的。最先对资本主义教育不公提出反对的是空想社会主义者。欧文（Owen）、圣西门（Saint - Simon）、傅立叶（Fourier）等试图通过劳动公社来构建共产主义理想，以教育平等来推动社会平等的实现。“只有彻底实行真正平等的原则，才能推动人类走向高度完善的阶段。”① 空想社会主义者开始意识到社会财富分配不公是导致教育不公平的根源，指出实现人的自由全面发展的最合适办法是教育同生产劳动相结合。欧文在他所创办的两个实验区“新拉纳克”和“新和谐公社”中，为所有的工人和他们的子女都提供教育，年龄跨度囊括了幼儿、青年和成年。他在实验区创办的学校要么免费，要么学费低廉，教授学生“所缺乏的最有用的实际知

① 欧文选集：第2卷［M］. 柯象峰，何光来，秦果显，译. 北京：商务印书馆，1981：134.

识，尤其是培养孩子成为有理性的人的适当办法”①，人人享有平等的受教育机会和条件。他甚至提出，“人人在一生中都按照年龄和能力得到同样的教育、职业和地位”②，那么“愚昧将被清除，愤怒的情绪将无法得势，宽宏和仁爱的精神将普遍盛行，贫困将不复存在，每个人的利益将和世界上所有人的利益完全一致”③。欧文的这种推动平等的教育实验，虽然在刚开始取得了一定的成就，但由于工人阶级普遍的生存状况，这样一些实验缺乏推广的现实条件，最终都以失败告终。但工人阶级争取平等的受教育权和教育资源的斗争从没停止过。

马克思曾这样评价这个时期的教育公平思想：“正如我们在罗伯特·欧文那里可以详细看到的那样，从工厂制度中萌发出了未来教育的幼芽……而且是造就全面发展的人的惟一方法。”④ 然而，虽然空想社会主义者们将教育公平投向了美好的乌托邦社会，但他们并没有回到生产力与生产关系的变革中去寻找实现教育公平的方法，这也就注定了空想社会主义者们对实现教育公平的设想只能是一种不切实际的空想，很难成为现实。不可否认的是，空想社会主义者关于教育公平的一系列富有创意性的设想，尽管没有摆脱阶级和时代的局限性，但却得到了马克思和恩格斯的高度评价，也因此成为马克思、恩格斯教育公平思想主要的理论来源。

马克思主义的创立者马克思和恩格斯通过考察工人阶级的受教育情况，以马克思主义为理论依据，不仅揭露了教育不公现象，而且也发现了这种现象存在的制度根源和消除这些现象的根本途径，并进而建立了马克思主义的教育公平观和实践方式。首先，马克思和恩格斯考察到，在当时，“青年工人累了十二小时之久，还要叫他们在晚上

①③ 欧文选集：第 1 卷 [M]. 柯象峰，何光来，秦果显，译. 北京：商务印书馆，1979：53；124.

② 欧文选集：第 2 卷 [M]. 柯象峰，何光来，秦果显，译. 北京：商务印书馆，1981：139.

④ 马克思恩格斯全集：第 44 卷 [M]. 中共中央马克思恩格斯列宁斯大林著作编译局，编译. 北京：人民出版社，2001：556 - 557.

八点到十点去上学，这也未免太过分了。那些去上学的人多半在上课的时候就睡着了”①。恩格斯以“童工调查委员会报告”为分析对象，在《英国工人阶级状况》中考察了当时工人阶级的子女接受平等教育的基本状况。在英国的伯明翰，5—15岁的儿童有超过一半连学校都没有进过，而且他们很早就到工厂里做工。他们必须整日在工厂里面工作，承受过度劳动的折磨，甚至连睡觉的时间都很短。恩格斯痛斥道：“把孩子们应该专门用在身体和精神的发育上的时间牺牲在冷酷的资产阶级的贪婪上，把孩子们从学校和新鲜空气里拖出来，让厂主老爷们从他们身上榨取利润，这无论如何是不可饶恕的。”②不仅是青年和儿童，就是成年工人阶级本身的受教育权利也随着大工业生产的进步，而异化成为生产的一部分。因为生产发展和分工体系的复杂化等，工人必须接受一定的技术教育、科学教育等，但这些都服从于资本生产的逻辑。对他本人而言，这些技术教育并不能消除他的生存危机，以及被剥削和遭受异化的遭遇。对整个工人阶级而言，这也不能改变他们被排除在发达的生产力所带来的文明成果的合理分配系统之外的命运。

不仅从以人的自本质为前提的人道主义出发，而且从生产力和生产关系的辩证发展出发，马克思主义者们看到了争取普遍的受教育权和公平分配公共教育资源的正当性。接受一定的教育，不仅是人类发展的正常条件，而且也是每个公民的“真正利益”，“因为每一个人都无可争辩地有权全面发展自己的才能，而且当社会使愚昧成为贫穷的必然结果的时候，它就对人犯下了双重的罪过”③。而且，“工人阶级中比较先进的那部分人则完全懂得，他们阶级的未来，因而也是人类的未来，完全取决于新一代工人的成长”④。工人阶级不仅要争取经济和政治上的统治地位，而且也要争取自身平等接受教育的权利，这关乎人类发展的未来。因此，无产阶级的做法应当是，“由国家出资

①②③ 马克思恩格斯全集：第2卷［M］. 中共中央马克思恩格斯列宁斯大林著作编译局，编译. 北京：人民出版社，1957：395；437；614.

④ 马克思恩格斯全集：第21卷［M］. 中共中央马克思恩格斯列宁斯大林著作编译局，编译. 北京：人民出版社，2003：270.

对一切儿童毫无例外地实行普遍教育，这种教育对任何人都是一样，一直进行到能够作为社会的独立成员的年龄为止”①。在《共产党宣言》中，马克思和恩格斯明确表示，无产阶级要改变教育的统治性质，从而使真正的教育公平得到普遍认可，其中一项重大措施是，“对所有儿童实行公共的和免费的教育。取消现在这种形式的儿童的工厂劳动。把教育同物质生产结合起来，等等”②。

马克思、恩格斯的教育公平思想也在这一时期形成和发展。在对以往各种教育公平观进行批判的基础上，尤其是对资本主义社会资产阶级公平观进行无情批判的基础上，马克思、恩格斯以唯物史观为指导，指出无产阶级教育公平的本质就是消灭阶级：“只要掌握在资产阶级手中，工人就不可能受到真正平等的教育”③。马克思、恩格斯认为，只有消灭阶级，教育公平才可能真正实现，“无产阶级平等要求的实际内容都是消灭阶级的要求。任何超出这个范围的平等要求，都必然要流于荒谬”④。马克思把消灭阶级本身作为实现无产阶级公平的前提条件，这一思想奠定了马克思主义教育公平观的基础，实现了对空想社会主义者们教育公平思想的超越，形成了自己独到的教育公平思想。

到了近现代，几乎西方每一次教育上的变革都与人们对教育公平的追求和争取有关。马克思·韦伯（M. Weber）在其《新教伦理与资本主义精神》一书中认为，教育平等思想来源于基督教的新教伦理，是现代理性资本主义兴起的精神动力之一，是西方文明的驱动力和道德能量。⑤ 随着对“新自由主义”的探索和对“自由主义”的重新思

---

① 马克思恩格斯全集：第 2 卷［M］. 中共中央马克思恩格斯列宁斯大林著作编译局，编译. 北京：人民出版社，1957：614.

② 马克思恩格斯选集：第 1 卷［M］. 中共中央马克思恩格斯列宁斯大林著作编译局，编译. 北京：人民出版社，2012：422.

③ 上海师范大学教育系. 马克思恩格斯论教育［M］. 北京：人民教育出版社，1979：18.

④ 马克思恩格斯选集：第 3 卷［M］. 中共中央马克思恩格斯列宁斯大林著作编译局，编译. 北京：人民出版社，2012：484.

⑤ 韦伯. 新教伦理与资本主义精神［M］. 彭强，黄晓京，译. 西安：陕西师范大学出版社，2002：3－38.

考，西方的一些知识分子在不断的争论中开始对教育公平的认识发生了变化。人们开始认识到教育公平不仅仅停留在过去入学机会均等的要求上，更要注重教育过程的平等以及教育结果的平等，即处于不同阶级、地位、背景的学生都应该享有平等的受教育过程和成果的机会。

大批西方的哲学家、社会学家、教育学家们开始把教育公平作为研究课题，产生了较为丰富的教育公平问题的研究成果。同时，教育公平、教育机会均等也成为西方国家教育民主政策的主要思想。如美国教育家贺拉斯·曼提出的"公共教育"思想，明确要求在公立学校建立免费、普及、公平的教育制度，重视教育的公平性，反对教育歧视。美国于20世纪60年代掀起的补偿教育运动，主旨就在于教育机会的平等，使黑人儿童和白人儿童享有相同的受教育机会，对处于劣势地位的有色人种子女在教育中进行补偿。作为这次教育改革运动的发起者，科南特（J. B. Conant）认为，国家要改善贫民区儿童的教育问题，要对黑人青年学生的退学情况予以关注。科南特在《今日美国中学》一书中多次强调，国家设立综合中学的重要作用，就是在能力、兴趣、职业选择各异的学生之间发展相互尊重和了解的情感，以培养未来的工厂经理和劳工领袖之间相互理解和尊敬的关系。他认为平等的教育对美国社会经济的稳定和持续发展十分重要。① 芬兰于20世纪90年代的教育改革在对"教育公平"的追求上明确把尊重受教育个体的主体性放在重要地位，认为教育公平不仅是表面上的受教育机会的均等赋予，同时还包含对受教育个体个性、潜能的挖掘和发展，"教育公平应偏重竞争的公平，或公平的竞争"②。

总之，进入20世纪，教育公平思想有了进一步的科学探索和发展。戴维·米勒（D. Miller）的《社会正义原则》、罗尔斯的《正义论》、德沃金（Dworkin）的《认真对待权利》、阿玛蒂亚·森（A. Sen）的《正义的理念》等从社会公平的角度阐述教育公平，思考在多元的社会环

① 王桂. 当代外国教育——教育改革的浪潮与趋势［M］. 北京：人民教育出版社，1995：395－406.

② Ahonen，S. From an industrial to a post-industrial society：changing conceptions of equality in education［J］. *Educational Review*，2002（2）：173－181.

境下，如何合适分配资源问题。沿着这一轨迹，罗伯特·诺齐克（R. Nozick）、哈耶克（Hayek）等人在公平问题上坚持个人权利高于一切的古典原则，反对罗尔斯的差别原则，把公民平等的受教育权利放在第一位。麦金太尔（Maclntyre）等则试图将教育公平指向共同体视域中对美德的追寻。虽然哲学家们的讨论和探索开辟了探索教育公平思想的不同路向，提供了广阔的学术视野和深刻的思想资源，但同时也给我们留下了很多问题：如何保证教育资源的公平分配？在利益多样化的现代社会中，如何使教育公平的推进恰当而有效？是否需要建立一种统一的教育公平标准？这些，都给我们留下深刻的思考。

由于无产阶级的不断争取，现代教育在国家法律和政治力量的推动下，使人们的平等受教育权得到普遍承认，教育公平也取得了长足进展。教育逐步普及，教育对象也不断扩大。国家加强对教育的干预和支持，采取公立教育的方式，完善学校教育制度等保证每个公民的基本教育权利。儿童的受教育权也得到世界性的承认、真正落实和普遍维护。1948 年，联合国大会通过《世界人权宣言》。至此，“受教育权”正式被确认为一项人权，在人类教育公平发展史上写下庄严的一笔。“受教育权在人权序列中具有鲜明的特点……四个主要国际人权文件都明确详细地承认并确认了受教育权。这四个文件是 1948 年的《世界人权宣言》、1960 年联合国教科文组织的《取缔教育歧视公约》、1966 年的《经济、社会及文化权利国际公约》以及 1989 年的《儿童权利公约》。”① “儿童的受教育权……是……人类尊严的要求。在当今世界，我们拥有着史无前例的科学和技术知识的宝库，而掌握着知识资源入口的特权人士却和数以亿计的没有读写学习机会的男童和女童以及男人和女人并存，这是难以让人接受的。”② 当然，进入新时代，教育的阶级性质依然存在，教育公平问题又以新的形式呈现出来，人们对新时代的教育公平问题也展开了新一轮的思考和探索。

---

① 霍奇森. 受教育人权［M］. 申素平，译. 北京：教育科学出版社，2012：29.

② M′Bow，A. Introduction［M］// Mialaret，G. *The Child's Right to Education*. Paris：United Nations Educational，Scientific and Cultural Organisation，1979：14－15.

第三章
中外教育公平研究现状

教育公平是一个历史概念，教育公平研究也有一个历史过程。把教育公平作为专门课题进行研究，国外主要是从 20 世纪 60 年代开始的，我国则主要是在 20 世纪末起步。古今中外的思想家们都对教育公平进行过一系列的探索和思考，尽管这些教育公平思想由于历史和现实的客观原因存在着一定的阶级局限性，但它们对促进教育民主和社会进步做出了重要贡献，为我们今天构建富有现代意义的教育公平理论提供了宝贵的经验。

一、中国教育公平研究现状

中国关于教育公平的思考，最早可以追溯到春秋战国时期。以孔子为代表的教育家提出的“有教无类”“因材施教”等教育主张，体现了中国古代的教育公平思想。隋朝时开始实行的科举制度给当时的平民百姓提供了参与政治的机会，体现了朴素的教育公平思想，在一定程度上推动了当时社会公平的发展。从 1919 年五四运动倡导的“民主”“科学”等理念，到 1949 年通过的《中国人民政治协商会议共同纲领》提出“民族的、科学的、大众的”新民主主义教育方针，中国近现代教育公平思想的发展一直受到高度的关注。无论是陶行知、晏阳初、梁漱溟等平民教育家，还是中国共产党的教育公平理论和实践，都为中国教育开启了走向教育公平的前进之路。

虽然教育公平思想早已有之，但直到 20 世纪 90 年代，在借鉴西方教育公平理论的基础上，我国学者才开始把教育公平作为一项课题进行研究，但专门从马克思主义公平观的视角出发探讨教育公平问题的著作和论文还十分稀少。国内专门研究马克思、恩格斯教育公平思想的著作目前尚无。大部分研究内容主要集中在对现实问题的分析思考或从各自不同的学科背景出发辨析概念，从宏观视角的角度阐述教育公平问题。研究马克思主义教育思想的著作以《马克思恩格斯论教育》（上海师范大学教育系编，1979 年）、《马克思主义教育思想》（厉以贤主编，1992 年）、《马克思主义教育思想的中国化历程——选择·融合·发展》（周谷平主编，2008 年）为代表。

总体而言，20 世纪 90 年代以来国内学术界在以教育公平推进社会公平、实现人的全面发展方面已经有所研究，且大多集中在以下几个方面。

（一）从伦理学角度分析教育公平的内涵和规范

从伦理学角度探析教育公平内涵的研究散见于部分学者的论文和著作之中，其中颇具代表性的关于教育公平内涵的界定有以下几种。例如，有学者将教育公平视作人格的独立平等和个人生存价值的平等，视为发生利益的各种关系主体在教育资源的获取、分配、占有、使用等方面所具有的公平的权利。① 也有学者指出教育公平是对作为理性存在人格的平等尊重和人性尊严的维护，是对弱势群体、边缘群体等遭受不公正待遇的群体身份的承认，是通过正义的教育制度对教育主体的权益和尊严的维护。② 翁文艳则认为教育公平的目的是达到一种事实上的平等，而这种事实上的平等实际上需要以不平等为前提，即对先天不利者和有利者使用并非同等的而是不同的尺度，以此达到了道德补偿的效果。③ 具体到已经在接受高等教育的大学生，高珊等则强调指出，一个健全合理的社会应该采取积极措施，保障贫困大学生公平接受教育的机会，过一种有尊严的大学生活。因此，要解决贫困问题带来的道德不平等甚至比解决实际物质条件的贫困更复

① 张冬毛. 教育公平基本理论的伦理视角［J］. 作家，2007（4）：200－201.

② 吕寿伟，柴楠. 教育公平诉求的伦理审视［J］. 国家教育行政学院学报，2013（11）：43－48.

③ 翁文艳. 教育公平与学校选择制度［M］. 北京：北京师范大学出版社，2003：17－119.

杂，因为这涉及社会道德伦理观念的批判反思。① 田正平、李江源则试图通过制度伦理标准分析教育公平问题，认为教育公平是教育的一种基本价值观念与准则。现代意义上教育公平的具体内容和规则主要是保证原则、事前原则、事后原则、补偿原则等。② 张朝霞认为，教育公平是社会每个成员在享受公共教育资源时受到的公正与平等的对待，实质是实现教育利益分配的公平化，是社会利益配置的“均衡器”，奠定了社会生活的伦理根基。③

（二）从经济学角度分析教育公平的现状和问题

从经济学的角度看，我国关于教育公平现状和问题的研究，多从“效率优先，兼顾公平”这一经济领域的命题切入。不同学者按照各自不同的立场，主要围绕教育资源的均衡配置进行探讨。郭彩琴、褚宏启、翁文艳三人从教育资源的公平分配理论出发进行总结，归纳出教育资源公平配置的“三原则”“五原则”：郭彩琴认为教育公平是指配置教育资源时所坚持的一种合理性的原则，是现实性和理想性、绝对性和相对性、平等性和差异性的辩证统一，我们在配置教育资源时应坚持平等性、差异性和补偿性相统一的原则，以体现其合理性。④ 褚宏启认为教育公平包含教育资源配置的三种合理性原则，即平等原则、差异原则和补偿原则。通过经济公平、政治公平来促进教育公平，是走向真正高水平教育公平的唯一正确的路径选择，现代教育应该坚持“教育公平与教育效率并重”的原则。⑤ 翁文艳则归纳出教育资源公平分配的五项原则，即资源分配均等原则、财政中立的原则、调整特殊需要的原则、成本分担与成本补偿的原则和公共资源从富裕流向贫困的原则。⑥ 刘尧对历史发展过程中教育资源分配方式所经历

① 高珊，曾山金，彭定光. 大学理念与教育公平——万俊人教授访谈录［J］. 现代大学教育，2007（3）：1-9.

② 田正平，李江源. 教育公平新论［J］. 清华大学教育研究，2002（1）：39-48.

③ 张朝霞. 构建和谐社会视角下教育公平的伦理审视［J］. 求实，2011（4）：33-37.

④ 郭彩琴. 教育公平：内涵和规定性［J］. 江海学刊，2003（3）：100-104.

⑤ 褚宏启. 关于教育公平的几个基本理论问题［J］. 中国教育学刊，2006（12）：1-4.

⑥ 翁文艳. 教育公平与学校选择制度［M］. 北京：北京师范大学出版社，2003：12-117.

的阶段进行了概括，他认为在封建社会和中世纪的欧洲，教育资源的分配属于权力公平阶段，是以父亲的社会地位和政治权力为依据的。而资本主义社会则属于按学生的能力分配教育资源的能力公平阶段。如今，能力与金钱结合是大多数国家高等教育采用的主要准入方式，属于金钱公平阶段。① 叶忠认为，我国现阶段教育制度公平的基本原则为：优先保障每个人接受最基本的教育，公办教育优先考虑学习能力，民办教育兼顾支付能力和学习能力、调剂社会教育资源等。② 杨东平认为，当前我国教育不公平问题主要是教育资源配置不均衡，助长了客观存在的城乡差别、地区差别，也使事实上存在的阶层差距拉大。③ 安晓敏等认为，我国教育领域的供求关系一直以来都非常紧张，主要表现为教育供给不能满足社会日益增长的教育需求以及教育财政资源的供给不能满足教育事业迅速发展的需要这两个方面。而现阶段我国教育资源配置的不公主要表现为区域间、城乡间和学校间教育资源分布上的不均等。④ 谢维和等则认为，高效率并不必然带来高公平，教育公平问题并不是教育效率的提高就能解决的。尽管教育发展最终必然能促进教育公平程度和水平的提高，但是在转型社会中教育发展过程的某一阶段，教育发展基础、教育公平形态、参考群体的变化，以及由此所产生的相对剥夺，会引起整个社会比教育发展水平较低的历史时期更加突出的教育不公平问题和社会现象。⑤ 谈松华认为，我国现阶段教育资源供给的短缺，既有总量性短缺，又有财政性、体制性和结构性短缺。为实现公平与效率的动态平衡，要把重点放在解决财政性、体制性和结构性短缺上，强化政府在教育资源配置

---

① 刘尧. 教育公平研究综述 [J]. 交通高教研究，2002 (4)：98 - 100.

② 叶忠. 试论教育制度公平 [J]. 教育与经济，2003 (2)：13 - 16.

③ 杨东平. 中国教育公平的理想与现实 [M]. 北京：北京大学出版社，2006：45 - 249.

④ 安晓敏，邬志辉. 教育公平研究：多学科的观点 [J]. 上海教育科研，2007 (10)：22 - 25.

⑤ 谢维和，李乐夫，孙凤，等. 中国的教育公平与教育发展 (1990—2005) ——关于教育公平的一种新的理论假设及其初步证明 [M]. 北京：教育科学出版社，2008：13 - 45.

中调节公平与效率关系的作用。①

（三）从社会学角度分析教育公平的普遍化问题

关于教育公平社会性的研究，大多数学者基于社会学中关于社会分层的观点，主张教育机会均等的实现应贯穿整个教育系统，且必须与社会其他系统的机会均等协调一致，才能促进整个社会的公平。

如杨东平认为，随着在社会转型中城乡差距、贫富差距逐渐拉大，教育制度作为社会分层的机制逐渐突显，中小学和高等学校学生的阶层差距正在扩大。要想改变教育不公平现状，重要的是进行彻底的社会改革，从根源上改变产生教育不平等的社会制度本身。② 翁文艳认为任何时代公平的状况都只能与社会经济发展水平和社会价值体系相适应。教育公平在不同历史时期、不同社会形态以及社会发展的不同阶段都有着不同的价值目标和行动追求，是具有社会性的事物。③ 石中英则认为教育机会均等主要关注青少年儿童享受同等接受某种教育的可能性，区别于教育过程均等和教育结果均等，体现为权利平等，具有相时性、不充分性等特点；并指出教育机会均等的实现是一种社会行动乃至政治行动，而不单纯是一种教育行动。④ 范国睿认为教育公平对促进社会分层与社会公平具有独到的价值，保障每一位社会成员的受教育机会，促进社会文化的多元化发展和民众的多样化教育选择需求，对于促进社会公平，构建和谐社会具有重要意义。⑤ 郭元祥认为教育平等实质上应是与一个人的受教育的利益、受教育的权利相关的相同性，它不仅仅涉及教育机会问题，而且涉及教育过程和教育结果。⑥ 李润洲指出人是社会性的动物，在其现实性上人的本质是一切社会关系的总和。因此，正确、妥善地处理各种社会

---

① 谈松华．“短缺教育”条件下的教育资源供给与配置：公平与效率［J］．教育研究，2001（8）：3－7.

② 杨东平．中国教育公平的理想与现实［M］．北京：北京大学出版社，2006：58－137.

③ 翁文艳．教育公平与学校选择制度［M］．北京：北京师范大学出版社，2003：5－39.

④ 石中英．教育机会均等的内涵及其政策意义［J］．北京大学教育评论，2007（4）：75－82.

⑤ 范国睿．教育公平与和谐社会［J］．教育研究，2005（5）：21－25.

⑥ 郭元祥．对教育公平问题的理论思考［J］．教育研究，2000（3）：21－24.

关系不仅是个体人发展的条件，也是社会有序的保证。① 熊春文则将“教育公平”等同于“教育机会均等”，认为教育公平从本质上是“为了一切人的发展和人的全面发展”。② 另有学者指出，教育成功机会和教育效果相对均等的重要性，体现出分析教育公平问题时的历史唯物主义观点，并认为教育公平具有主观与客观统一、相对与绝对统一、静态与动态统一、“均等性”与“非均等性”统一、历史与现实统一等特征，具有秩序价值、自由价值、效率价值、人权价值等。③

（四）从法学角度分析教育公平的权利保障问题

教育公平从法学的视角来看，主要涉及受教育权利的法律保障问题。受教育权利的普遍化问题是一个基本的人权问题，法律法规的制定是一个逐步完善的过程。因此受教育权利的发展也经历了从不平等到基本平等的演变，以及由少数人特权到普遍公民权利的转化。翁文艳对受教育权的发展历程进行了梳理，指出受教育已经从自然权利发展为法律权利，从不平等的特权发展为普遍的平权，从义务性规范发展成为以权利为本位的、权利与义务统一的法律规范，从个人权利发展成为民族的、国家的乃至全人类的共同权利。④ 尚靖君等则从政治和经济的不平等出发，指出在实践中受教育权利的平等与教育机会均等没有得到很好的保护和实现，原因在于权利的法定化不等于权利的实现。尚靖君、王小溪指出有关教育公平的方针政策不能成为削弱教育不公平的手段，教育机会均等的实现程度还受社会政治、经济、文化等诸多因素的制约，不是学校教育所能解决的。⑤ 安晓敏等认为教育不平等根源于社会和经济上的不平等，完全通过法律保障受教育权利的平等在现实中还难以实现。⑥ 邱伟华认为，只有民主的决策机制

---

① 李润洲. 教育公平探析 [J]. 江西教育科研，2006 (11)：3 - 5.

② 熊春文. 论教育公平与社会公平——基于帕森斯理论视角的一个反思 [J]. 中国教育学刊，2007 (7)：5 - 10.

③ 周建国，屈茂辉. 教育公平的法哲学阐释 [J]. 求索，2010 (9)：106 - 108.

④ 翁文艳. 教育公平与学校选择制度 [M]. 北京：北京师范大学出版社，2003：21 - 105.

⑤ 尚靖君，王小溪. 教育公平实现的困境与出路 [J]. 外国教育研究，2012 (4)：3 - 11.

⑥ 安晓敏，邬志辉. 教育公平研究：多学科的观点 [J]. 上海教育科研，2007 (10)：22 - 25.

才能使当政者倾听民众的教育公平诉求，才能让公民参与并监督公共教育的预算与分配，以保证教育公平的实现。① 胡劲松对教育公平的理解融合了经济学和法学的思想，形成一种颇具特点的解读。他认为，教育公平是一种在“比例平等”原则支配下合理分配教育资源份额的理想和确保其实际操作的法律制度。② 杨明权认为教育要达到何种结果，与教育立法的基本价值取向密切相关，而公共性则是教育立法的基本价值取向。③ 缪文升则认为要实现教育公平，就必须从改革各项社会制度入手，建立起以利益调节为核心的社会整合机制，正确处理教育过程中的利益关系，从而促进社会和谐。④

（五）从教育学角度分析教育公平的改革和评价问题

从教育本体出发对教育公平的探讨主要集中在课程、教学和教育评价的研究中。翁文艳认为西方学术界讨论得比较多的是教学语言文化、课堂中传授的知识、学生学业成功的标准以及教学设计方案策略。⑤ 陈时见、彭泽平从课堂教学、班级管理、学校管理、教育行政四个方面分析了教育公平的改革和评价。⑥ 安晓敏等从课程改革、教学过程以及学业评价三个方面探讨了教育学视角的教育公平，认为课程是产生教育不平等的关键问题，主张进行民主课程改革并倡导创建“公平教室”以减少教学过程中产生的差异。另外，考试制度作为学业评价的一个重要手段，只有实现多元化，才能体现真正的公平。⑦ 王善迈认为，建构教育公平的分析框架和评价指标对我国教育公平状况进行判断十分重要，并从考虑数据的可得性出发，提出从受教育权

① 邱伟华. 权力制衡与教育公平之实现［J］. 华东师范大学学报（教育科学版），2011（1）：25－29.

② 胡劲松. 论教育公平的内在规定性及其特征［J］. 教育研究，2001（8）：8－12.

③ 杨明权. 公共性：教育立法的基本价值取向［J］. 教育理论与实践，2007（19）：32－34.

④ 缪文升. 正义的法律是实现教育公平的制度保障［J］. 辽宁教育研究，2007（5）：24－26.

⑤ 翁文艳. 教育公平与学校选择制度［M］. 北京：北京师范大学出版社，2003：9－13.

⑥ 陈时见，彭泽平. 教育公平［M］. 北京：高等教育出版社，2012：23－58.

⑦ 安晓敏，邬志辉. 教育公平研究：多学科的观点［J］. 上海教育科研，2007（10）：22－25.

和入学机会公平、公共教育资源配置公平、教育质量公平、群体间教育公平四个方面设计正规三级教育教育公平的具体评价指标。[①] 郭元祥则从课程知识的选择、分配、传递等方面看待其对教育公平所具有的意义。[②]

（六）教育公平的应用性研究

对教育公平理论的应用性研究，主要侧重在区域调查以及地方性的实验和示范上。这些应用研究从教育公平的理论出发，对部分示范性区域的实际做法进行分析和探讨。

《教育公平论》（周洪宇等著，2010 年）对我国义务教育实现全面、彻底的免费政策提出立法建议，对浙江省、武汉市等一些中小学实行“阳光教育”实践的现状、经验及其面临的挑战进行了分析。《从“为国选材”到“为民量才”——转型中的高考公平问题研究》（张和生著，2013 年）指出，我国新一轮高考改革对维护社会和教育的公平公正具有重要意义，并以江苏省为例，对我国高考改革在人才培养体制、办学体制、教育管理体制和社会用人机制等方面的作用进行了较为详细的阐述。《教育公平新解——社会转型时期的教育公平理论和实践探究》（华桦著，2010 年）对上海女性高等教育的状况进行了分析，指出其改革主线，并提出建议。宋红霞在其博士论文《社会阶层与高等教育机会均等的相关性研究》中运用量化实证研究的方法，以河南省孟州市为例，对社会阶层与高等教育机会均等的关联性进行了分析。

二、外国教育公平研究现状

20 世纪 60 年代，西方开始把教育公平作为一项课题进行研究，由于起步较早，关于教育公平问题的实证研究较为丰富，但总的来说，关于教育公平理论的系统性阐述还不是很多。研究者主要还是从

① 王善迈. 教育公平的分析框架和评价指标 [J]. 北京师范大学学报（社会科学版），2008 (3)：93 - 97.

② 郭元祥. 对教育公平问题的理论思考 [J]. 教育研究，2000 (3)：21 - 24.

经济和阶级的角度分析教育公平问题。美国“新马克思主义”代表人物鲍尔斯（S. Bowles）和金蒂斯（H. Gintis）的《资本主义美国的学校教育》（*Schooling in Capitalist America*）、《不均等的机会：家庭背景和经济上的成功》（*Unequal Chances: Family Background and Economic Success*）从社会经济和家庭背景等方面分析教育不公平的成因，认为经济不平等是导致教育不公平的重要原因。柯林斯（R. Collins）和马科夫斯基（M. Makowsky）的《发现社会》（*The Discovery of Society*）认为不同的经济条件和阶级分层，是导致教育不公平的重要原因。英国弗劳德（J. E. Floud）、哈尔西（A. H. Halsey）的《社会阶级与教育机会》（*Social Class and Educational Opportunity*）认为家庭环境、父母职业、学校条件、所处阶级、机遇、能力等都会影响受教育的机会，对教育公平产生影响。道格拉斯的《家庭与学校》（*The Home and the School*）指出儿童所处的区域环境和家庭环境、父母的能力水平、家庭在社会中所处的地位等，都会对教育的不平等产生影响，尤其指出地域差异是导致学生在选择中等教育学校时产生明显教育机会不平等的重要影响因素。威利斯（P. Willis）在他的《学做工：工人阶级子弟为何继承父业》（*Learning to Labour: How Working Class Kids Get Working Class Jobs*）中通过对反学校文化的洞察，对传统的社会再生产理论进行了新的阐释。他认为：一方面，学校教育并非改善阶级分化、促进社会公平的有效机器；另一方面，工人阶级对资本主义文化体制具有强烈主体能动性反抗，但由于受自身所处社会地位、阶级文化教育等局限，这种反抗最终只是保持或获得属于工人阶级的文化。

以上这些教育学家和社会学家关于教育公平的论述，大都从社会经济条件的角度涉及教育公平。科尔曼（J. S. Coleman）、胡森（T. Husén）、麦克马洪（W. W. McMahon）、帕森斯（Parsons）、杜威（J. Dewey）以及布迪厄（P. Bourdieu）等人则以各自不同的观点阐释对教育公平的理解，具有代表性。

美国教育学家杜威在《民主主义与教育》（*Democracy and Education*）中认为，社会的进步必须通过教育这一中介环境发挥作用。

教育不单是使个人接收和接受信息存储的过程，它同时也是个人的注意力、记忆力、观察力等不断发展的过程，是一个不断重组、重建、改造人的过程。杜威认为，在更广泛的社会利益调整后，经过社会分层形成的不同阶层，对社会的健康发展产生重要影响。在这种环境下，教育显得特别重要，它是使社会得以平和宽松发展的唯一手段。在个人的经济地位、社会地位等存在巨大不平等的现实情况下，教育具有社会筛选器、稳定器的功能。一方面，教育可以打破阶级地位的限制，提供适合个人公平竞争、改变生存状态的机会，帮助弱势群体摆脱自身阶层的局限，实现向上流动。社会中的个人不会因自己先天的家庭背景、所处阶层地位限制自己未来的生存或发展。另一方面，教育是促进社会民主化、均衡化程度的组织手段，是促进个体素质内在发展的根本要求。教育可以实现人改造人，实现个人与社会的一致性和稳定性。一个人的受教育程度在一定意义上也决定了这个人将来可能拥有的能力、权力以及社会地位等，对人的一生产生持续影响。[①] 杜威认为有序化和公平化的教育是社会发展所希望的，现实生活中，教育公平能使人的真正特性得到发展和完善，从而促进社会的进步。

法国社会学家布迪厄和帕瑟隆（Passeron）在他们的著作《教育、社会和文化的再生产》(*Reproduction in Education*, *Society and Culture*）中认为，文化资本实际上是一种由不同的家庭教育行动所传递的文化财产，教育是一种制度化的文化资本，所有的教育行动都是一种符号暴力，教育本身同时就是制造社会不平等、教育不平等的根源。在布迪厄等看来，文化资本是社会再生产的决定性因素，而学校则是传递和分配这一因素的机器。学校教育对文化资本在生产、传递过程中的控制，成为再生产不平等社会结构的主要原因。家庭在文化资本上的投资在很大程度上直接决定了学生在学校教育中取得的成

① Dewey, J. *Democracy and Education*: *An Introduction to the Philosophy of Education* [M]. New York: Free Press, 1966: 89-99.

就。[1] 可以说，布迪厄在教育平等问题上保持着一种不同于同时代人的独特姿态。

美国教育学家科尔曼在《教育机会均等》(*Equality of Educational Opportunity*)（又称《科尔曼报告》）中提出“教育机会均等”观点，指出教育平等应该被理解为“减少不平等”而不是“纯粹平等”。科尔曼认为完全实现教育结果的平等是不可能的，教育机会均等受以下四方面的影响：第一，公立学校的种族隔离对学生平等的受教育机会产生影响，真正的教育公平难以实现；第二，学校的环境，包括学校的教学设施（如桌椅配备等）、服务水平（学校特色、教职工人员和教科书配备是否充足）、课程设置、教师的性格特征和教学特点等都会对学生平等的受教育机会产生影响；第三，学生个人的社会经济背景、父母的受教育水平、家庭氛围、心理特征（如同一年龄阶段的不同学生，因身心成熟程度不同，对问题的理解接受程度会有差异）对教育机会均等产生影响；第四，不同区域类型的学校，如城区学校和非城区学校，学生的受教育机会很难平等。[2] 因此，科尔曼认为，“教育机会均等”的概念是一个错误的、误导的观念。这个错误是因为它把“机会平等”定位在教育机构内部，而不是教育本身。这个误导是因为它把平等的教育机会定义在一种纯粹形式（输入）的方式上，认为这是可以实现的，而实际上这是不可能实现的。一个适当的构想是“减少不平等……”，而不是“平等……”。这种提法可能意味着一种事实，即在一开始，学校就要争取学生在学校环境之外持续学习的时间。而学校的任务是增加机会，由此将减少因这些环境的差异给成人生活带来的不平等的影响。[3]

瑞典教育学家胡森在《社会背景与学业成就》(*Social Background*

---

① Bourdieu, P., & Passeron, J. *Reproduction in Education, Society and Culture* [M]. Translated by Nice, R. London: Sage, 1990: 41-66.

② Coleman, J. S. *Equality of Educational Opportunity* [M]. Washington: U. S. Dept. of Health, Education, and Welfare, Office of Education, 1966: 66-209.

③ Coleman, J. S. What is meant by “an equal educational opportunity”? [J]. *Oxford Review of Education*, 1975, 1 (1): 27-29.

and Educational Career）中指出，教育机会均等并不仅仅是教育的问题，它同时在很大程度上还会引起社会公平问题。胡森认为，从受教育个体来看，“教育公平”有三种含义：一是作为一种起点的公平。这指的是所有的儿童，无论个人的基因遗传条件和社会根源如何不同，自出生开始都有权利接受相同的教育，即入学的机会平等。二是作为一种过程的公平。这指的是不考虑个人的基因遗传条件和社会根源，每个儿童都有机会接受同样的教育，并在社会福利政策上给予最低限度的保障，即受教育的条件平等。三是作为最终结果，或作为这三个组合的公平。这指的是制定或设立一套教育制度或政策以促进每个学生有充分发展自身天赋的机会，保证教育公平结果的实现，即学业成就的机会平等。① 胡森认为在当时的环境下，教育问题的关键在“机会”而不是“平等”，他认为社会的责任是保证社会中的每个成员能够得到适合个体发展的质量均等的教育机会。同时，胡森对科尔曼1966年的《教育机会均等》的报告进行了总结和分析，区分了三种不同的社会哲学，对应“教育机会均等”概念演变的三个主要阶段，它们是：（1）保守主义阶段；（2）自由主义阶段；（3）激进的新概念阶段。②胡森认为，仅在入学机会形式上的平等是不够的，要使不同社会出身的儿童都有机会接受教育变得聪明，则在学前教育或类似的学校机构中更要强调平等。教育机会平等结果的实现反过来会促进社会领域内经济的均衡发展，使决策者更关注所有公民的平等受教育状况。

麦克马洪在《资助教育》（*Financing Education*）中提出了“公平三类型说”，强调教育公平在不同条件下应当区别对待，主要包括：一是水平公平（horizontal equity），要求相同者受相同对待，指的是相同的教育对象须受到同等水平的教育（尤其在初等教育和中等教育阶段，否则就会影响教育对象今后的生活）；二是垂直公平（vertical

①② Husén，T. *Social Background and Educational Career*：*Research Perspectives on Equality of Educational Opportunity* [R]. Paris：Organisation for Economic Cooperation and Development，1972：13－14；27－39.

equity)，要求不同者受不同对待，指不同的教育对象在不同的学习环境下接受的教育条件不同；三是代际公平（intergenerational equity），介于水平公平和垂直公平之间，指的是要减少代际传递的不平等，确保上一代的不平等现象不至于延续到下一代。[①] 麦克马洪认为，公平的含义包含着一种资源或花费在重新分配上的设计，以达到其在公平层面上的社会团体的哲学的和伦理学上的标准。不过也有国内学者对麦克马洪三种类型的公平提出不同看法，认为这三种公平逻辑上的关系比较混乱：在水平公平和垂直公平中，教育是作为客体；而在代际公平中，教育却是作为一种工具或者手段。水平公平和垂直公平研究的是教育本身是否公平的问题，而代际公平研究的却是教育能否达到公平这一目的的问题。实质上，代际公平不属于一般而言的教育公平。[②]

美国社会学家帕森斯在《作为社会系统的学校班级》（*The School Class as a Social System*）一文中，认为随着教育的社会化，教育机会不断增多，教育的主要功能体现在对社会秩序的维护上，教育公平成为促进社会公平的重要基础。帕森斯从功能主义的角度出发，把学校中的班级（尤其是中小学班级）作为社会系统的分析对象，认为其主要结构与社会功能的关系是教育社会化与分配的中介。班级是公认的既是学校系统也是单个学生接受正规教育这一“业务”实际发生的地方。在教育机会均等的前提下，学生的能力水平高低、努力程度的不同以及所属家庭的社会地位、父母对孩子的期望不同，甚至性别不同、教师的教学特点不同等，都会产生个体在教育成就上的差异。学生在社会中的角色地位跟他所获得的教育水平紧密相关。学生的社会能力和其在社会结构中的角色受教育成就的影响，会产生新的不平等。而这种新的不平等由于其一定程度上的客观性，在教育的社会化

① McMahon，W. W.，Geske，T. G. *Financing Education*：*Overcoming Inefficiency and Inequity* [M]. Urbana：University of Illinois Press，1982：16.

② 郑晓鸿. 教育公平界定 [J]. 教育研究，1998 (4)：29 - 33.

功能作用下逐渐变得合理和合法，并促进社会的发展。①

总之，西方关于教育公平理论的分析，大都是从“教育机会平等”这一理念出发，从社会经济和阶级等角度分析教育不公平的客观成因，并从不同角度对教育公平实现的背景、条件和结果等做出分析。这些理论有一个相同的地方，那就是几乎都注意到了阶级差别这一教育不公平的客观因素，把“公平”作为促进个体内在性发展，保证教育资源分配的第一原则，而把教育机会平等作为资源分配的对象来保障。正如弗劳德、哈尔西在他们的《社会阶级与教育机会》一书中所说的，教育不平等的根源在于社会阶级的作用。教育公平的实现，只有在没有剥削阶级的社会中才成为可能。处于社会主义初级阶段的国家，由于生产力发展水平还不是很高，城乡差别、区域差别、阶层差别还会在很长时期内存在，因而教育不公平现象也很难短时期消除。“但是，社会主义制度的确立为实现教育公平提供了必要的制度保障，在政府对包括教育公平在内的社会公平的积极推动下，教育不公平现象必将逐步减少，社会将越来越有可能为每个成员提供与其能力相适应的教育机会。”②

三、教育公平研究现状的总体评述

总的看来，对于教育公平的诸问题域而言，上述研究仍有许多亟待继续深化的地方，主要表现为：研究内容上，表象描述多，机制探讨少。对宏观层面的关注较多，缺乏对微观现象的深入研究。如对教育资源的均衡配置等问题有较多人关注，但对学校内部教育公平尤其是课堂内部公平的实现较少涉及。对关系公平、人际互动和教育评价中的公平问题等研究涉及不多，分析大多偏于表象描述，缺乏对内在机制的理论分析和建构，理论性和逻辑性支撑不够。而这种对教育内部微观层面的关注，恰恰是从人际互动的层面去观照社会正义的范

---

① Parsons，T. The school class as a social system：some of its functions in American society [J]. *Harvard Educational Review*，1959，29：298－318.

② 周洪宇，等. 教育公平论 [M]. 北京：人民教育出版社，2010：49.

式，能使人们“看到一些在分配的视野没有考虑到或者忽视了的问题，如决策制定程序、劳动的划分和文化等”。① 对教育公平研究缺乏内在机制层面的分析，势必会导致认识上的表面化和肤浅化。研究视角上，单学科视角研究多，多学科视角尤其是哲学视角的观照较少。一个复杂的社会现象，如教育公平问题，若从单一维度对其进行分析和把握，就容易出现以偏概全、结论片面的情况。当前从教育学、社会学和经济学三个学科开展研究的较多，以马克思主义哲学视角进行研究的成果还未达到应有的程度。虽然有诸多学者从不同视角对教育公平进行探讨，但很少有学者从马克思主义公平观的视角对当代中国的教育公平问题进行深入讨论。尤其是结合马克思主义公平理论，全面探讨当前教育体制中教育公平问题的研究成果还相当少。研究方法上，定性理论研究较多，定量实证研究较少，从马克思主义公平观的视野出发把定性和定量研究相结合的更少。大多数学者的研究是定性研究，主要通过理性思辨的方式对教育公平进行阐释。只有少数学者通过量化实证研究，探讨区域、城乡、社会阶层差距与高等教育机会均等的相关性。②

整体上看，国内对教育公平的研究，由前期对宏观层面教育投入公平的研究，逐渐转向对微观教育过程公平的研究，在对诸如高考改革、课程改革、城乡教育一体化等具体教育实践的探索中寻找促进教育公平的现代化路径。如在对教育公平政策、政府公共服务环境的研究中，有学者认为社会政治、经济乃至文化的公平程度，对社会结构中处于不利地位的弱势群体实现教育公平，具有重要的影响。部分学者在对教育公平政策的关注上，把教育治理、弱势补偿作为促进教育公平的有效手段。同时，在对微观教育过程公平的研究上，对教育质量的追求开始成为教育改革的重要价值诉求。这些研究开始关注学校内部、课堂教学过程中的公平情况，如学校领导力、教师专业素养、

① 钟景迅. 高等教育领域公平问题探讨的批判性反思——从哈贝马斯的批判理论谈起[J]. 高教探索，2009 (5)：60 - 65.

② 宋红霞. 社会阶层与高等教育机会均等的相关性研究 [D]. 西安：陕西师范大学，2009.

课程资源分配、教育评价等，关注受教育个体的个性成长和公平体验，重视教育公平的实际效果。国外对教育公平的研究，前期更多集中在对教育机会公平、教育权利公平等的研究，实现教育机会公平的研究还涉及宏观教育资源分配（如财政拨款模式、教育补助模式、教育资源分配原则）等方面的研究。近来则开始转向在教育资源均衡分配前提下，对具体学校及班级的教育情境方面的公平问题的研究，包括对教育过程中的各类教育资源（如学校设施、课程资源、教师资源、个体心理期望等）的研究。

总体而言，传统对教育公平的研究大多基于特定条件下，对受教育机会、受教育条件（教育资源投入、教育参与、教育评价等）、受教育结果（学业成绩、个体最终发展目标等）等的关注。也有从区域、阶层、经济、文化等角度展开，如部分学者从制度性的角度来阐释教育不公平的原因，认为正是教育政策中的城市优先取向等，导致资源配置不公平，扩大了阶层之间的差距，加剧了教育不公平。这些都具有一定的合理性，但已无法满足新时代对教育公平的理解和诉求。新时期我国教育领域的主要矛盾，表现为人民群众对更公平更优质教育的期盼和优质教育资源发展不均衡不充分之间的矛盾。这种不均衡不充分，体现了教育发展在速度和程度上的差异。因此，新时期的教育公平，不再只是通过一个简单的“受教育机会均等改革运动”就可以实现的，它需要融入新时期教育改革的综合体系中，在新教育公平的基本特征（如整体与局部、公平与优质、多样与一致、主观与客观）的协调发展中，寻找实现教育公平的路径。

教育公平问题是一个涉及多因素、多层面的复杂社会问题，单一的维度或学科都很难把握问题的全貌或本质。因此，在探讨教育公平问题上，要运用多维的视角，在马克思主义哲学的指导下探讨教育公平实然状态和应然状态之间的关系，结合当前中国教育公平的实践场域加以综合分析，避免认识上的片面化和绝对化。《国家中长期教育改革和发展规划纲要（2010—2020年）》把“促进教育公平，提高教育质量”作为教育改革的核心内容。以促进公平为重点，以提高质量为核心，坚持全面发展。党的二十大报告明确提出，要“坚持以人民为中心发展教育……促进教育公平。加快义务教育优质均衡发展和城乡一体化，优化区域教育资源配置”。随着新时代我国社会主要矛盾的变化，我国的社会需求结构由生存型转向发展型，新需求与旧体制共同构筑的新老问题也为政府推进教育公平提供了新的机遇和挑战。①

作为社会公平在教育领域的延伸，教育公平既是我国学术界普遍关注的问题，也是我国社会改革重要的实践问题。对此，我们在新的历史条件下要有完整清晰的认识。

① 程天君. 以人为核心评估域：新教育公平理论的基石——兼论新时期教育公平的转型［J］. 华东师范大学学报（教育科学版），2019（1）：116－123.

第四章
新时代教育公平的理论基础：基于马克思主义的解释

我们谈论教育公平问题，有一个概念无法忽略，那就是公平。公平是一个古老的概念，一直是人类社会发展的永恒话题。作为一个对一定社会中人与人之间相互交往恰当关系做出规定和评价的概念，公平长期以来都是政治哲学、道德哲学关注的核心问题之一，也是政治学、社会学、经济学、法学和教育学等社会科学的研究对象。教育公平是社会公平的重要基础，是个人发展起点的公平。作为人类社会实现社会公平的重要手段和途径，教育公平关涉教育改革的取向和社会发展的目标，在构建和谐社会和实现现代化的发展进程中，有着十分重要的意义。特别是近现代以来，关于公平、教育公平的讨论曾一度成为显学。厘清公平、平等、公正、正义及教育公平、教育平等、教育自由、教育效率等概念的异同，对于研究者在相关基本概念上达成共识，对于建立公正的社会制度、制定公平的教育政策、促进当代社会发展进程，都具有重要的理论和实践意义。

一、马克思主义公平观及相关概念辨析

我们阐述马克思主义公平观，必须坚持历史唯物主义的立场和方法论，首先需要对公平及其相关概念做充分的整体辨析。

在汉语语义的层面上，“公平”（equity）、“平等”（equality）、“公正”（just）、“正义”（justice）是近义词，但有着各自不同的内涵。这些概念在政治理论领域因缺少明确的界限，常被混淆使用，这对于建立健全社会公平理论和原则是不利的。因此，有必要对这些概念做一定的辨析。

公平的基本语义指不偏不倚，是人们对某种现象或社会现状的主观评价，强调实现平等的手段、过程、机制是否合情合理，是公正还是偏袒。作为处理社会成员之间相互关系的规范性概念，公平体现的是社会对成员的不偏袒性。作为对人与人之间关系的描述、测度和评价，在对社会资源的分配问题上，公平要求同等对待相同的情况，不同等对待不同的情况。因此，公平体现的是人们对一定历史时期人与人之间相互交往关系的客观规定和社会现状的主观评价。

首先，公平是社会历史的产物。公平问题源于人类实践的发展，其在一定社会中的实现程度，同具体的社会制度相联系，是当时社会经济基础的反映。随着劳动的异化、外化、分化，人类开始由蒙昧走向文明，而后随着劳动生产的发展和社会生产力的积累，人与人之间的生产关系和交往关系进一步发展，剥削、欺诈、暴力等不公平现象出现，社会群体中关于公平问题的讨论开始出现，以分配社会资源、协调人际关系。因此，公平是社会历史的产物，表现为具体的、历史的特点。

不同时代所积累的物质生产力是不同的，由此所规定的生产关系和在此基础上形成的各种社会关系也具有鲜明的时代特殊性。特定社会的经济、政治、文化乃至阶级结构等都是社会历史发展的外在客观因素，限制着人与人之间的交往实践并使其表现为递进展开和不断深入的发展过程，因此人与人之间的生产和社会关系也呈现出不断丰富和发展的演进路线，公平也在这种演进中生发与成长，并最终成为一个时代人与人之间的普遍的和人们所赞同的交往关系。无论是《论语》中的“公则说”、《礼记》中的“大道之行也，天下为公”，还是《吕氏春秋·贵公》中的“公则天下平矣。平得于公”，都体现了人们对一定社会背景下人与人之间和谐共处、实现社会公平的诉求。

其次，公平具有伦理学的特征。公平作为一种道德要求和品质，指按照一定的社会标准（法律、道德、政策等）、正当的秩序，合理地待人处世。公平是制度、系统、重要活动的重要道德性质。可见，不论是对社会还是对社会成员，公平都是协调社会关系、社会交往的道德准则。

最后，公平在人类社会中具有永恒的价值。公平、平等、公正、正义不能脱离规定其存在的社会和历史现实，而历史的社会现实又为它们提供了活动的场所和所可能开拓的更多空间。具体来讲，公平是主体意识在社会领域的实际应用，是个体依据自身处境表达符合自身需求的一种价值诉求，是由千差万别的主体自我考量后的主观表达，它关乎人的自由在人的自然关系、社会关系以及与人自身的关系中的实现程度。从价值层面来讲，由公平正义所主导的价值体系的逻辑构成立足于历史和社会现实的统一，是一种永恒的价值存在。

平等、公正、正义与公平既有联系，又有区别，反映着各自不同层面的价值属性。平等是人们在一定历史阶段的社会交往过程中对各自在不同领域享有同等的社会地位、权益、义务、尊严等的价值诉求。公正是人们对这种社会交往关系在权利和义务、利益和负担、权力和责任等交换过程中是否合乎规则、标准的反映，是人们评价各种行为的准则和制衡尺度。正义则关乎社会基本价值取向，是客观的公平、平等和主观的公正、自由的有机统一，体现着人类对真、善、美等价值理想的根本性追求。

（一）公平与平等

虽然公平与平等一样，是历史的产物，是历史性的概念，但二者的语义存在差别。平等的基本语义指无差别，它与“均等”的概念紧密相连，但是更强调数量、程度、质量、价值、品质或状况上与他人或他物的相同和一致，是人们对社会现状的客观认识。“平等表达了相同性概念……两个或更多的人或客体，只要在某些或所有方面处于同样的、相同的或相似的状态，那就可以说他们是平等的。”① 值得注意的是，平等的不一定是公平的，比如平均主义“大锅饭”式的平均分配。公平的也不一定是平等的，比如调节收入差距的多劳多得的分配原则。

平等包含自然平等和社会平等两个方面。我们通常所说的“人人都享有平等的权利”，指的就是社会平等，实质上就是权利平等。“人

① 萨托利. 民主新论［M］. 冯克利，阎克文，译. 北京：东方出版社，1998：340.

生而平等的说法是真实的，也只限于能够实际证实人与人平等这个方面。”① 社会个体在肯定个体个性、价值、尊严等基本权利方面，主要归因于个体自觉的社会实践活动。如若没有一定的基本权利可供选择和保障，平等的真实意义也就名存实亡。“平等是不同社会主体在一定历史阶段的交往过程中处于同等的社会地位，在社会各领域享有同等权益，履行同等义务的理念、原则和制度。”②

应当看到，公平和平等互为前提，互相规定，具有高度的相关性。对公平的追求往往蕴含着对平等的向往，公平成为一种特殊的平等。平等指向人与人之间客观关系的一种量的特性，公平指向人与人之间社会交往关系的一种质的特性。公平是一种主观价值判断，侧重社会主体对事物或社会关系是否平等的价值评价。而平等则表现为公平的一种载体，侧重社会主体对事物或社会关系处于相等状况的一种客观描述。马克思对公平和平等的理解从现实出发，一方面揭示了其产生的社会历史根源，认为公平受一定历史条件，尤其是经济基础的限制，公平“始终只是现存经济关系的或者反映其保守方面，或者反映其革命方面的观念化的神圣化的表现”③，另一方面又指明了若使公平在全社会得以实现，就需要公平的实质是消灭私有制，促使国家、阶级的消亡。“工人阶级的解放斗争不是要争取阶级特权和垄断权，而是要争取平等的权利和义务，并消灭一切阶级统治。”④ 只有阶级的消灭和国家的消亡，社会不公平的根源被铲除，社会公平才能真正实现。马克思的公平理想是“各尽所能，按需分配”，按照这种分配原则进行分配才能最终在全社会实现公平。

（二）公正与正义

公正的基本语义指无偏私，它包含了公平和平等，侧重于对平等分配的具体比例的量定，更强调价值判断的尺度和标准。亚里士多德曾明确说：“公正就是比例，不公正就是违反了比例，出现了多或少，

① 艾德勒. 六大观念［M］. 郗庆华，译. 北京：生活·读书·新知三联书店，1991：172.

② 洋龙. 平等与公平、正义、公正之比较［J］. 文史哲，2004（4）：145－151.

③④ 马克思恩格斯选集：第 3 卷［M］. 中共中央马克思恩格斯列宁斯大林著作编译局，编译. 北京：人民出版社，2012：261；171.

这在各种活动中是经常碰到的。”① 总的来说，公平强调衡量标准的同一尺度，而公正则强调采取何种尺度的标准符合程序和要求，更侧重社会的基本价值取向。“公正是平等（相等、同等）的利害相交换的善的行为，是等利（害）交换的善行。”② 公正在人们进行权利和义务、利益和负担、权力和责任等平等交换过程中起着法律监督的作用，对这种社会交往关系进行伦理和道德的评价。法律作为人在社会物质生活中的理性创造和自觉选择，在制定之初就内含着深刻的公正本性，成为公正的首要象征。并且法律还借助普遍性的裁决以维持一定的规则和秩序在特殊群体中的贯彻，从而获得其权威与正当性的基础。任何公正标准都包含程序性的公正形式和实质性的公正内容，两者同时保证了人们所追求的恰当关系能够成为主体自身的主动选择和自由表达。一定程度上可以说，人们不需要超越既有公平关系的公正标准，因为那种乌托邦式的公正理念或许是完美的，但却不具有现实的真理性和普遍性。同样，既有公平关系只有内化为政治发展的公正尺度和原则，才能获得其思想上和心理上的合法性。一旦政治缺乏公正的标准，人们就会选择疏远政治甚至反抗政治。这足以说明公正是一个政治体系在特定社会中得以良好运行的基础和保障。

正义的基本语义是正直无私，它包含公正的含义，体现了人们具有公道性、合理性的观点、行为、思想等，是人类社会普遍认同的至善价值。正义是思想层面的概念，侧重道德理念。公正是程序层面的概念，侧重法规制度。正义的理念需要外化为各种标准和尺度，这就需要公正的制度发挥作用。公正将合乎价值理性的正义理念渗透到社会政治群体中人们对自身关系恰当性追求的实践中，从而体现正义价值的社会分配制度。罗尔斯在他的《正义论》中提出了“公平的正义”理念，表达了他对社会公正的重视和理解。罗尔斯认为，通常情况下，一般的社会价值，无论是自由、机会，还是财富、自尊等，都

① 亚里士多德. 政治学［M］. 吴寿彭，译. 北京：商务印书馆，1965：94.

② 王海明. 公正平等人道——社会治理的道德原则体系［M］. 北京：北京大学出版社，2000：5.

需平等分配，倘若存在不平等分配，那这种不平等分配只是为了更好地合乎每一个社会个体的利益。为了说明公平和公正的区别，罗尔斯设定了一种纯粹的、没有任何外在因素干扰的背景条件：无知之幕（veil of ignorance）。罗尔斯试图通过这种“无知之幕”的方式，建立一种公平的程序，使正义的原则在这种“无知之幕”后被选择，由此产生了“公平的正义”理念。

正义以客观的公平关系为依据，体现了主体自身的理性精神，是社会普遍理性价值的精神性结晶，闪耀着人的理性光辉。正义包含人们对维护和增进自身利益的思考，因为人的存在本身都是“为我”的存在，但与公平和公正相比，正义更强调“义”与“公”，即在人与人的相互关系中融入非私利的、为他者而存在的理想与价值。同时，它又是一个“类”的概念，是以“总体的人”为价值考量和关系界定的出发点。按照马克思的观点，正义所持守的理念应该是“人以一种全面的方式，就是说，作为一个总体的人，占有自己的全面的本质”①。既然作为总体的人出现，现实的人就不会仅仅在自我私利的出发点上界定彼此的关系，而是以对方自由的发展为自身发展的条件。同时，现实的人是在实践中塑造而成的，因此人性也并非抽象的、永恒的。正义是现实的人对自身本质的追问，是人的自由本性的要求，是人通过自身合乎人性的复归使自身充分占有人的真正本质。正义体现为人摆脱奴役与压迫，追求理想的、更加人性的生产和社会关系。

由此可见，公正与正义都沿着社会发展的历史逻辑同时在每个时代获取其独特的价值与地位，也即它们都是每一个具有理性和情感的个人与社会所追求的，是人们对自身交往关系的完善化、有序化与符合人的审美体验的主体改造。

（三）马克思主义公平观

首先，马克思主义在研究公平问题上始终坚持历史唯物主义的分

---

① 马克思. 1844 年经济学哲学手稿［M］. 中共中央马克思恩格斯列宁斯大林著作编译局，编译. 北京：人民出版社，2000：85.

析方法，这是马克思主义公平观的重要原则。马克思主义认为，公平根源于人类社会的物质生产实践。公平的实现程度同一定的社会历史条件相联系，其发展受一定社会经济条件的限制。“按照资产阶级经济学的规律，产品的绝大部分不是属于生产这些产品的工人。如果我们说，这是不公平的，不应该这样，那么这首先同经济学没有什么关系。”① 公平作为一种社会规范的价值观念，其不同的表现形式蕴含着对社会经济关系与社会实践利益主体之间的价值依据。应当明确的是，公平本身是一个社会性、历史性的概念，是历史的产物。“平等的观念，无论以资产阶级的形式出现，还是以无产阶级的形式出现，本身都是一种历史的产物，这一观念的形成，需要一定的历史条件，而这种历史条件本身又以长期的以往的历史为前提。所以，这样的平等观念说它是什么都行，就不能说它是永恒的真理。”② 另外，公平体现人与人之间对现实分配依据与自身利益关系的一种价值判断，是具体的、发展的，具有时代性、阶级性和相对性的特点。因此恩格斯在提到公平的阶级性时说：“希腊人和罗马人的公平认为奴隶制度是公平的；1789 年资产者的公平要求废除封建制度，因为据说它不公平。”③

其次，马克思主义在肯定资产阶级公平观进步性的基础上，也指出了资产阶级公平观的局限性，并对此进行了批判。“法律上的平等就是在富人和穷人不平等的前提下的平等，即限制在目前主要的不平等的范围内的平等，简括地说，就是简直把不平等叫做平等。”④ 马克思主义认为，资产阶级所说的自由、平等、权利是被限制在一定的范围内的，不过是资产阶级本身的自由、平等和权利。同时，马克思主义认为，无产阶级的公平观在本质上就是消灭阶级：“问题不在于

---

① 马克思恩格斯全集：第 28 卷［M］．中共中央马克思恩格斯列宁斯大林著作编译局，编译．北京：人民出版社，2018：215.

②③ 马克思恩格斯选集：第 3 卷［M］．中共中央马克思恩格斯列宁斯大林著作编译局，编译．北京：人民出版社，2012：484－485；261.

④ 马克思恩格斯全集：第 2 卷［M］．中共中央马克思恩格斯列宁斯大林著作编译局，编译．北京：人民出版社，1957：648.

改变私有制，而只在于消灭私有制，不在于掩盖阶级对立，而在于消灭阶级。”① 恩格斯也认为：“无产阶级所提出的平等要求有双重意义。或者它是对明显的社会不平等，对富人和穷人之间、主人和奴隶之间、骄奢淫逸者和饥饿者之间的对立的自发反应——特别是在初期，例如在农民战争中，情况就是这样；它作为这种自发反应，只是革命本能的表现，它在这里，而且仅仅在这里找到自己被提出的理由。或者它是从对资产阶级平等要求的反应中产生的，它从这种平等要求中吸取了或多或少正当的、可以进一步发展的要求，成了用资本家本身的主张发动工人起来反对资本家的鼓动手段；在这种情况下，它是和资产阶级平等本身共存亡的。在上述两种情况下，无产阶级平等要求的实际内容都是消灭阶级的要求。任何超出这个范围的平等要求，都必然要流于荒谬。”②

再次，马克思主义认为，分配领域中的公平是对现存分配关系的合理化或神圣化。“在法学家和盲目相信他们的人们眼中，法的发展就只不过是使获得法的表现的人类生活状态一再接近于公平理想，即接近于永恒公平。而这个公平则始终只是现存经济关系的或者反映其保守方面，或者反映其革命方面的观念化的神圣化的表现。”③ 由于在分配关系中所处的社会地位不同，不同社会团体衡量公平的尺度也不同。

最后，马克思主义认为，公平不是一个永恒的观念，绝对的公平是不可能存在的，公平理想的实现是一个历史的过程。“关于永恒公平的观念不仅因时因地而变，甚至也因人而异，这种东西正如米尔柏格正确说过的那样，‘一个人有一个人的理解’。”④ 到了共产主义社会高级阶段，随着社会化大生产的高度发展，阶级最终被消灭，脑力劳动和体力劳动的对立消除，个人自由而全面发展的目标得到实现，“在劳动已经不仅仅是谋生的手段，而且本身成了生活的第一需要之后”⑤，

① 马克思恩格斯选集：第1卷［M］. 中共中央马克思恩格斯列宁斯大林著作编译局，编译. 北京：人民出版社，2012：557.

②③④⑤ 马克思恩格斯选集：第3卷［M］. 中共中央马克思恩格斯列宁斯大林著作编译局，编译. 北京：人民出版社，2012：484；261；261；365.

那时候公平理想的实质是“各尽所能，按需分配”的实现。

二、马克思主义教育公平观及基本理论辨析

马克思、恩格斯关于教育公平问题的相关论述散见于不同的领域，通过他们对资本主义社会教育异化的无情批判，我们可以大致建构起对马克思主义教育公平思想的基本认知。根据马克思主义的相关阐释，了解教育公平问题，首先要对教育的平等性问题及其相关理论做质的辨析。总的来说，教育平等、教育效率、教育自由与教育公平的内涵并不属同一逻辑维度，它们之间既有内在统一的一面，又有对立冲突的一面。正确把握教育公平与其他三者之间的辩证关系，不仅具有哲学层面上的理论意义，更具有重要的社会和实践意义。在厘清辩证关系之前，对教育公平内涵进行解析是重要的基础工作。

（一）教育公平内涵的界定

从概念解析的角度，无论是学术界还是社会公众，目前对教育公平内涵的界定并不一致，大致可以分为以下两类情况。一类认为教育公平是有关平等受教育权的普遍享有。如肖建彬认为，教育公平即教育机会均等，它包含两方面的内容，一是人人享有受教育的机会，二是人人公平接受高质的教育。[①] 刘复兴认为，教育公平一般是指建立在人格平等和政治权利平等基础上的受教育权利平等和教育机会平等，并指出差异的平等观代表着真正的、理想的平等，它肯定平等的受教育权是每一个人不可剥夺的基本权利，每一个人都有其自身独特的价值和实现这种自我价值的权利。[②] 郑淮认为，教育公平是指处于同一社会的个体，在入学机会、教育过程及受教育的结果上的平等，任何受到区别对待或条件不均等都被视为教育机会的不均等。[③] 李立国认为，教育公平体现在两个方面，即人类受教育的基本权利的平等

---

① 肖建彬．论教育公平研究中的若干理论问题［J］．西北师大学报（社会科学版），2003（3）：29－33．

② 刘复兴．我国教育政策的公平性与公平机制［J］．教育研究，2002（10）：45－50．

③ 郑淮．略论我国的社会分层变化及其对教育公平的影响［J］．华南师范大学学报（社会科学版），1999（2）：50－56．

与受教育的非基本权利的不平等。① 另一类认为教育公平主要针对教育资源在一定社会中的合理分配问题。如石中英认为，教育公平在教育政策领域是人人平等地享有公共教育资源，公共教育资源的配置向社会弱势群体倾斜。② 郑晓鸿认为，在市场经济条件下，可以利用教育机会平等、交易平等及竞争平等等措施进行资源优化配置，使教育资源达到最佳配置状态，从而实现教育市场公平。③ 谢华认为，加大政府对教育的投资力度，提高现有教育资源的使用率，可以实现对现有教育资源的优化配置，促进教育公平的实现。④ 郭彩琴认为，教育公平表现为两种情形：一种是指相同的社会成员对教育资源的实际享有的平等状态，表现为社会成员对教育资源在数量和质量上平等地占有；另一种是指按照社会确认的标准或原则对社会成员之间对教育资源占有状况进行的价值评价。⑤

但是，通过对公平概念的分析，我们发现教育公平是公平在教育领域的延伸和表现。因此，教育公平的内涵，必然触及受教育权利、机会和教育资源的合理分配问题，而不是简单地理解为其中一个方面。它既然涉及人与人之间在教育领域的恰当关系，那么，教育公平需要同时从两个方面来把握，第一是对人人都有平等受教育机会和权利的普遍确认，第二则是如何在现实中维护这种普遍机会和权利，从而实现教育资源的恰当分配。

具体来讲，我们可以从以下四个方面来阐述教育公平这个概念：（1）人人都有平等的受教育机会和权利；（2）平等受教育机会和权利的实现需要教育资源的合理分配；（3）现有教育公共资源不能满足人人享有平等的受教育机会和权利；（4）教育公平是在（3）的基础上如何实现（2），而其核心问题就是教育权利、教育资源在人与人之间

① 李立国. 教育公平辨析［J］. 江西教育科研，1997（2）：21－22.

② 石中英. 教育公平的主要内涵与社会意义［J］. 中国教育学刊，2008（3）：1－6.

③ 郑晓鸿. 教育公平界定［J］. 教育研究，1998（4）：29－33.

④ 谢华. 我国义务教育资源配置与教育公平性研究［J］. 现代教育科学，2003（6）：27－29.

⑤ 郭彩琴. 教育公平辨析［J］. 江苏高教，2002（1）：48－51.

的恰当分配。由此，我们发现，必须从社会和历史的角度理解教育公平，也可以说，把握教育公平的理想与现实之间的辩证关系，才能使这个概念流动起来，而不是仅仅抽象地、超越地谈论它，也不是陷入教育诸现实问题而无法辨识教育公平的本质。

（二）教育公平与教育平等

教育平等并不意味着教育公平，教育公平也不完全等同于教育平等。教育公平应当是教育所追求的理想目标。教育公平的关键应当是实施教育的原则公平，它包括“接受教育的标准和要求的公平，评价和选拔受教育者的标准和操作程序的公平，教育方式及其对待受教育者的态度的公平，从事教育的设备环境等条件的公平，教育达到的目标和实现的结果的公平，教育对个人发展和社会发展的促进效果、程度、水平的公平”①。

首先，教育平等是实现教育公平的前提和基础。教育平等（educational equality）一般是指教育领域内受教育权利平等和教育机会的均等，是基于政治权利平等、社会地位平等和利益分配均等提出的。教育平等指向教育资源分配状态或结果的一种量的特性，是对人们受教育事实的一种客观评价。教育公平（educational equity）则是人们对于教育领域内受教育权利和教育资源的合理分配问题的一种价值认识和评价，是人们基于自身利益和需要对自身受教育权利、地位等进行判断时形成的一种主观评价，具有相对性和情境性的特点。教育公平指向教育资源分配关系的一种质的特性，它主要指社会能够平等、公正地为每一个社会成员提供享受公共教育资源的条件，保障每一个社会成员享有平等的受教育权利和受教育机会。

教育平等是在不考虑社会成员的政治、经济、文化、种族等诸多个体差异的前提下，每个人都能拥有受教育的基本权利；而教育公平则是在考虑社会成员的政治、经济、文化、种族等诸多个体差异的前提下，如何使这种平等的受教育权能够最大化地实现。教育平等给教育公平提供了基础，只有人人拥有基本教育资源的平等教育权，才能

① 杨仁聪. 教育平等与教育公平之辨析［J］. 黑龙江教育学院学报，2008（6）：15－17.

更好地促进教育公平的实现。如果连平等接受教育的权利都没有，就遑论教育公平的实现。同样，如果没有教育平等所规定的普适性权利，也就无法达到教育公平所要求的教育权利最大化公平的实现。①

其次，教育公平是教育平等的理想体现。总的来说，教育公平包含了教育平等，有着比教育平等更为丰富的内涵，它包含了对社会公共教育资源或教育利益的恰当分配的规定。“随着现代教育改革的发展，教育公平被赋予一种超越传统的教育平等的新的含义，即接受符合个性的教育意义上的平等。”② 丁伯根（J. Tinbergen）认为平等教育机会的获得及获得教育机会的手段的分配需要教育公平，教育机会均等就是教育公平的现实体现。南格尔（T. Nagel）则认为，能否实现教育公平，主要是看受教育个体在享受公共教育资源和权利的时候是否受到外在条件（尤其是法律）的限制，具体的如种族、出身、性别、语言等与教育无关的一些条件。③

马克思曾经指出，教育是每个公民都应该拥有的一项平等权利，“由国家出资对一切儿童毫无例外地实行普遍教育，这种教育对任何人都是一样，一直进行到能够作为社会的独立成员的年龄为止”④。教育公平既是一种动态的平等，又是相对的平等，是历史性和现实性的统一。因此，过分强调绝对的教育平等反而会导致教育不公平。人人享有平等的受教育权利和受教育机会，并不等于对教育资源进行绝对平均的分配，使每个人接受相同的教育或享有同等数量的教育资源，而是让每一个社会成员享受到符合自身发展的公共教育资源。教育本身能够使受教育者在生活机遇等方面产生差异，这意味着人们面对有限的公共教育资源必然存在既定规则下的竞争，在这种情况下，

① 司晓宏，宋红霞. 教育公平是教育平等与教育效率和谐发展的理想状态［J］. 教育理论与实践，2008（16）：27－30.

② 翁文艳. 教育公平与学校选择制度［M］. 北京：北京师范大学出版社，2003：2.

③ Nagel，T. *Equality and Partiality*［M］. New York：Oxford University Press，1991：3－47.

④ 马克思恩格斯全集：第2卷［M］. 中共中央马克思恩格斯列宁斯大林著作编译局，编译. 北京：人民出版社，1957：614.

除了人的能力之外，还蕴含着对这种竞争的规则或输赢判断的公平性检视，让人思考社会中现行的教育环境是否能够让所有的成员都有充分发展其能力的机会。①

教育是一种促进人的个性化和社会化的活动，社会的发展对人的发展起着影响和促进的作用，每个社会成员都有权平等地享有教育带来的这种社会福利。从教育对人的个性化的作用来看，教育对每个对象都不应该等量齐观，而应有区别地对待每个对象。从教育对人的个性化的作用结果来看，教育本身就是生产不均等的（有个性的）人的手段。由此看出，教育公平是教育对待对象和评价对象的合情合理。② 教育公平是教育平等的一种理想状态。教育公平的实现离不开教育平等的实行。在可供分配的教育资源不能满足社会成员平等需求的时候，教育平等为社会成员在接受教育过程中平等享受教育资源并达到恰当的均衡提供了保障。教育公平是教育平等的理想状态，它把教育活动中的平等、自由、发展的权利和能力推向正义的高度，从而使每个社会成员在生命发展中获得最根本的发展自由和选择的权利，获得生命的尊严。

（三）教育公平与教育效率

公平与效率问题是一个古老的话题，长期以来学术界关于公平与效率关系的争论，主要有“公平优先，兼顾效率”“效率优先，兼顾公平”“公平与效率并重”三种观点。在旧体制下，我们曾经以平均主义为取向，以牺牲效率来换取公平，但在社会产品普遍缺乏的条件下，低效率与不公平现象使得人们对既定社会秩序的认可被打破。改革开放以后，我们一度为了效率牺牲公平，使不公平现象加剧，严重制约社会经济发展，最终还损害了效率。新时期，我们意识到诸多效率问题的产生恰恰是由对公平问题的忽视造成的，因而，又提出了“公平与效率并重”的主张。

事实上，“研究公平和效率问题，必须十分重视不同时代、不同

---

① 周洪宇，等. 教育公平论［M］. 北京：人民教育出版社，2010：32－33.

② 郭元祥. 对教育公平问题的理论思考［J］. 教育研究，2000（3）：21－24.

范畴、不同领域、不同层面、不同学科的界限，不能以此时代、此范畴、此层面、此学科的概念去解读彼时代、彼范畴、彼层面、彼学科的同类概念，更不能将此时代、此范畴、此层面、此学科的公平概念，与彼时代、彼范畴、彼层面、彼学科的效率概念相配对，否则，只能是南辕北辙，缘木求鱼”①。可见，将针对收入分配的经济学领域的公平与效率问题简单移植到教育领域是不妥当的。“把效率这一原来属于人们经济活动范围的内容拔出它自身存在的土壤，将其作为一个普遍的社会问题提出，甚至在社会生活领域内获得了与公平正义一比高下的资格。这是由人们认识的混淆、失误所造成的。”② 从教育的本体看，教育公平与教育效率的关系是教育资源的恰当分配对于个人或社会发展的贡献度之间的关系。如何在维护公平的基础上提高效率一直是教育活动追求的理想目标。

从经济学的角度看，效率关涉社会资源在市场机制合理配置下的社会经济系统的功能状况，而公平则意味着促进效率最大限度地提高。公平是对资源占有、分配、交换的一种价值追求和社会理想，属于社会生产关系的范畴。效率是评价社会生产力的一项重要指标，是提高生产力水平的一种价值追求，属于社会生产力的范畴。③ 因此，从范畴的意义上看，教育公平是反映相对性而不是反映绝对性和确定性的范畴，教育效率则是反映教育量的范畴。④ 教育效率是评价教育质量的重要标准。公平与效率虽然所属范畴不同，但有着相互依存的内在联系，在不同领域有不同的体现。首先，就一个过程的起点而言，公平代表着效率，体现机会均等、自由竞争的内涵。资源配置的最佳化程度，意味着自由竞争的高效率结果。公平的实质在于社会资

① 李闽榕. 公平与效率真的是“鱼与熊掌不可兼得”吗？——对一个西方经济学界人为制造的伪命题的剖析［J］. 福建论坛（人文社会科学版），2005（7）：63－69.

② 高兆明. 从价值论看效率与公平——再论效率与公平［J］. 哲学研究，1996（10）：33－38.

③ 冷余生. 公平与效率究竟是一种什么样的关系［J］. 交通高教研究，2004（1）：1－4.

④ 田正平，李江源. 教育公平新论［J］. 清华大学教育研究，2002（1）：39－48.

源得到有效的组织、分配，使得投入与产出之间达到最佳的比率，获得最大化的效益。其次，效率体现了公平。公平在以高效率为目标的市场自由活动中实现自身的价值，并成为市场活动的产物。这正如马克思所言：“平等和自由不仅在以交换价值为基础的交换中受到尊重，而且交换价值的交换是一切平等和自由的生产的、现实的基础。”① 不公平必然意味着无效率或低效率。反映到教育领域也是如此。教育公平与教育效率并非同一逻辑维度上的概念和范畴，两者既有统一的一面，又存在着矛盾冲突。在教育实践中，我们要尊重两者内在的合理性，坚持教育公平与教育效率并重的原则，使它们相互促进，协同提高。

第一，教育公平与教育效率具有统一性。教育公平作为教育的一种基本价值观念，指向受教育权利和教育资源在社会成员之间的合理分配问题；教育效率则指向受教育权利和教育资源分配的过程和结果，揭示在教育资源总量既定的情况下，教育资源如何合理配置从而使教育的收益达到最大化的问题。教育公平和教育效率是教育发展过程中问题分析的两个不同维度，两者互相依存，互为条件，具有相容性。一方面，基于教育起点公平基础上的教育公平要求和教育效率要求，两者具有正相关性。教育公平本身具有丰富的平等、公正、正义等伦理追求，如果没有平等的受教育权，没有均等的受教育机会，那么这样的教育效率是不道德的；同时，如果是在损坏教育制度、教育准则及其规则的分配前提下，达到教育权利、教育机会的公平，这是没有教育效率的低水平的公平，是对教育公平下合理教育关系或状态的一种损害。另一方面，基于教育结果公平基础上的教育公平要求和教育效率要求，两者具有相互依存性。教育机会不均等、教育资源配置不均衡、教育投入的分配不均等，必然会损害教育效率的提高，产生新的教育不公平。如新时期，我国的经济得到了较大程度的发展，教育质量得到很大提高，但由于客观存在的诸如城乡差距、区域差

① 马克思恩格斯全集：第 30 卷［M］. 中共中央马克思恩格斯列宁斯大林著作编译局，编译. 北京：人民出版社，1995：199.

距、阶层差距、校际差距等，教育资源的不均衡分配状况并没有得到根本缓解，还会抵消经济发展水平提高带来的教育质量的提高，教育不公平问题反而进一步凸显。因此，教育结果公平的要求，在促进教育的社会化和程序化发展的同时，对教育效率的提高也起到了间接促进的作用。教育作为促进人的再生产的手段，衡量其是否有效的一个重要尺度是受教育者的发展状况和水平。只有高质量的教育才会对个人、社会乃至国家的发展做出积极的贡献，最终促进教育公平的发展。因此，现代教育需要坚持教育公平和教育效率两个尺度并重。

第二，教育公平与教育效率具有相对平衡性。教育公平在一定程度上会促进教育效率，教育效率同样在一定程度上也会促进教育公平。因此，我们要保持教育公平与教育效率之间的必要张力。邓小平同志曾经指出，现代经济和技术的迅速发展，要求教育质量和教育效率的迅速提高。① 虽然之后他又提出教育卫生部门要以社会效益为最高准则，但他并不否认教育公平是教育事业的本质要求和内在规定。教育公平与教育效率具有一致性，我们要坚持两者相对平衡发展的要求。过度强调教育结果的公平，不利于教育效率的提高；过度强调教育起点的公平，强调教育机会均等，则容易产生低质量的公平。

事实上，教育公平的发展水平和社会经济的发展水平之间并不具有直接的因果关系。两者之间的逻辑关系需要经过漫长的文明发展进程才能得到逐步印证。从历史上来看，发达国家在公共教育制度和普及义务教育等方面的努力都是在经济起飞之前，在财政比较困难的时候就实现了。虽然教育公平受政治、经济、文化等多方面因素的影响，“但经济水平对教育的影响与促进教育公平是两个不同质的问题：前者主要意味着教育投入总量的增加与否，后者关注的主要是如何分配和使用有限的教育经费。一般而言，前者对后者并不能产生决定性

① 邓小平文选：第2卷［M］. 北京：人民出版社，1994：107.

作用”[①]。现代教育实践中教育公平的推进，很大程度上取决于民主意识、人权意识的普及，取决于社会民主的程度，而不是经济发展水平。阿马蒂亚·森在他的《以自由看待发展》一书中说：“一个贫穷国家的经济可能只拥有较少的钱用于医疗保健和教育，但与富国相比，它也只需要较少的钱就能提供富国要花多得多的钱才能提供的服务。这意味着穷国也许拥有更多的教育公平，反过来促进经济的发展。”[②] 因此，在现实的教育过程中，我们的目标是坚持教育公平和教育效率达到一种新的平衡，保持两者之间的必要张力。在平衡与不平衡的统一中，探寻教育发展的辩证本质。这同时也是实现教育公平和教育效率并重的现实之路。

教育公平与教育效率的平衡性告诉我们，现代教育当以教育质量的提高为目标，正视教育过程的平等性、差异性、补偿性，以经济改革和政治改革为根本路径，通过优化教育资源配置、制定科学合理的教育政策、提高教育主体素质等教育改革措施来推进教育公平的实现。因此，如何在新的历史条件下重建教育公平和教育效率的平衡关系，成为现代教育发展的一个重要课题。

（四）教育公平与教育自由

从马克思主义政治哲学的视角看，自由的概念具有终极价值追求的属性，同时具有逻辑的先在性。但自由的实现不能脱离现实社会的实践，必然与现实主体自身存在状况相联系，这种自由所面对的必然性意味着自由受社会客观规律的制约，具有相对的属性。从某一种意义上说，公平的对立面是自由而非效率。教育公平是实现教育自由的前提条件，是教育自由的内在规定。教育自由是在政治、法律规定范围内以自由的方式进行的教育，是唤醒、解放和发挥人的自由本性，形成人的自由本质，提高人的自由能力的教育，是认识自由和学术自

---

① 杨东平. 教育公平是一个独立的发展目标——辨析教育的公平与效率［J］. 教育研究，2004（7）：26-31.

② 森. 以自由看待发展［M］任赜，于真，译. 北京：中国人民大学出版社，2002：36-39.

由的范畴。[①] 可以说，教育自由是以实现人的自由作为教育的终极追求的，这种“人的自由”，既包含人的类特性、人的个性的自由自觉发展，也包括人的社会关系的丰富和自由发展。

1. 教育公平是教育自由的内在规定

教育自由的存在，从社会意义上看，首先是平等的受教育机会和权利的充分实现，教育不公平则教育亦不会自由。一方面，教育自由体现为人的教育自主权利，即受教育个体或群体在摆脱外在因素诸如社会经济、家庭出身、区域阶层差异等限制基础上实现平等的受教育机会和权利。另一方面，教育自由由于受现实必然性的限制，必须遵循公平的原则，即只有通过制度化、程序化、公正化的公平教育方式，教育自由才能更为规范地实现。如果自由性被过度解读和无限制地推崇，势必会损害受教育主体的积极性、主动性和创造性，反过来阻碍个人或社会的自由发展。

首先，教育公平与人的类特性自由发展具有相互作用。马克思早在《1844 年经济学哲学手稿》中就说过：“人把自身当做现有的、有生命的类来对待，因为人把自身当做普遍的因而也是自由的存在物来对待。”[②] 人的类特性从人自身社会形态的角度来说，主要指人能够从事自由自觉的创造性的活动。这种自由自觉的创造性活动落实到教育实践中，一方面，教育者可以借助教育活动，开发受教育者的体力和智力，培养受教育者的兴趣、爱好、思维能力等；受教育个体或群体通过教育的自由活动，可以自主地选择和创造，展示其主体性的自由活力。另一方面，教育双方可以借助自身社会能力的增强和对旧式社会分工的不断超越，使得教育自由的选择成为可能。而教育自由选择所造成的个人活动的丰富性、多样性和相对完整性，使得整个教育群体能够积极地运用、集聚和变换自身的创造力量，从而更好地促进社会的公平、公正和平等。“意识在任何时候都只能是被意识到了的

---

① 卢跃青. 论教育自由 [J]. 教育学术月刊，2011 (2)：13-15.

② 马克思恩格斯选集：第 1 卷 [M]. 中共中央马克思恩格斯列宁斯大林著作编译局，编译. 北京：人民出版社，2012：55.

存在，而人们的存在就是他们的现实生活过程”①，抽象化的教育自由是人们对实际教育活动过程及结果的反映。教育自由理想的实现只有复归人们对教育客观必然性的实际认识、实践和改造等一系列复杂的教育活动过程，人们才会深刻地意识到，受教育个体或群体之间教育自由的差别必然导致人们对教育公平的客观要求。

其次，教育公平与人的个性自由发展具有相互作用。人的个性的发展，表征着个人有着与他人区别开来的个性，能够自由地按照自己的意志和愿望表现自身的个性魅力。这意味着个人的一切自发性已经消除，开始向完整的个人发展，从而达到自由个性。教育公平的内在指向正是使人的个性自由能够得到充分的张扬和发展。一方面，教育公平要求教育必须促进人的需要、情感、能力和身心诸方面的发展，树立人的主体性思维，在教育活动过程中尊重人的自主、自觉、自由的主体性、多样性，使受教育个体或群体作为社会成员的自我价值得到实现；另一方面，教育公平还要求教育必须适应个人有别于他人而在发展中呈现出的内在特殊性，赋予个人内在发展的自由性。这种自由性表现为受教育个体或群体在教育实践活动中的意识、实践和创造，体现了教育自由的选择性。教育自由的选择性同时还依赖于公平的教育制度，如教育机会、权利或资源的分配等是否公平，教育评价的方式是否科学合理等。公平的教育自由能使受教育个体或群体的自由得到展开和丰富，从而使受教育者在自主发展的自由空间中获得自我发展，实现自我价值。

因此，教育公平的实践和发展，既构成教育自由的内在限制，又为教育自由的实现提供了巨大的可能性。值得说明的一点是，教育自由的实现与教育公平相关，但教育自由本身并不等于教育公平，教育公平是受教育个体达到一定自由度的条件。人类社会现实的生产能力和教育实践是实现教育自由的外在规定，教育机会、教育权利、教育过程的公平等又构成教育自由的现实基础，成为教育自由现实的内在规定。

① 马克思恩格斯选集：第1卷［M］. 中共中央马克思恩格斯列宁斯大林著作编译局，编译. 北京：人民出版社，2012：152.

2. 教育公平是教育自由的内在保障

实现人的自由发展是教育乃至人类社会生活的理想目标，“人作为特殊的生命存在物，他的生命活动的性质、他的内在本性的基本要求，就是‘自由’”①。无论是基于本体论意义上的自由还是认识论意义上的自由，人的自由发展都是基于一定社会实践及必然性认识基础上的自我意志的活动，是人类认识世界和改造世界的有机结合。教育公平实际上是实现教育自由的一种有效机制，是保障教育自由的制度化规范，人们对教育自由的追求实质上反映了对教育公平的诉求。

首先，教育公平是实现教育自由的重要基础。教育公平涉及教育机会、教育权利、教育资源等教育利益分配关系的合理性，是“保障每一个人尤其是弱势群体中每一个人的基本权利、守护人性、促进每一个人自由而全面地发展的最重要机制”②。教育公平是受教育个体或群体实现平等的自由和发展权利不可或缺的条件，只有教育公平才能充分激发和发挥每一个受教育个体或群体的潜能，使人的自由得到有效释放，才能使个体的全面发展和幸福的自由得以实现，实现其社会价值或个人价值的目标。当公平成为一种实现和保障教育自由的制度和机制的时候，教育公平才真正成为教育自由的重要条件。

其次，教育自由需具有一定的合理性规范。教育自由是受教育个体或群体的基本权利，意味着每一个受教育者在实际教育活动中都能受到平等的对待。因此教育自由要遵循一定的理性规范，不能以个人的自由成为其他人不自由的前提。一方面，受教育个体或群体能自主选择教育活动，通过自由的教育选择和活动，在教育生活中创造多样化的机会和条件，实现个体精神的自我创造和成长。另一方面，教育自由需要通过公平的制度或机制加以规定和保障。教育公平在保障受教育个体自由发展的前提下，通过规范的要求和公平的机制来促进受教育群体普遍自由的实现。教育自由意味着教育必须提供必要的条件

① 涂艳国. 走向自由——教育与人的发展问题研究［M］. 武汉：华中师范大学出版社，1999：23.

② 吴永军. 教育公平：当今中国基础教育发展的核心价值［J］. 教育发展研究，2012（18）：1-6.

和限制，意味着必须有公平的制度加以保障以保证没有外在设置的障碍，同时教育必须提供条件和引导，以促使个人摆脱内在的障碍。[①]教育自由是一种相对的自由，这种自由是一定合理性规范内的自由，而非随心所欲的自由。这是因为“在一个国家里，也就是说，在一个有法律的社会里，自由仅仅是一个人能够做他应该做的事情，而不被强迫去做他不应该做的事情……自由是做法律所许可的一切事情的权利；如果一个公民能够做法律所禁止的事情，他就不再有自由了，因为其他的人也同样会有这个权利”[②]。

3. 教育公平与教育自由的协调：社会发展的理想目标

教育公平和教育自由协调的前提是基于现代社会的经济发展水平及由经济发展水平所制约的社会政治、文化的发展。教育的本质是为了促进人的自由而全面的发展，教育发展的客观必然性达到什么样的程度，教育自由也就发展到什么程度。因此，公平条件下的自由是教育自由和教育公平相协调的结果，是真正的教育自由。

首先，教育公平对人的社会关系的丰富和自由发展具有促进作用。马克思主义认为，在生产力和生产关系诸因素中，人是最基本、最关键的因素。而生产力发展的本身就是自然界和社会的各种条件下，人的各种天赋和潜能在社会关系中的发挥、丰富和发展。教育公平致力于完善人与自然、人与社会、人与人在受教育和学习之间的不平等性和差异性，最后使人与社会形成一个有机统一的整体。一方面，个人作为社会存在物，通过接受教育，对其自身所拥有的一切社会关系进行合理建构，使个人能和谐地融入自然和社会，合理地处理好个人与自然、个人与社会之间的关系，并在这些社会关系中自由发展自身的内部特性。另一方面，教育公平促进个人与他人、群体、社会进行广泛的交往和联系，彼此交流经验和知识，实现个人和自然、社会的和谐自由发展。

其次，要把握好教育公平和教育自由的动态发展关系。教育公平

① 金生鈜. 论教育自由 [J]. 南京师大学报（社会科学版），2004（6）：65－70.

② 孟德斯鸠. 论法的精神：上册 [M]. 张雁深，译. 北京：商务印书馆，1961：154.

的发展不仅要考虑受教育个体或群体的教育自由及其平等的教育现实，还要考虑教育资源分配及教育制度发展的合理性和稳定性。一方面，教育生产力的发展为教育自由的发展提供了有利的条件，但教育自由发展和提升的同时又产生了新的自由差别。当教育权利、教育资源等外化成权钱交易、腐化通道而影响社会发展的时候，教育自由必然需要及时地规范和引导，通过公平的教育制度和机制对这种过分的自由加以控制和化解。另一方面，教育公平也是一个发展的过程，应该随着教育自由的发展而及时发展和超越。现代教育给受教育个体或群体的自由带来的每一次进步，都能在教育公平的实现程度上得到体现。促进人的自由而全面发展是人类社会发展的理想目标。当“每个人的自由发展是一切人的自由发展的条件”成为现实，教育公平完成自己的历史使命退出社会历史舞台时，教育自由的社会发展理想目标才真正实现。

总之，个体平等的受教育机会、权利等只有得到充分实现，教育的丰富性和自由性才得以展现，这样，社会意义上的教育自由才得以存在。因而，个体只有在教育公平和教育自由的相互协调中，才能真正感受到生命的充实和美好，而这种因相互协调而产生的生存状态，才是人之所以能作为人而存在的条件和基础。人的全面发展是社会生产力发展的必然趋势，也是为人的自由自觉本性所蕴含的价值目标。所以马克思指出，共产主义社会是“以每一个个人的全面而自由的发展为基本原则的社会形式”①。可以说，整个教育公平发展的过程，即推进教育自由实现的过程，实质上就是解放人和开发人的过程。正因如此，人的个性发展最终将促进人的自由全面发展，使社会焕发出巨大的活力，取得巨大的进步。

（五）马克思主义教育公平观

马克思、恩格斯并没有专门对教育公平问题进行论述，马克思主义教育公平思想是在对以往各种教育公平观进行批判的基础上，尤其

① 马克思恩格斯选集：第 2 卷［M］. 中共中央马克思恩格斯列宁斯大林著作编译局，编译. 北京：人民出版社，2012：267.

是对资产阶级公平观进行无情批判的基础上发展起来的。马克思与恩格斯在探讨社会公平问题的过程中阐述了关于教育公平的思想。马克思主义认为，公平不单是表面的，是国家领域内的实现，它同时还是实际的，是社会领域包括教育领域内的实行。这就有了公平与教育公平、社会公平的现实关系问题。

总体而言，马克思主义教育公平观的形成，历经三个发展阶段。第一阶段：实现了对空想社会主义教育公平思想的扬弃，明确了教育与生产劳动相结合是实现教育公平的主要路径；第二阶段：在对资本主义社会存在的教育不公平现象进行批判的基础上，指出教育公平的实现和社会的政治、经济发展水平紧密相关；第三阶段：对各种异化劳动现象进行了深刻的批判，在此基础上提出要建立人的自由而全面发展的共产主义社会，实现全人类的解放。可以看出，教育公平的实现是一个动态的发展过程，受社会历史条件的制约，只有消灭阶级、消除生产资料私有制，教育公平才有可能真正实现。

首先，享有平等的受教育权是实现教育公平的前提。教育本身带有阶级性的特征，虽然资本主义国家也公开承认人人都有接受平等教育的权利，但这种平等的受教育权利在一定程度上只是局限在资产阶级内部，是资产阶级为维护自身阶级的利益而提出的，工人阶级在实质上并不享有。但是，教育是每个公民都应拥有的一项平等权利，受教育权是每个公民的基本权利，正如马克思、恩格斯在对资产阶级教育观进行批判时所指出的，教育是“人类发展的正常条件”和每个公民的“真正利益”。① 马克思认为，儿童和少年的权利应当得到保护，他们没有能力保护自己。让一切社会成员都能享有平等的受教育机会是实现教育公平的前提，因此，国家有责任担负起实行普遍教育的任务。恩格斯更是明确认为：“由国家出资对一切儿童毫无例外地实行普遍教育，这种教育对任何人都是一样，一直进行到能够作为社会的独立成员的年龄为止。这个措施对我们的穷兄弟来说，只是一件公平

① 华东师范大学教育系. 马克思恩格斯论教育（修订本）［M］. 北京：人民教育出版社，1986：13.

的事情，因为每一个人都无可争辩地有权全面发展自己的才能，而且当社会使愚昧成为贫穷的必然结果的时候，它就对人犯下了双重的罪过”。① 可见，一个人如果没有受过教育，他所应得的个人利益和社会利益也就不能得到根本保证。这不仅是社会的责任，而且是对公民平等权利的剥夺，因此，在一定社会历史条件下，使每个社会成员享有平等的受教育权利，是实现教育公平的前提。

其次，教育公平的理想目标是实现人的自由而全面的发展。马克思根据社会生产的不同性质，把人的生存和发展归结为三种历史形态：人的依赖关系、“以物的依赖性为基础的人的独立性”以及“建立在个人全面发展和他们共同的、社会的生产能力成为从属于他们的社会财富这一基础上的自由个性”。② 从“人与人的依赖关系”，到“以物的依赖性为基础的人的独立性”，再到“自由个性”形态，人的这种复归是“完全的复归，是自觉实现并在以往发展的全部财富范围内实现的复归”③。“每一个人作为人超出了他自己的特殊需要等等，他们是作为人彼此发生关系的；他们都意识到他们共同的类的本质。”④教育是人类特有的社会活动，是使人能够真正成为“人”的活动，而劳动则是人的客观存在方式。按照马克思主义的理解，教育起源于人类的生产劳动，是适应人类生产劳动和社会生活需要而产生的，其目的是传递社会生产经验和社会生活经验。⑤ 因此，教育在物质生产活动中居于重要地位，有着重要作用。教育是社会劳动力生产和再生产的重要凭借，是科学知识转化为现实生产力的重要手段。因此，教育不仅具有知识的生产性，而且最重要的，它还是劳动主体自身能力增长的主要工具和必要过程。人通过教育提高对自身、对社会

① 马克思恩格斯全集：第2卷［M］. 中共中央马克思恩格斯列宁斯大林著作编译局，编译. 北京：人民出版社，1957：614.

②④ 马克思恩格斯全集：第30卷［M］. 中共中央马克思恩格斯列宁斯大林著作编译局，编译. 北京：人民出版社，1995：107－108；197.

③ 马克思恩格斯文集：第1卷［M］. 中共中央马克思恩格斯列宁斯大林著作编译局，编译. 北京：人民出版社，2009：185.

⑤ 苏联教育史专家米定斯基是教育的劳动起源说的代表人物之一。米定斯基. 世界教育史［M］. 叶文雄，译. 北京：生活·读书·新知三联书店，1950：3－9.

的认知水平，在生产劳动过程中提高自身认识世界和改造世界的能力，最终使自己成为一个自由而全面发展的人。“教育将使年轻人能够很快熟悉整个生产系统，将使他们能够根据社会需要或者他们自己的爱好，轮流从一个生产部门转到另一个生产部门。因此，教育将使他们摆脱现在这种分工给每个人造成的片面性。”① 马克思、恩格斯认为，到了共产主义社会，只有把教育同生产劳动结合，把人的自由而全面发展作为实现教育公平的终极目标，才能使每个社会成员平等的受教育权利得到保障，真正的教育公平才得以实现。

最后，经济基础与上层建筑对教育公平的实现起重要作用。教育是生活的社会延续手段，它是作为主体存在的人基于社会的需要，在与世界的多向互动中，通过传授、教导等实现人之于世界、世界之于人的意义。教育公平的实现，既需要依靠生产力的高度发展，同时也需要政治、法制体系的完善。一方面，马克思主义认为，教育公平的发展程度和社会生产力的发展水平息息相关，教育公平的实现必须建立在社会生产力高度发展的基础之上，一切脱离生产力发展的教育公平都只能是理想的乌托邦。另一方面，马克思、恩格斯在批判资产阶级教育不公平的同时，指出人人平等是教育公平得以实现的政治前提。恩格斯明确指出，每个社会成员都应该享有平等的政治地位和政治权利，国家和社会有义务对人的基本权利进行保障，这是实现社会公平的前提。平等的受教育权的实现首先需要政治平等的实现，这是因为受教育权是每个人的基本人权。因此可以这样说，经济上的平等可以为教育公平的实现提供物质保障，政治上的平等则为教育公平的实现提供了制度保障。

事实上，从马克思、恩格斯的有关论述中我们可以看到，教育公平和社会公平紧密相连，前者是后者实现的重要凭借。恩格斯明确看到了现代公平观是基于对每个人的社会成员以及政治身份的承认这样一种现代平等理念。“一切人，作为人来说，都有某些共同点，在这

① 马克思恩格斯选集：第1卷［M］. 中共中央马克思恩格斯列宁斯大林著作编译局，编译. 北京：人民出版社，2012：308.

些共同点所及的范围内，他们是平等的，这样的观念自然是非常古老的。”① 但是，现代的平等要求和平等观念则与此又有不同。现代的平等要求需要“从人的这种共同特性中，从人就他们是人而言的这种平等中引申出这样的要求：一切人，或至少是一个国家的一切公民，或一个社会的一切成员，都应当有平等的政治地位和社会地位”②。

因此，马克思主义的教育公平观就其现代意义而言，是指每个公民不论政治、经济、社会地位、出身、民族、种族等有何不同，都平等地享有受教育机会、受教育权利及公共教育资源。这种受教育的“平等性”既意味着教育是每个公民都应该拥有的一项平等权利，同时又表现为如何通过维护平等的受教育权利在社会领域的实现，从而促进每个人智力、能力和体力发展的平等，最终达到“人的自由和全面发展”。③ 它反映了现实社会的教育领域中人与人之间关系的一种平等状况，也为现代教育所倡导的“起点公平”“过程公平”“结果公平”提供了理论基础。

三、马克思主义教育公平观的价值内涵

教育公平问题并不是突然就出现在人类历史之中的，它由来已久。但对于教育公平的理想和实现，则众说纷纭。人们根据什么标准来判断一个社会的教育是公平的，还是不公平的？在所有社会中，人们争取的教育公平都是一样的吗？如果不同，那么，他们争取的又是什么样的教育？这就涉及他们理解的公平和教育公平是什么样的，教育公平的核心与本质是什么，教育公平的实现基础和终极理想又是什么等问题。这些都需要依靠历史与逻辑的研究方法加以探讨。

（一）教育公平的核心问题：平等受教育权的人人享有

不论哪个历史时代，人们对于教育公平的向往都包含着一个核心问题，那就是要争取平等的受教育权。即使在阶级和等级森严的古代

①② 马克思恩格斯选集：第 3 卷［M］. 中共中央马克思恩格斯列宁斯大林著作编译局，编译. 北京：人民出版社，2012：480.

③ 郭彩琴. 论马克思恩格斯的教育公平观［J］. 马克思主义研究，2007（1）：55－59.

社会，人们也会奋力争取在自己阶级和等级之内的受教育权利。伟大的教育家孔子就曾提出过“有教无类”的平等教育思想。他企图突破当时历史时代的阶级限制，为每个人的平等受教育权发声。无论它的实现程度如何，这种伟大的思想在每个社会和时代都具有价值。到了现代社会，人人平等和具有天赋权利的理念普及之后，受教育权更是被视为体现个人具有平等权利的重要内容之一。

平等受教育权之所以是教育公平的核心问题，首先是因为受教育权作为最基本的公民权之一，它捍卫的是每个人的基本人权。与其他诸种权利体系不同，受教育权的平等性，即受教育权的人人享有，其突出特点在于它的全民性。受到年龄等的限制，公民的政治权利，诸如选举权和被选举权等，不是人人享有。但受教育权伴随每个合法公民的一生。即使他受到法律的处分，这项权利也不可被剥夺。“公民不分性别、年龄、民族、种族、宗教信仰等，均享有受教育的权利。我国对罪犯实行改造和教育的政策，触犯法律的人在被剥夺人身自由和政治权利期间，仍然可以享有受教育的权利。犯罪人员在服刑期间，可以在监所参加学习和业务技能培训，改造思想，悔过自新，掌握正当的生产技能，争取回归社会后重新做人。”① 同时，《中华人民共和国教育法》明确规定：“公民不分民族、种族、性别、职业、财产状况、宗教信仰等，依法享有平等的受教育机会。”同时还规定：“受教育者在入学、升学、就业等方面依法享有平等权利。学校和有关行政部门应当按照国家有关规定，保障女子在入学、升学、就业、授予学位、派出留学等方面享有同男子平等的权利。”

作为教育公平核心问题的平等受教育权，来源于两个重要的方面。第一，它源于人与人之间的平等性追求。虽然就个体而言，每个人的天赋和潜力是不同的，由此而带来的个人在这个世界上所谋求到的利益和做出的贡献也会有天壤之别，但这并不能证明个人作为人所具有的一切基本权利和自由是有差别的。每个人都有基本的生存权和发展权，这是任何人类社会和历史时代都应该和必须维护的人类的伦

① 田玉婷. 公民受教育权研究 [D]. 长春：吉林大学，2004.

理共识和价值共识。面对普遍的社会不公，总有反抗者发出平等性的理想倡议，因为这关乎人们自身作为人的尊严。联合国《经济、社会及文化权利国际公约》即规定："人人有受教育的权利……教育应鼓励人的个性和尊严的充分发展。"第二，这种平等的受教育权又来自于人的自由性要求。马克思将人的类本质理解为自由自觉的活动。若没有对自由和自我个性的追求，人只有屈从于现实既有的存在和成就，那么，人不仅不能与他人相区分，人也不能与其他动物相区别。人的对象性活动正是有着自由性的内在规定，才使人不再单纯服从自然规定，而是有了更高的目标。这一目标推动人朝向社会主体的方向前进。人的平等受教育权就是在教育活动中承认了人所具有的这种自由本性，并通过社会遗传的方式将这种特性传承下来。

从上面教育公平的历史发展进程可以看出，整个人类对教育公平的奋力争取的历史，其实就是对平等受教育权的争取。原始社会时期，教育具有原始的公平性。每个人都享有受教育权利使得这一时期的受教育权利还没有成为一个社会性的问题。到了奴隶社会和封建社会，只有一部分人享有受教育权利。这种受教育权具有严格的等级性，因此也不是完全平等的。而另一部分人则被排除在教育之外。同时，受教育在此时还只是作为一种义务，而不是权利。受教育成为一种个人应当具有的天然权利，起始于近代的启蒙主义。18 世纪以来，近代西方资产阶级思想家将在市民社会中所发展出来的平等性要求推广到教育领域，并以"天赋人权"的思想赋予教育平等以人权的价值和意义。在资产阶级革命实践中，平等的受教育权通过各国的立法而得到普遍确认。随着 19 世纪下半叶的工业化，教育平等化和教育民主化推动了平等受教育权的落实。20 世纪以后，平等受教育权的真正实现成为教育学和社会学的研究重点。[①] 而且，这一项基本的教育权利，也被国际社会所普遍认可。《世界人权宣言》明确了人人都应该具有均等的受教育权利，这为在全球范围内争取每个人的平等受教

① 吴德刚. 中国全民教育问题研究——兼论教育机会平等问题 [M]. 北京：教育科学出版社，1998：28.

育权铺平了道路。

平等的受教育权，包括教育机会均等、平等的教育资源享用权和教育自由。首先，关于教育机会均等，联合国教科文组织在1960年12月的全体大会上通过了《取缔教育歧视公约》。会议提出，教育机会均等包含消除歧视和消除不均等两个内容。这里的“歧视”是指：“基于种族、民族、肤色、性别、语言、宗教、政治、社会出身、家庭背景等之上的任何差别，排斥、限制他人或给予某些人以优先权，其目的在于取消或减弱教育中的均等对待。”它具体表现在：剥夺某个体或某团体进入各级各类教育机构的机会；把某个体或某团体限于接受低标准教育；为了某些人及团体的利益，坚持分流教育制度；使某些人及团体处于与人的尊严不相容的处境。而“不均等”是指，在某些地区之间和团体之间所存在的不是故意造成的，也不是因偏见形成的差别对待。① 教育机会均等并不是说要在任何情况下都保证每个人在教育的所有方面都是完全平等的，它只是依据人本身所具有的平等权利和自由要求，要排除诸种以外在差别为依据的教育优先权或教育特权。个人之间天赋和能力的差别同样要得到平等尊重，这也是消除不均等的基本前提。因此，教育机会均等需要体现在人们受教育的整个过程中，它包括教育的起点平等、过程平等和结果平等。

其次，如果平等受教育权不包含平等的教育资源享用权，那么，所谓的教育机会均等就是空谈，平等受教育权也只是空头支票，对人们争取自身的合法受教育权利并无多大作用。当然，人们拥有平等的教育资源享用权，与他是否实际享有教育资源并以这些教育资源作为自身发展的条件，是两件不同的事情。前者是作为人的基本受教育法权出现的，后者则涉及特定社会的教育资源存量和分配方式等方面。但如果没有这一基本法权的确认，人的平等受教育权就还是停留在形式上。可以说，平等的教育资源享用权是人们保证自身在教育资源分配中占据合法性的根据。

---

① 马和民，高旭平. 教育社会学研究［M］. 上海：上海教育出版社，1998：86. 另参见田玉婷. 公民受教育权研究［D］. 长春：吉林大学，2004.

最后，平等受教育权还应当包括教育自由这一项权利。从历史上来看，“受教育经历了国家自由放任状态到国家主导景象，直到要求国家提供教育条件与机会的教育自由阶段，受教育的性质也从义务过渡到权利，从私权发展到公权。即受教育权从自由权阶段发展到社会权淹没自由权阶段，直到社会权保障自由权阶段”①。受教育权本身就具有社会权和自由权的双重特质。教育自由则突出了公民在社会中所拥有的自由权利，他可以自由选择自身受教育的方式，也可以自由选择受教育的基本内容等。国家在保障受教育机会权的同时，公民的教育自由相对就会受到一定限制，如公民参与受教育过程的权利，选择教学内容的权利。在我国现有的受教育权研究中，学界还局限于探讨受教育机会权，而对教育自由的关注还不够。②

另外，法律上确认的平等受教育权主要包括以下几个方面：受义务教育权、入学就读权、教育平等权、受职业教育和业务培训权、终身受教育权等。其中，受义务教育权、教育平等权和终身受教育权是最为重要的三个方面。第一，平等的受义务教育权体现了教育权利的全民性。这不仅是国家的基本责任，同时也是保证一个社会基本教育公平的重要方面。第二，教育平等权则确认了公民对教育设施和教育条件的平等享用权，公民在入学、升学和获得教育资助等方面的平等权利，是教育公平走向现实化的重要前提。第三，终身受教育权体现了公民接受职业教育和成人教育的平等权利。如果没有这项权利，现代社会的教育公平就会由于多种限制而具有片面性和局限性。联合国教科文组织的报告认为，人人享受高质量的教育，仍然是 21 世纪面临的重大挑战之一。③ 平等的受教育权关乎人们得到高质量教育的程度，并影响整个社会走向文明社会的进程。

（二）教育公平的本质问题：教育资源的恰当分配

就教育公平的概念来看，仅仅抓住平等受教育权的人人享有是不

---

①② 高淑贞. 论受教育权［D］. 长春：吉林大学，2007.

③ 教育——财富蕴藏其中［M］. 联合国教科文组织总部中文科，译. 北京：教育科学出版社，1996：106.

能完全理解这一概念的。必须将权利的享有和权利的实现结合起来，才能使这一概念既具有理论的描述性质，也具有实践的操作价值。同时，教育公平在特定社会领域的实现问题是以公平本身的实现为前提的。那么，对公平本身的理解就必须避免抽象化和绝对化。因此，需要深刻把握，“权利决不能超出社会的经济结构以及由经济结构制约的社会的文化发展”①。作为现代公民权利体系中的一项重要权利的受教育权，同样也不能追求超越其现实经济结构和文化发展程度的绝对公平。科尔曼就认为：“教育公平不可能是绝对的公平，只能是一种接近，永远也不可能实现。”② 若按照马克思主义的公平理想，这种实现其实就是教育公平问题自身的消解，即它作为一个社会历史问题，而不再成为一个问题。

将教育公平的核心问题转化到实践操作层面，这就涉及教育公平的本质问题，那就是教育资源的恰当分配。只有将核心问题和本质问题结合起来，才能看到教育公平的实质。否则，只是抽象地讨论平等受教育权，并不能使教育公平发挥实际的功能。而教育资源恰当分配的核心问题又在于如何以合理的方式分配既有教育资源，以满足人人平等享有受教育权的需要。

教育资源的一个重要特征就是它的公共性质。因为教育资源是一个社会的人们所共同创造出来的，它按照一定的政策、法规分配给这个社会的所有人或一部分人。教育资源的分配政策的制定主体是政府。因此，教育资源属于公共利益。“公共利益和私人利益的区别是复杂细微的，但主要之点在于：一种公共利益具有两个特点，即不可分性和公共性。”③ 作为公共利益的教育资源的分配，本身就涉及人与人之间、人与社会共同体之间的利益关系。如何恰当地处理它们之

---

① 马克思恩格斯选集：第 3 卷［M］. 中共中央马克思恩格斯列宁斯大林著作编译局，编译. 北京：人民出版社，2012：364.

② 科尔曼. 教育机会均等的观念［M］//张人杰. 国外教育社会学基本文选. 上海：华东师范大学出版社，1989：191.

③ 罗尔斯. 正义论［M］. 何怀宏，何包钢，廖申白，译. 北京：中国社会科学出版社，1988：226.

间的关系，则是教育公平的本质问题。

对教育资源进行分类，从不同角度有不同的方式，可以按归属性质和管理层次、办学层次、构成状态、知识层次、政策导向等方式进行划分。而从教育资源分配的角度，则可以将其大致分为三种类型：硬件教育资源，指以财政投入和基建项目为支撑的教学用房、教学设施设备、教材等；人力教育资源，指以工资、编制为支撑的师资配备、教师培养培训等；机会教育资源，指以考试招生制度为支撑的学位名额分配等。① 教育公平就是要使这三种类型的教育资源在不同区域和受教育群体中按照恰当的比例进行合理的分配，既使既有公共资源的效用得到最大限度的发挥，也使人人都得到自由和发展。

如果一定社会不能按照恰当合理的方式分配教育资源，就会导致明显的教育不公的出现。由教育资源分配不合理而导致的教育不公主要表现在，教育资源在区域之间、城乡之间、阶级阶层之间和脑体劳动之间的分配不合理。而这种分配不公的直接的社会历史原因则是在社会领域普遍出现的三大差别，即工农之间、城乡之间以及脑体劳动之间在经济地位、收入水平和生活方式上所存在的巨大鸿沟。由于三大差别的存在，再加上社会分工体系的复杂化和多元化，特定社会中的教育资源的流动和分配自然要出现越来越明显的差别性。在一定历史阶段，这种差别性都是客观存在的，而且在某些历史时期，它也会对教育资源的优化配置、教育水平的提升以及教育总体质量的提高都具有促进作用。但是，一方面，这种差别对待如果超出了恰当的区间，就会导致教育出现歧视和不公平，从而使人人应当享有的平等受教育权遭到蔑视和践踏。另一方面，教育资源分配的差别性的促进作用到底有多大，仍是一个问题。在很多情况下，教育资源分配在城乡之间和区域之间的巨大差异，反而有可能造成教育资源的严重浪费，使教育质量下降。

由此看来，教育资源分配不公出现的本质原因有以下几方面。第一，受教育权平等性要求的绝对性与教育机会和教育资源的有限性之间存在着一定的矛盾。平等受教育权的人人享有关乎人的尊严和自

① 师东海. 教育公平的政治学思考［D］. 长春：吉林大学，2011.

由，关乎人的生存权和发展权的基本保障。但这种权利若得到完全的实现，则必须考虑现有教育资源的存量以及增长速度、增长水平和增长质量等。如果一定社会的教育机会和教育资源并不能使人人都能够享有均等的教育条件，那么它必然在教育机会和教育资源的分配上出现一定的倾斜和偏重。但如果这种倾斜和偏重过大，使一部分人感到利益受损，则教育资源的分配不公就会出现。第二，个人潜能发展的无限性与教育资源的有限性之间也存在一定的矛盾。个人潜能是无限的。在人的个体成长和社会发展中，他自身的潜在能力并没有得到完全的挖掘和释放。即使在现代社会，大多数人还是汲汲于生存活动，对自身的自由本性的完全观照和自觉发展则缺少动力和条件。而教育活动的一个重要内容就是要启发人对自身的自觉意识，对自我能力的积极肯定和勇敢探索。但问题是，由于教育资源的有限性，并不是所有的教育活动都以此项内容为中心，也不能为个人潜能的无限发展提供充足的教育资源作为保障。另外，历史上的社会进步大多是采用一部分人牺牲另一部分人的利益而使自身得到发展的方式所取得的。① 一部分人必然也会争取更多的教育资源，以保证自我利益和发展的优先权和垄断权，而另一部分人自然就失去了这种权利，其个人潜能自然也就得不到发展。第三，教育机会均等与教育资源均衡之间的矛盾。第四，教育自由与教育秩序之间的矛盾。

教育资源的分配不公所导致的人与人之间发展的不平等和不公正，促使人们开始寻求解决问题的合理方案。人们开始思索，什么才是充分肯定人人平等受教育权前提下的教育资源的恰当分配。当然，教育公平绝不是对绝对公平的诉求，而是一种在现实可能条件下缩小差距、缓解张力、缓和矛盾的相对意义上的公平。这种公平要求充分考虑多种因素，在坚持人人享有平等受教育权的前提下，尽可能地满足人们自身发展的需要和要求。这里，要考虑的多种因素主要有以下

① “一些人靠另一些人来满足自己的需要，因而一些人（少数）得到了发展的垄断权；而另一些人（多数）经常地为满足最迫切的需要而进行斗争，因而暂时（即在新的革命的生产力产生以前）失去了任何发展的可能性。”见马克思恩格斯全集：第 3 卷［M］. 中共中央马克思恩格斯列宁斯大林著作编译局，编译. 北京：人民出版社，1960：507.

几个方面：(1) 生产力发展程度。若社会生产力的总体水平不高，那么即使人们都拥有受教育权，教育资源也不能实现合理分配，教育公平就是妄谈。(2) 生产关系及其他社会关系的状况。特定社会的生产关系制约着人们之间的利益分配关系。人们的劳动关系体现为他们之间的劳动水平和收入水平的差异造成的他们在利益分配中占有的位置。人们的社会关系，尤其是阶级社会中人们之间的阶级关系，也同样对他们的受教育权的承认和维护有着重要的影响。那些处于被统治地位的阶级成员，相对于处于统治地位的阶级成员而言，更会成为争取教育公平的旗手，因为他们本应获得的教育资源被对立阶级的人们剥夺和强占了。因而，他们易成为特定社会的弱势群体，成为教育资源分配结构中的“最少受惠者”。另外，在生产关系中，不同社会对公平与效率之间关系的认识和调节能力差异，使他们对教育资源的恰当分配方式的选择也会出现差异。(3) 政治制度与政治环境。特定社会的政治制度和政治环境也会对教育资源的公平分配产生重要影响。专制政治体制一般不会把普通百姓的受教育权和对教育资源公平分配的合理愿望放在政策制定的突出位置，相反，那些上层阶级的人们的受教育权和对教育资源的支配则是政策制定者优先要维护的。而在民主政治体制中，由于每个人的自由和平等地位是整个制度得以维系的基础和前提，那么他们的受教育权和教育利益就关乎民主政治体制的正常运转。(4) 精神文化程度（尤其是教育文化）。特定社会的精神文化促使人们接受一定的教育文化影响。受个人主义影响的人们更看重教育对个体发展的实际意义，因此在教育资源分配中更倾向于采取个人主义的分配方案。而受集体主义影响的人们更看重教育对社会集体的作用，因而在教育资源分配中更倾向于采取集体主义的分配方案。

（三）教育公平的实现基础：社会生产力的高度发展

教育资源的恰当分配关乎教育公平的现实实现。但若要使教育公平在未来得到发展，必须关注的领域则是教育资源的生产和再生产。恩格斯强调：“生产以及随生产而来的产品交换是一切社会制度的基础；在每个历史地出现的社会中，产品分配以及和它相伴随的社会之划分为阶级或等级，是由生产什么、怎样生产以及怎样交换产品来决定的。”① 生产力高度发展，促使物质资料和精神产品等的总量增长和总体质量全面提升，因此使教育公共资源也出现量的扩展和质的提升，最终使其可以全面满足人人接受高水平教育的需要。因此，教育公平的实现必须依靠生产力的高度发展，从而使教育公平的内在矛盾得到妥善解决，否则一切关于教育公平的想象都会化为理想的乌托邦。

另外，教育公平的本质问题是教育资源的恰当分配。教育资源如何实现真正恰当的分配，则取决于生产的结构以及生产方式的性质。这里的生产同时也包括教育资源本身的生产和再生产。马克思指出：“消费资料的任何一种分配，都不过是生产条件本身分配的结果；而生产条件的分配，则表现生产方式本身的性质。”② “分配的结构完全决定于生产的结构。分配本身是生产的产物，不仅就对象说是如此，而且就形式说也是如此。就对象说，能分配的只是生产的成果，就形式说，参与生产的一定方式决定分配的特殊形式，决定参与分配的形式。”③ “分配方式本质上毕竟要取决于有多少产品可供分配，而这当然随着生产和社会组织的进步而改变，从而分配方式也应当改变。”④ 因此，一方面，分配本身是随着生产而产生的，虽然分配也会影响生产，但它要受生产的制约和决定。另一方面，“一定的分配形式是以生产条件的一定的社会性质和生产当事人之间的一定的社会关系为前提的。因此，一定的分配关系只是历史规定的生产关系的表现”⑤。这就是说，教育资源要采取恰当的分配方式以实现教育公平，那么就必须依靠生产关系的优化变革。这其实就是社会生产高度发展使教育公平得以真正实现的关键因素。

---

①② 马克思恩格斯选集：第 3 卷［M］. 中共中央马克思恩格斯列宁斯大林著作编译局，编译. 北京：人民出版社，2012：797；365.

③⑤ 马克思恩格斯选集：第 2 卷［M］. 中共中央马克思恩格斯列宁斯大林著作编译局，编译. 北京：人民出版社，2012：695；652.

④ 马克思恩格斯选集：第 4 卷［M］. 中共中央马克思恩格斯列宁斯大林著作编译局，编译. 北京：人民出版社，2012：599.

按照马克思主义的理论，社会生产不应仅仅局限在物质生产，而且也应该看到精神生产和人口生产，这也是对于人类社会的生存和进步至关重要的两方面。物质生活资料的生产构成了特定社会的存在和发展的基础和前提，有这个基础才会产生出特定的政治、文化、宗教和艺术等。恩格斯的《在马克思墓前的讲话》就指出，马克思的卓越贡献就是揭示出了人类历史发展的基本规律。这一规律是“意识形态所掩盖着的一个简单事实：人们首先必须吃、喝、住、穿，然后才能从事政治、科学、艺术、宗教等等；所以，直接的物质的生活资料的生产，从而一个民族或一个时代的一定的经济发展阶段，便构成基础”①，对其他社会活动具有决定性的制约作用。物质生产的高度发展是教育公平问题得到真正解决的绝对物质前提。因为若没有充足的物质资源尤其是公共教育资源，教育资源的分配就不能与人们的平等受教育权相匹配，二者之间的矛盾就无法得到妥善解决。另外，教育资源也就不能得到恰当的分配，这种恰当正如之前所言，是与一定的社会物质生产力相适应的。

但是，仅有物质生产还不足以全面概括社会生产，也不足以说明教育作为一种精神生产的重要活动给人类社会和个体自身所带来的深刻影响。首先，人口的生产对人类社会乃至教育资源的合理分配以及这种分配方式的具体实现都起到了至关重要的作用。恩格斯注意到，“随着国内阶级对立的尖锐化，随着彼此相邻的各国的扩大和它们人口的增加，公共权力就日益加强”②。同时，马克思也认为：“……社会的经济发展，人口的增长和集中，迫使资本主义农场主在农业中采用集体的和有组织的劳动以及利用机器和其他发明的种种情况，将使土地国有化越来越成为一种‘社会必然’，这是关于所有权的任何言论都阻挡不了的。”③其次，包括教育活动在内的社会精神生产与社会物质生产交织在一起，而且社会精神生产的状况决定了教育文化在一定社

①③ 马克思恩格斯选集：第 3 卷［M］. 中共中央马克思恩格斯列宁斯大林著作编译局，编译. 北京：人民出版社，2012：1002；175－176.

② 马克思恩格斯选集：第 4 卷［M］. 中共中央马克思恩格斯列宁斯大林著作编译局，编译. 北京：人民出版社，2012：188.

会中的传播和影响深度。马克思曾强调说："要研究精神生产和物质生产之间的联系，首先必须把这种物质生产本身不是当作一般范畴来考察，而是从一定的历史的形式来考察。例如，与资本主义生产方式相适应的精神生产，就和与中世纪生产方式相适应的精神生产不同。"① 一定历史形式下的精神生产与一定的生产方式相适应，也就决定了人们所接受的教育思想和教育理念的状况，其中关于教育公平的理解也会出现巨大差异。

同时，需要特别说明的是，作为教育公平实现基础的社会生产的高度发展必然是超越了资本主义生产方式基础上的发展。

第一，只有这样的发展才是以人人享有共同的社会财富为自身存在的重要标志。"资本主义的生产形式和交换形式日益成为生产本身所无法忍受的桎梏……在资本主义生产方式内部所造成的、它自己不再能驾驭的大量的生产力，正在等待着为有计划地合作而组织起来的社会去占有，以便保证，并且在越来越大的程度上保证社会全体成员都拥有生存和自由发展其才能的手段。"②

第二，社会人口的生产关乎教育资源是否可以满足所有人能够接受到高质量的教育，以既合乎生产发展规律，又合乎人性的要求而占有一定的教育资源，从而促进自身自由全面地发展。马克思和恩格斯对未来共产主义社会的人口生产也提出了自己的看法，那就是共产主义社会会自觉调节人口生产。"人类数量增多到必须为其增长规定一个限度的这种抽象可能性当然是存在的。但是，如果说共产主义社会在将来某个时候不得不像已经对物的生产进行调节那样，同时也对人的生产进行调节，那么正是这个社会，而且只有这个社会才能无困难地做到这点。"③ "只有使人口尽可能地平均分布于全国，只有使工业

① 马克思恩格斯全集：第 33 卷［M］. 中共中央马克思恩格斯列宁斯大林著作编译局，编译. 北京：人民出版社，2004：346.

② 马克思恩格斯选集：第 3 卷［M］. 中共中央马克思恩格斯列宁斯大林著作编译局，编译. 北京：人民出版社，2012：529.

③ 马克思恩格斯选集：第 4 卷［M］. 中共中央马克思恩格斯列宁斯大林著作编译局，编译. 北京：人民出版社，2012：538.

生产和农业生产发生紧密的联系，并适应这一要求使交通工具也扩充起来——同时这要以废除资本主义生产方式为前提——才能使农村人口从他们数千年来几乎一成不变地在其中受煎熬的那种与世隔绝的和愚昧无知的状态中挣脱出来。”① 可见，人口生产的数量和质量都与社会生产力的提高直接相关。人们走出愚昧狭隘的旧有观念，从只是注重人的外在教育目的即价值创造的主体，走向以人自身的自由全面发展这一教育的内在目的为中心，必要的与生产相适应的人口的合理调节则是一项重要的工作。

第三，社会精神生产因为摆脱了资本主义的商品、资本的拜物教性质而真正为每个人的自觉的创造性活动而创造必要的条件。由于新的社会生产条件的出现，与之相适应的社会精神生产也会发生革命性的改造。尤其是人们对于公平、权利、自由的思想观念发生了巨大的改变。② 恩格斯说，在未来的共产主义社会，物质财富极大丰富，到那个时候再谈论平等和权利就变得非常可笑了，那时“谁如果坚持要人丝毫不差地给他平等的、公正的一份产品，别人就会给他两份以资嘲笑”③。到那时，或许将教育公平视为一个问题也将成为一件可笑的事情了。

总体说来，对于教育公平的真正实现而言，社会生产的全面发展，其目的就是缓解教育公平内在的张力，缓和矛盾，即以发展充分的社会生产来满足每个人受教育的需要。

（四）教育公平的终极理想：每个人的自由全面发展

马克思主义的政治理想是通过全人类的解放的实践活动，最终实现每个人的自由全面发展。这种发展其实应该理解为一种人的自由的

---

① 马克思恩格斯选集：第 3 卷［M］. 中共中央马克思恩格斯列宁斯大林著作编译局，编译. 北京：人民出版社，2012：265.

②“共产主义革命就是同传统的所有制关系实行最彻底的决裂；毫不奇怪，它在自己的发展进程中要同传统的观念实行最彻底的决裂。”见马克思恩格斯选集：第 1 卷［M］. 中共中央马克思恩格斯列宁斯大林著作编译局，编译. 北京：人民出版社，2012：421.

③ 马克思恩格斯全集：第 20 卷［M］. 中共中央马克思恩格斯列宁斯大林著作编译局，编译. 北京：人民出版社，1971：670.

和全面的活动状态。在一定的社会历史条件下，他可以进行自由的创造活动，而且这种活动涉及整个人类活动的领域，而不是局限在一个“固定的点”上。同时，由于人的自我异化的消除，每个人都可以获得这种自由全面发展的权利和能力，而不是像之前的社会中只有一部分人才能全面地发展自身。因此，马克思相信，人作为“类”，其才能的发展“虽然在开始时要靠牺牲多数的个人，甚至靠牺牲整个阶级，但最终会克服这种对抗，而同每个个人的发展相一致”①。恩格斯也说：“这样一来，根据共产主义原则组织起来的社会，将使自己的成员能够全面发挥他们的得到全面发展的才能。”② 在自由人联合体中，每个人都能得到发展自我能力的一切自由条件，从而以自我的创造性活动实现着和证明着自身的自由自觉的生命本质。

按照马克思和恩格斯的理解，真正的教育公平的实现就是要消解其内在的现实与理想之间、无限与有限之间的矛盾。而此时的教育活动，在促进自然教育和价值教育统一的同时，更是完善了人作为类主体的真善美的统一，从而成为实现人的自由发展和全面发展的最为重要的活动之一。由此可见，教育公平的真正实现其实就是使造就自由全面发展的人成为教育的唯一目的。

首先，教育是个人自我实现的重要方式。个人如果不能将自己的需要外在化，就不能获得自己的生命本质的体现。个人只有在自我实现的活动中，才能勇于去创造属于自己的生活，按照自己的生活方式来体现自身存在的本质和价值。“人的自我实现意味着，人本身若能依照其所希望之自我本性与真实性去发展，而并非单纯只为了符合外在世界的一般要求去配合，人将会逐渐去发现原始的生命性向，进而自发本能地去喜悦追求自己的人格发展。这样人格的自由发展，会让人处于原始的内心期待的自我需求状态，而成为他自己所希望的人。在这种情况下，人最能发挥自己生命内在底层的创造性，而真正实现

① 马克思恩格斯全集：第 34 卷［M］. 中共中央马克思恩格斯列宁斯大林著作编译局，编译. 北京：人民出版社，2008：127.

② 马克思恩格斯选集：第 1 卷［M］. 中共中央马克思恩格斯列宁斯大林著作编译局，编译. 北京：人民出版社，2012：308.

自我。由此可见，人的自我实现乃是以自我人格的自由发展为主，而以自然人性的发展为导向，去建构并实践自己内心所呐喊并向往的生命。”① 而实现了真正的教育公平的教育活动就是要个人进行这种自我实现的活动。有学者指出，人的自我实现包括三个方面：人格完善、经济实现和政治实现。教育过程则是要受教育者根据自我的反应和选择去学习和探索各种经验和知识，从而确定自己的生活准则和方式。可以说，就教育的本质而言，“教育绝不是训诫或告诉我们应该去过哪一种标准生活，而是向人们揭示人们本来可以拥有哪种美好的可能生活，从而使人有可能把握自己的命运，创造自己的生活”②。一旦教育公平得以真正实现，教育的这种启发个人发现自我、创造自我生活和掌握自我命运从而促使个人自我实现的本质特性就凸显出来了。

其次，教育是解放个人创造力的重要手段。在阶级社会，教育的阶级性质决定了它必然会为特定社会的统治阶级服务，而出现对个人创造的压制和湮灭。另外，教育也成为意识形态的传播工具，这样它并不会真止以维护个人普遍的受教育权利为目的，也不会以激发个人的创造力为教育内容。只有在自由人联合体中，由于个人利益与共同利益实现了真正的统一，个人潜能的尽量发挥，为个人自由创造提供空间，才成为共同体得以存在和发展的前提条件。教育也才能转变为以解放个人创造力为主要内容。“如果教育中的人失去了获得自我发展和自我创造的自由，没有锻炼自己的理性和德性的机会，他们就不可能形成运用自由的能力，他们也就不可能真正地对自己负责，也就不可能对他们生活在其中的社会负责，也就不可能与他人形成一种担负社会共同生活的道德责任的共契关系。他们有可能把外在的社会规范都看作是与他对立的东西，看作是处处与他相异的、压制他的东西。因此，教育中的人的自主发展和自我价值的实现是他们需要自由

① 许育典. 法治国与教育行政——以人的自我实现为核心的教育法［M］. 台北：高等教育文化事业有限公司，2002：25.

② 王啸. 教育人学——当代教育学的人学路向［M］. 南京：江苏教育出版社，2003：386.

的重要原因。成长和发展需要自由，如若没有自由，发展就是被纳入了特定的框架中，就是排斥了人的理性和德性。”① 如果我们承认每个人的潜能都是无限的，只是限于生产发展和特定社会结构的内容，个人的潜能被激发和发掘的程度有很大的不同，那么，若限制个人潜能发挥的社会条件一旦被解除，个人必然会将自身的创造能力无限发展出来，这也就是教育成为解放个人创造力手段的重要体现。

最后，教育是个人塑造自由个性的重要活动。马克思认为，在未来的自由人联合体中，个人是以自身的内在差别而相互区分的，而不是以诸如金钱、地位、肤色、宗教信仰等外在差别而相互区分的。这种内在差别最为重要地体现在个人的自我个性上面。当个人为了追求自己的内在个性，而不是某种外在的东西时，他才被视为一个“真正的活着的人”。而教育就是要启发个人从单纯物质的、享受性的需要中超拔出来，进入到对自由个性的认可和追求之中。教育使个人的感官从物的感官（“单纯异化即拥有的感觉”②）束缚中解放出来，使他的感官具有了属人性。教育也使个人摆脱资产阶级意识形态的观念控制，因而放弃了固定的和抽象的人性观，而发展出最“合乎人性”的价值观念。

在古代社会，确切地说是在原始社会之后到资本主义社会之前的历史时代，教育因受到阶级性、道统性和专制性等方面的限制，并不是以人本身的自由发展为目的的。“等级性，不同的阶级地位享有不同的教育权利和等级，贵族与贫民、主人与仆人之间有着不可逾越的鸿沟；道统性，统治阶级的政治思想和伦理道德是唯一被认可的思想，天道、神道和人道往往合而为一；专制性，教育过程是管制与被管制、灌输与被动接受的过程；刻板性，教育方法、学习方法刻板，死记硬背，机械模仿；教育的象征性功能占主导地位，教育的功用性价值不受重视，即受教育的目的主要不是为了获得使用的知识，而是

① 金生鈜. 规训与教化［M］. 北京：教育科学出版社，2004：14.

② 马克思. 1844 年经济学哲学手稿［M］. 中共中央马克思恩格斯列宁斯大林著作编译局，编译. 北京：人民出版社，2018：82.

受教育本身。能不能受教育和受什么样的教育是区别社会地位的象征；经典、教义的教育处于社会较高的地位，习得实用知识的教育处于社会较低的地位。”① 而马克思主义的政治理想，就是要打破和消灭经济上、政治上和社会上的一切阶级特权，消除社会不公的现实根源，因为这样才能彻底实现教育公平。资产阶级教育不公平的现实根源在于“把人训练成机器”②，而把人推向极端异化的形式。“就个人自身来考察个人，个人就是受分工支配的，分工使他变成片面的人，使他畸形发展，使他受到限制。”③ 因此，消灭资本主义私有制，实现人的自由全面发展，才能从根本上彻底实现教育公平的最高理想。

当然，实现这一终极理想是需要一系列根本性的革命变革和一定的社会历史前提的。这些变革和基本前提主要表现为：第一，教育以每个人的自由全面发展为目标指向，必须以物质生活的绝对保证为前提，那就是社会财富的充分涌流，“各尽所能，按需分配”的真正实现。“通过社会化生产，不仅可能保证一切社会成员有富足的和一天比一天充裕的物质生活，而且还可能保证他们的体力和智力获得充分的自由的发展和运用，这种可能性现在第一次出现了，但它确实是出现了。”④ 第二，固定劳动分工和私有制的消灭，才能使教育活动真正以个人个性的自由发展和个人创造性活动在整个社会生产和社会生活领域全面展开。马克思曾说：“自由地发展个性，从而不是为取得剩余劳动而压缩必要劳动时间，而是根本上要把社会的必要劳动压缩到最低限度，到那时候，才能利用为他们大家所解放出来的时间和创造出来的物质手段使个人在艺术上、科学上和其他方面的造诣达到高

---

① 袁振国. 当代教育学［M］. 北京：教育科学出版社，2004：9.

② 马克思恩格斯选集：第1卷［M］. 中共中央马克思恩格斯列宁斯大林著作编译局，编译. 北京：人民出版社，2012：417.

③ 马克思恩格斯全集：第3卷［M］. 中共中央马克思恩格斯列宁斯大林著作编译局，编译. 北京：人民出版社，1960：514.

④ 马克思恩格斯选集：第3卷［M］. 中共中央马克思恩格斯列宁斯大林著作编译局，编译. 北京：人民出版社，2012：670.

度的水平。"[1] 第三，随着阶级的消灭和国家的消亡，自由人联合体成为人们所共同期待的共同体。"个人的全面发展，只有到了外部世界对个人才能的实际发展所起的推动作用为个人本身所驾驭的时候，才不再是理想、职责等等，这也正是共产主义者所向往的。"[2] 让教育活动以个人的自由全面发展为中心，就必须使个人本身能够驾驭整个社会生产力和自己的全部生活，那么只有在自由人联合体中，个人才能达到这种状态。第四，不仅物质方面的变革是必要的，随之而发生的个人思想观念的革命性更新也是必需的。只有这样，人们关于教育公平的理解才会发生真正的变革，才不会简单地停留在既有的对公平关系的抽象理解上。马克思就说："在共产主义制度下和资源日益增多的情况下，经过不多几代的社会发展，人们就一定会认识到：侈谈平等和权利，如同今天侈谈贵族等等的世袭特权一样，是可笑的……谁如果坚持要人丝毫不差地给他平等的、公正的一份产品，别人就会给他两份以资嘲笑。"[3] 因此，教育公平也就不会是资产阶级条件下的教育平等和教育权利。

① 马克思. 政治经济学批判大纲（草稿）：第三分册［M］. 刘潇然，译. 北京：人民出版社，1963：357.

② 马克思恩格斯全集：第 3 卷［M］. 中共中央马克思恩格斯列宁斯大林著作编译局，编译. 北京：人民出版社，1960：330.

③ 马克思恩格斯全集：第 20 卷［M］. 中共中央马克思恩格斯列宁斯大林著作编译局，编译. 北京：人民出版社，1971：670.

第五章
新时代教育公平的现实基础：基于“道路”选择

改革开放以来，随着教育战线的拨乱反正，中国的教育开始进入新的发展时期。教育规模的快速扩大及教育公平价值理念的迷失，使得教育在一定阶段陷入单纯对数量和经济效益的追求中。同时，教育机会、教育权利及教育资源分配的公平性问题开始重新成为社会各界关注的重要问题。

一、改革开放以来教育公平的实践探索

“文化大革命”结束后，教育方针发生了根本的转变。改革开放以后，随着对教育的一系列拨乱反正和对“文革”期间一些错误政策的纠偏，教育由先前强调的为政治服务，转向为社会主义经济建设服务。高考制度重新恢复，以家庭出身和“血统论”为条件的受教育标准被否定，代之以学习能力为标准的公平竞争的考试制度。

（一）改革开放以来教育公平的发展

学生凭借自身的学习能力获得高等教育入学机会的人才选拔机制，有效激发了广大学子学习知识、渴求文化的热情。1982 年《中华人民共和国宪法》的施行，更是从法律上对公民的受教育权利和义务进行了重申，内容涉及学前教育、普通中小学教育、高等教育以及职业教育、残疾人教育等一系列社会教育，体现了国家法律对教育的保护和对教育公平的支持。“随着从 1986 年起实行九年义务教育制度，教育公平的基本主题由教育权利平等转变为通过普及和扩大教

育，追求教育机会均等。”① 1986 年《中华人民共和国义务教育法》的颁布，开创了中国教育史的新纪元，对保障适龄儿童、少年的受教育权利，普及九年制义务教育，促进教育公平，提高整个中华民族的素养具有重要的意义。

以学习能力为标准的高考选拔制度，一方面使社会各阶层拥有同样的获取高等教育的机会；另一方面，这种制度也为跨阶层的社会流动创造了条件。对农业人口占主导，二元结构长期存在的现实社会而言，高考制度使农业人口打破固化的社会分层成为可能。

1995 年，《中华人民共和国教育法》颁布，对我国教育的基本性质、地位、任务、制度等进行了规定，为全面规范和发展我国教育事业奠定了法律依据，同时也为我国在推进和实现教育公平的实践探索中提供了制度保障。之后，我国又相继颁布了《中华人民共和国职业教育法》(1996 年)、《中华人民共和国高等教育法》(1998 年)、《中华人民共和国民办教育促进法》(2002 年) 等各类教育法规，更加注重保障公民平等的受教育权利。同时采取切实措施保障经济贫困地区、社会困难群体和成员的受教育权，促进民办教育的发展，为公民提供更多的、平等的受教育机会，公民的受教育权利得到极大的改善。

20 世纪 80 年代，虽然教育公平问题并未成为当时社会的主要问题，但有一点不容忽视，即在恢复统一招生考试制度后，由于历史遗留原因，存在于公平与效率、精英教育与大众教育、发展经济与发展教育之间的矛盾日渐突出，城乡二元结构差距不断扩大，阶层差距重新出现。高度集中的计划资源配置模式使得教育资源配置和投入比例严重失调，重城市轻乡村，重高等教育轻义务教育。农村教育出现经费严重不足、教师待遇低下、优秀教育资源引进难等问题。大批农村中学的裁撤兼并，大量城市重点中学重建，加之以成绩为主要依据的高等教育入学标准的确立，使之前享有优先权的工农阶层的子女在获得高等教育机会方面与其他阶层子女的差距扩大。

---

① 杨东平. 从权利平等到机会均等——新中国教育公平的轨迹 [J]. 北京大学教育评论，2006 (2)：2-11.

（二）社会主义市场经济条件下教育公平的困惑

"现代教育制度一开始就受到了损害，被对贫困儿童和富裕儿童学校教育的不平等投资，被女童教育的制度性障碍和经济障碍，被为受压迫种族儿童提供的隔离的和劣等的学校所玷污。"① 当前人们对教育领域不公平现象的诸多抱怨和质疑，在很大程度上都来自教育机会不公平、教育权利不平等、教育资源分配不均衡等。

党的十一届三中全会以后，确立了社会主义初级阶段的按劳分配原则，对高度集中和平均主义的分配方式进行纠偏。党的十三大报告明确指出：我们的分配政策，既要有利于善于经营的企业和诚实劳动的个人先富起来，合理拉开收入差距，又要防止贫富悬殊，坚持共同富裕的方向，在促进效率提高的前提下体现社会公平。这种强调坚持和完善按劳分配为主体、多种分配方式并存的分配制度和相关分配理论对后来教育领域提出的"效率优先、兼顾公平"产生了重大的影响。

与此同时，中国教育的改革和发展开始以公平和效率为基本价值取向，教育一度陷入对数量增长和经济效益的追求中，教育规模急剧扩大。一方面，在全国范围内基本实现了九年义务教育普及和扫除青壮年文盲；另一方面，高等教育迅速发展，高校招生规模大幅度扩大，进入高等教育大众化的阶段。由于我国还处于社会主义初级阶段，社会经济总体水平不高，城乡、地区等经济发展极不均衡。在计划经济体制向社会主义市场经济体制转型变迁的过程中，我国的教育面临极大的挑战。教育条件和教育机会的巨大差异，产生了特殊的教育问题，教育走上了一条"产业化"的路径。

事实上，以社会物质财富总量的增长来评价社会是否进步的价值观是一种功利主义的价值观，它对个体在社会中的权利、自由及责任等目标的实现具有一定的破坏作用。而且，过分追求教育总量的最大化而忽视教育资源的分配过程，不但无法满足人们平等受教育的需

① 康奈尔. 教育、社会公正与知识［J］. 李复新，马小梅，译. 华东师范大学学报（教育科学版），1997（2）：62－71.

要，也减少了人们平等受教育的机会。阿马蒂亚·森在《以自由看待发展》中认为，这样做只会将“福利和公平的实现永远推到将来时”。他认为，自由、公平不仅是一种抽象的价值，而且在现代社会发展中具有建构性的作用。它既是社会现代化的目的，也是促进社会现代化的手段，而且具有促进社会经济功利的工具性价值。发展中国家只要花少得多的钱就可以达到与发达国家相同的社会福利，而这会为社会带来巨大的经济效益。联系我国当前的现实不难认识这一点：高昂的教育费用抑制了消费和经济发展；因病返贫、因教返贫家庭的增多，增加了社会管理和服务的成本。①

教育能否产业化？社会主义市场经济条件下，有关教育产业化的争论主要集中在如何合理分担教育成本和有效创办民办学校上。比较普遍的观点是，在义务教育阶段，教育资源的宏观调控应该由国家来承担。“在义务教育阶段，应当更多地体现实质上的社会公平，使人人都接受一种条件基本相同的教育，所以其供给在更大程度上应当依赖于国家而不是市场。”② 但在非义务教育阶段，如高等教育阶段，“并不是社会成员普遍享有的，在这里，所谓的教育公平主要体现为一种形式上的社会公平即机会均等。机会均等保证受教育权利分配上的程序平等，并不保证结果的平等。一个人获得了上学的机会就意味着会相应地排斥另一个人的上学机会。教育在一定程度上会表现出一种排他性。又由于获得上学机会的人会比没有获得上学机会的人有更多的发展机会和更好的职业前途，因此，在这种情况下，由他们自己承担一部分教育的成本是合理的、公平的，像义务教育那样免除学费反而是不合理、不公平的”③。可见，在非义务教育阶段，以政府为主导，受教育者和社会共同分担教育经费的机制，在当前我国资源分配严重不均衡的现状下，有助于推动教育公平的发展。

联系中国教育的具体情况可知，教育可以带动多元产业的发展，

---

① 杨东平. 办学体制改革与教育公平 [J]. 教育发展研究，2005（24）：32－33.

② 蒋建华. 劳凯声教授深度思考学校乱收费之三：以乐观心态对待变革的教育公益性 [N]. 中国教育报，2004－11－06（3）.

③ 李岚清. 李岚清教育访谈录 [M]. 北京：人民教育出版社，2003：64.

利用市场机制配置教育资源可以激活教育市场，拉动投资和内需，有利于普及教育，培养更多的人才。多元化的办学结构确实也可以满足社会不同层次的教育需求，教育服务、教育市场、教育产业、教育消费等多元教育概念的建立，使得社会各阶层开始重视受教育的权利和机会，但教育具有的公益性决定了“产业化”不能成为教育的价值取向。这种情况产生的一个重要原因，在于教育资源的不均分配，有限的教育资源向少数人倾斜，刺激了教育产业化、商业化的发展，导致教育不公平。

如 1999 年开始实行高校扩招政策。一方面，扩大高等学校招生规模可以充分保障广大人民受教育的权利和机会，提高人民受教育水平；另一方面，随着高校的不断扩招，政府对教育的投入逐渐放慢，国家财政在生均预算内教育经费的拨款上难以持续支出，这样，高校招生收费“双轨制”应运而生。这使得以金钱弥补分数不足，换取高等教育入学机会成为可能，并逐渐合法化，严重破坏了人民平等受教育的机会和权利。教育作为促进社会分层和流动的工具，其促进公平的功能被弱化。

面对社会主义初级阶段经济总体水平不高，资源分配不均衡，阶层差异、城乡差异、地区差异巨大的社会现实，这种“效率优先”的教育价值观，在一定程度上忽视了教育规律内在要求的平等受教育权利和人的自由全面发展，损害了教育的公平和正义，从而使教育公平的发展成为一个突出的社会问题。

二、社会主义初级阶段教育公平的价值路向选择

在社会主义初级阶段要实现教育公平，必须以承认一定的教育不公平为客观前提，因为整个社会的物质和精神生产还远未达到以人的自由全面发展为唯一标准的教育水平。另外，又必须为走向真正的教育公平时刻准备着，具体来讲就是在社会领域逐步消除三大差别，以争取和创造实现教育公平理想的政治前提。围绕着教育公平的核心问题和本质问题，如何在当前社会条件下恰当地分配教育资源以最大限度地满足人们的平等受教育权则成为关键，也是一种理性的改革方

向。由此进行必要的制度安排和变革又是教育公平落到实处的必然选择。

（一）承认教育不公平的存在：客观前提

马克思强调："无论哪一个社会形态，在它所能容纳的全部生产力发挥出来以前，是决不会灭亡的；而新的更高的生产关系，在它的物质存在条件在旧社会的胎胞里成熟以前，是决不会出现的。"① 可见，教育公平的真正实现，即它作为一个社会历史问题的自动消亡，也需要在特定的社会形态的基础上成为可追求的。马克思接着说："所以人类始终只提出自己能够解决的任务，因为只要仔细考察就可以发现，任务本身，只有在解决它的物质条件已经存在或者至少是在生成过程中的时候，才会产生。"②教育公平的真正解决也需要它在成为现实人类社会所普遍承认的一个亟须解决的问题之时，说到底，就是教育公平真正实现的物质条件已经具备的时候，它才成为整个社会的一项重大任务。正如上面我们所讨论过的一样，教育公平理想的实现需要必要的社会条件的成熟。

但是，在教育公平成为一个比较普遍的社会问题的时候，教育不公平的出现也是不可避免的。按照马克思在《哥达纲领批判》中的讨论，教育公平的理想必须在共产主义阶段才能实现，而在社会主义阶段，教育公平还必然会成为一个普遍的社会问题。很显然，这两个阶段为教育公平提供的包括物质条件在内的一切社会条件具有很大的不同。在按劳分配的社会主义阶段，人与人之间还存在着分配上的不公平，人们还不能以真正公平的方式进行社会资源的分配，那么，教育资源也不能按照真正公平的方式在全社会中进行恰当的分配。

所以，并不能以共产主义条件下的教育公平理想来为现阶段在社会主义条件下的教育公平设计具体的行动方案。否则，那只会重犯我们之前犯过的"大跃进"等错误。那种绝对平均主义的政治策略和理想方针，并不能为教育公平的真正实现积累多少有益的经验，反而会

①② 马克思恩格斯选集：第 2 卷［M］. 中共中央马克思恩格斯列宁斯大林著作编译局，编译. 北京：人民出版社，2012：3.

使教育公平倒退到绝对平等化的水平之上。但是，否定绝对平均主义，承认教育不公平在现阶段的客观性和合理性，并不是放弃了对当前教育公平问题的伦理性评判。一个适当的态度应是，对客观上由于社会发展所带来的不公平问题适度容忍，而不是一味地反对和谴责。

按照马克思主义的逻辑辩证法，迈向按需分配条件下的真正公平必须经历一个否定之否定的阶段。没有在按劳分配条件下对公平和教育公平的执着追求和实践，所谓教育公平理想就不会在人类社会中生发、成长起来。具体来讲，教育资源占有的不平衡、教育资源分配的不均衡以及受教育机会的不均等，由于社会发展阶段的不可超越性、具体环境因素的限制性以及特定历史阶段会出现的诸种人为原因而必然存在。只有在这一理性认识的前提下，有关教育公平问题的理论探讨和实践探索才会朝着一个成熟的方向发展。

（二）消灭影响教育公平的三大差别：政治前提

坚信共产主义必然实现的马克思主义者始终是积极的行动者，而不是消极的等待者。虽然教育公平理想会随着社会形态的历史性变革可以在前方呈现，但消极的等待并不能盼来旭日喷薄。为教育公平的真正实现创造一切可能和必要的条件，则是现阶段的人们所必须要做的。承认教育不公平的客观存在，其实质应该是在现实的起点上逐步迈进，凝聚起走向教育公平理想的一切社会力量，消除教育不公平的诸种现象。就现阶段来讲，消灭工农差别、城乡差别、脑体劳动差别这三大差别，为教育公平理想的真正实现创造必要的政治前提是我们必须要完成的重要任务。

虽然说三大差别是一个阶段性的问题，但在特定历史阶段，它又并不是以完全不可消除的形态存在的。人们完全可以根据社会生产力的需要，依靠社会的普遍进步和人的素质的整体提高，使三大差别对教育公平的影响降到一个相对低水平的程度上。

首先，就工农差别而言，它涉及社会领域的劳动分工和阶级剥削等制度性问题。这个是可以消灭的，但它在一定社会确实必然长期存在。特定社会的分工状况和阶级状况对教育公平的实现程度有着最为深刻的影响。马克思曾针对德国工人党避开阶级、分工等核心问题讨论教育公平给予了批评，他说："平等的国民教育？他们怎样理解这句话呢？是不是以为在现代社会中（而所谈到的只能是现代社会）教育对一切阶级都可以是平等的呢？或者是要求用强制的方式使上层阶级也降到国民学校这种很低的教育水平，即降到仅仅适合于雇佣工人甚至农民的经济状况的教育水平呢？"① 可以说，对于教育而言，消除工农差别以及在此之上的劳动分工和阶级剥削，其实质则是改变教育所受到的来自社会的作用性质，"要使教育摆脱统治阶级的影响"②。

其次，就城乡差别而言，二者之间的对立的消除也会随着大工业的深入发展而成为现实。早在马克思和恩格斯的时代，城乡之间的对立也是可以消除的。恩格斯曾认为："消灭城乡对立不是空想，不多不少正像消除资本家与雇佣工人的对立不是空想一样。消灭这种对立日益成为工业生产和农业生产的实际要求。……只有使人口尽可能地平均分布于全国，只有使工业生产和农业生产发生紧密的联系，并适应这一要求使交通工具也扩充起来——同时这要以废除资本主义生产方式为前提——才能使农村人口从他们数千年来几乎一成不变地在其中受煎熬的那种与世隔绝的和愚昧无知的状态中挣脱出来。断定人们只有在消除城乡对立后才能从他们以往历史所铸造的枷锁中完全解放出来，这完全不是空想。"③ 当城乡对立的格局得到根本变革之后，教育资源在城乡之间的不公平流动自然就消失了。人们不再因为生活环境和生活方式的不同而在受教育问题上出现重大差异。恩格斯曾认为，随着城乡对立的消失，"从事农业和工业的将是同一些人，而不再是两个不同的阶级，单从纯粹物质方面的原因来看，这也是共产主义联合体的必要条件。乡村农业人口的分散和大城市工业人口的集中，仅仅适应于工农业发展水平还不够高的阶段，这种状态是一切进

---

①③ 马克思恩格斯选集：第 3 卷［M］. 中共中央马克思恩格斯列宁斯大林著作编译局，编译. 北京：人民出版社，2012：375；264－265.

② 华东师范大学教育系．马克思恩格斯论教育（修订本）［M］. 北京：人民教育出版社，1986：103－104.

一步发展的障碍，这一点现在人们就已经深深地感觉到了”①。

最后，就脑体劳动差别而言，由于社会生产的限制和由此而出现的按劳分配的限制，它在一定阶段是必然存在的。但随着社会生产的进步，消灭这种差别也是一种必然。马克思认为，在消灭了固定分工和劳动异化基础上，社会出现了真正的公平景象：“任何人都没有特殊的活动范围，而是都可以在任何部门内发展，社会调节着整个生产”②，因而每个人都可以按照自己的兴趣去活动，无论是体力还是脑力，无论是批判还是生产，个人可以凭借自己的兴趣、能力来开展自由的活动。这种图景是以按需分配作为保障的。因为这种分配方式使得“活动上，劳动上的差别不会引起在占有和消费方面的任何不平等，任何特权”③。那么，在教育资源的占有和使用上的特权也随之一并消除了。

说到底，消灭三大差别的根本目的不外是创造一个真正的公平正义的社会，从而使每个社会成员都能够自由而全面地发展自己。人们都能够以恰当合理的方式为实现每个人都享有的受教育权利而支配一定的教育资源。

（三）探索按劳分配条件下的教育资源恰当配置：改革方向

确切地说，在当前社会主义初级阶段的中国社会，显然没有完全消除三大差别，也未能实质性地突破其对教育公平的深刻限制。因此，以积极而又现实的态度对待教育公平的当下设计，就必然需要考虑经济发展的程度和分配方式的选择，以及现有社会资源（包括教育资源在内）的存量、教育资源本身在全社会的恰当分配方式等具体问题。

马克思和恩格斯认识到社会化大生产的时代所需要的教育应当能

① 马克思恩格斯选集：第1卷［M］. 中共中央马克思恩格斯列宁斯大林著作编译局，编译. 北京：人民出版社，2012：308.

② 马克思恩格斯文集：第1卷［M］. 中共中央马克思恩格斯列宁斯大林著作编译局，编译. 北京：人民出版社，2009：537.

③ 马克思恩格斯全集：第3卷［M］. 中共中央马克思恩格斯列宁斯大林著作编译局，编译. 北京：人民出版社，1960：638.

够使每个人都参与到生产的整个领域和过程，以此避免由于固定分工带给人的异化和限制。“由整个社会共同经营生产和由此而引起的生产的新发展，也需要完全不同的人，并将创造出这种人来。共同经营生产不能由现在这种人来进行，因为他们每一个人都只隶属于某一个生产部门，受它束缚，听它剥削，在这里，每一个人都只能发展自己才能的一方面而偏废了其他各方面，只熟悉整个生产的某一个部门或者某一个部门的一部分。就是现在的工业也越来越不能使用这样的人了。由整个社会共同地和有计划地来经营的工业，更加需要才能得到全面发展、能够通晓整个生产系统的人。……教育将使年轻人能够很快熟悉整个生产系统，将使他们能够根据社会需要或者他们自己的爱好，轮流从一个生产部门转到另一个生产部门。”① 当然，这具有一定的合理性。在大工业时代，全面的教育是适应大生产的需要而出现的。但限于专业化、复杂化和细致化的分工体系很显然仍然是市场体制占主导，人们的教育还是首先受一定的生产方式和分配方式的限制。因此，社会主义条件下的教育是不同于实现了社会所有制的自由人联合体中的教育，前者仍然以按劳分配为主。如果需要教育资源的配置达到一定的合理程度，就必须同时考虑公平与效率等问题。

如此看来，如何在社会主义初级阶段按劳分配的条件下，使教育资源可以得到相对恰当的分配，使教育公平在这样的社会条件下成为现实，是我们的改革方向。按劳分配为主体的分配体系下，教育资源的有效和公平配置需要重点考虑如下两方面：（1）教育资源配置的政府主导和市场竞争机制；（2）教育机会的绝对保证和教育资源配置的相对均衡。

首先，教育资源作为公共资源，它提供公共的教育产品。而教育资源的配置则涉及教育的财政支出和管理制度等。它的恰当配置关乎公共利益在全社会的良性生产与再生产以及公共产品的合理分配。有学者也指出，作为一种社会行为，教育资源配置主体需要遵循目的性

① 马克思恩格斯选集：第1卷［M］. 中共中央马克思恩格斯列宁斯大林著作编译局，编译. 北京：人民出版社，2012：307－308.

原则、匹配性原则、齐全性原则、人本性原则、效用性原则等基本原则。① 这些原则无非是要保证教育资源的配置主体能够从现实的经济发展条件和社会分配条件出发，使一定的教育资源能够最大化地满足特定社会人们的受教育需要，实现人人享有平等的受教育权利。而在市场条件下，这种公共资源也可以依照市场来分配和调节。可以说，按照市场价值规律的方式有效配置教育资源是我们这个时代的创新方式。从非正规教育到正规的学校教育，市场竞争机制的逐步引入，为拓展教育资源的有效来源和促进教育资源的高效合理配置等提供了更多积极的通道。但这并不意味着无序的教育产业化发展。积极鼓励社会力量办学，不仅可以培养公民的自组织能力，发挥个人自我权力，而且也会弥补政府在教育资源合理分配上的缺陷和不足。发挥市场在教育资源配置中的积极作用是在市场经济条件下，以按劳分配为主体的分配体系的内在要求。这种市场条件下的教育资源配置竞争机制如果能够得到合理利用，必然会促进教育资源的自由流动和教育产品市场价值形成，为教育公平在当前情况下的相对实现创造条件。具体来讲，这种教育资源配置的竞争机制可以涉及“竞争性教育产品市场、竞争性教育生产要素市场、学校自主办学、政府调控下的学费自主定价机制”等四个方面。②

其次，由于三大差别的完全消除需要一定的社会物质和精神条件，按劳分配体系又以承认和鼓励脑体劳动分工等为基础，因此，在保证人人享有教育基本权利的同时，适度地调整教育资源在人群、区域等方面的差异，从而出现教育资源配置的相对平衡态势，则是我们追求教育公平改革的另一方向。当然，城乡之间以及区域之间由发展水平的差异带来的不均衡发展，是必然要消除的。但在这种不均衡发展是可控并且有利于经济效率和整体利益增长的情况下，很显然它会有益于教育公平在当前社会历史时期的相对实现。同时，我们还需要

① 王伟清. 试论教育资源配置的行为规范 [J]. 浙江师范大学学报（社会科学版），2008 (4)：104－106.

② 王寰安. 教育资源配置的竞争机制研究 [J]. 中国教育学刊，2008 (12)：28－31.

运用补偿机制等加以调节，否则教育机会对人人所具有的基本权利性质就不能得到有效保障，教育公平在现实中就是一纸空文。

马克思在《哥达纲领批判》中指出，按劳分配制度的出现是由于社会主义时期的生产关系，“不是在它自身基础上已经发展了的，恰好相反，是刚刚从资本主义社会中产生出来的，因此它在各方面，在经济、道德和精神方面都还带着它脱胎出来的那个旧社会的痕迹”①。因此，实现按劳分配制度下教育资源的恰当分配，追求这种条件下的教育公平，是一种客观而又务实的做法。但如果仅止步于此，则必然违反了马克思的教育公平理想，从而失去了追求真正教育公平的勇气。因为，按劳分配条件下的教育公平还是建立在对不平等权利的间接承认基础之上的。“这种平等的权利，对不同等的劳动来说是不平等的权利。它不承认任何阶级差别，因为每个人都像其他人一样只是劳动者；但是它默认，劳动者的不同等的个人天赋，从而不同等的工作能力，是天然特权。所以就它的内容来讲，它像一切权利一样是一种不平等的权利。”②只有在按需分配和自由劳动条件下，以每个人的自由全面发展为前提和归宿的教育公平才是我们最终的改革方向。马克思就说过：“未来教育对所有已满一定年龄的儿童来说，就是生产劳动同智育和体育相结合，它不仅是提高社会生产的一种方法，而且是造就全面发展的人的唯一方法。”③ 有学者认为，在应然的层面上，“教育应当促进每个人的全面发展……应该使每个人尤其借助于青年时代所受的教育，能够形成一种独立自主的、富有批判精神的思想意识，以及培养自己的判断能力，以使由他自己确定在人生的各种不同的情况下他认为应该做的事情”④。但是，在这一最终改革方向所必需的物质条件和精神因素出现以前，我们也只能寻求一种相对均衡的教育资源配置方式。

---

①② 马克思恩格斯选集：第 3 卷［M］. 中共中央马克思恩格斯列宁斯大林著作编译局，编译. 北京：人民出版社，2012：363；364.

③ 马克思恩格斯选集：第 2 卷［M］. 中共中央马克思恩格斯列宁斯大林著作编译局，编译. 北京：人民出版社，2012：230.

④ 孙喜亭. 教育问题的理论求索［M］. 北京：人民教育出版社，2004：103.

（四）教育公平的制度分析：法治基础

教育公平制度的确立首先需要改变社会关系，使社会关系趋于公平合理。因为公平的教育制度源于公平的社会条件。教育公平不过是社会公平的具体体现而已。但在教育系统内部有着朝向一种公平理念的制度设计，将社会公平的重要理念和价值观念濡化为人们对教育公平的普遍制度期许和规范，又是十分必要的。而以现代社会为出发点，在法治框架内进行必要的教育制度变革和理性安排，则是教育公平在现有条件下以符合时代发展和社会要求的内容和形式得以充分实现的基本方式。“公平就是给每个人——包括给予者本人——他应得的东西以及不宜于他们的应得不相容的方式对待他们的一种安排。”① 教育公平的制度分析则不过是要使这种“应得”的正当性获得制度性的承认和肯定。

大体来讲，教育公平制度可分为两个基本的层次。第一，基本的教育平等制度，重在保证每个人（公民）平等受教育权的享有和基本教育资源的合法占有。这里不仅应以法律的形式规定这种权利的主体在每个人（公民）那里，而且也应以法律的强制性保证其为每个人（公民）所享有。平等的受教育权的法制保障主要包括宪法保障、教育法保障和受教育权的救济制度等。确立平等受教育权和平等地享有基本教育资源的法律制度和法治原则，从而保证社会范围内每个个人（公民）从起点到过程再到结果都能受到平等对待，这是现代社会教育公平的第一要义。而法律制度和法治原则就是要确保教育公平的首要前提和第一原则得到最广泛的认同和支持。

第二，多元化的教育资源开发和利用制度，重在为个人个性发展和自我实现提供更为多样的恰当合理的教育资源。这主要涉及在教育管理制度、教育评价制度以及教育资源分配制度等方面的具体设计和理性安排。就教育与法之间的关系而言，两者都以维护权利主体自身的正当权益为目的。个人的个性发展和自我实现能力的增长以法的形式加以确认，则是现代社会文明对人（确切地说是“个人”）的尊严

---

① 米勒. 社会正义原则［M］. 应奇，译. 南京：江苏人民出版社，2001：123.

和自由的尊重。在现代法治社会，教育以人的个性发展和自我实现为目标也取得了法理上的正当性。教育资源的内部流动和多样化改革，以促进个性发展和潜能发挥为目标，为每个受教育者提供适合其个人成长之资源，也是现代教育制度改革之必需。“现实的教育实践有可能做的就是：尽可能为每个受教育者创设一个自主选择与其发展相适宜的教育体系与条件，尽可能制定出让每一个受教育者都有机会自主选择或找到适合充分挖掘自身潜能的教育制度，每一个受教育者都尽可能有效率地享有教育资源，使教育资源满足不同学生的不同发展需要。”①

公平的教育制度不应因为个人出身、性别、年龄、文化背景等外在差异而对其在教育上的权利之重视有所偏废，也不应为了体现单一的形式上的公平而对每个受教育者实施同一化的教育体制和目标。由此看来，为受教育者个性发展而设计受教育者自主选择的教育制度安排，不失为代表未来教育制度改革的新方向。

教育制度的理性设计，需要具体考虑以下两个方面。第一，教育公平制度性安排与社会经济发展的关系。为了实现教育机会的均等分配，而在教育起点、过程和结果上都以均等分配为目标，显然与既有教育资源的存量和质量、社会经济发展效率、社会文化和政治制度环境等有着密切的关系。如何平衡多方利益，采取一个合理的制度性安排，使得教育公平能够获得法治体系的支持，又能有助于社会经济发展和社会文明素质的普遍提升，保持社会整体发展、个人奋斗的有效活力，则是需要在教育公平的制度性安排过程中人们相互协商甚至做出经常性妥协才能探索得到的。

第二，教育制度的普遍性规定与个性、能力自由发展的教育目的的关系。教育制度本身作为一个规范的范畴，它对社会成员以及参与到教育系统中的人们都有着一定的规范作用，并且体现着特定社会关系的普遍规定性，对人们在教育体制内如何做出选择以及选择和变革的范围、内容等有着特殊的规定。但教育制度又不是不可变革的。教

① 王勇鹏. 论教育制度的公平构建［J］. 湖南社会科学，2012（6）：238-240.

育制度变革可以以“教育制度终结”的方式，废止多余、无效和不公平的教育制度，同时创制新的更加合理公平的教育制度。这又必须在法治的程序和框架之内进行，其间所遇到的阻碍也需要以法治为前提来妥善解决。① 教育制度的变革使得教育的普遍性规范得以更新，其完全可以以公平的教育制度来体现教育为个人个性和能力的自由发展的目的。有学者直接将“个性发展”定为教育公平制度构建的核心。② 而“所谓个性教育，与其说是随人而施的个别教育，毋宁说是发挥各人天赋的通性的共通教育”③。可见，教育作为对个人发展进行普遍性规定的社会形式，也可以实现教育公平的最高理想，只要我们在教育制度变革中能够把握住它的法治基础即可。

① 有学者专门对此有过概述，这种阻碍大体包括：(1) 教育行为模式固有的惯性；(2) 已“过时”或与时代要求相背离的教育制度仍符合某些利益集团和某一部分人的利益，得到他们的拥护；(3) 相关者的心理抵触；(4) 反映旧教育制度的旧思想残余的阻挠；(5) 媒体的偏见；(6) 安于现状、拒绝变革的心理作祟；(7) 现存教育机构的持续性；(8) 教育行政机关的联盟；(9) 高昂的成本；(10) 教育法律程序上的复杂性。见李江源，巫春华．论教育制度终结的障碍及策略（一）[J]. 湖南师范大学教育科学学报，2006 (4)：5-16.

② 王勇鹏. 论教育制度的公平构建 [J]. 湖南社会科学，2012 (6)：238-240.

③ 宋恩荣. 范寿康教育文集 [M]. 杭州：浙江教育出版社，1989：284.

第六章
新时代教育公平的典型问题

教育公平与社会发展实践相联系，是实现社会公平、构建和谐社会的重要基础，具有社会性、历史性、发展性和具体性的特征。教育不公平既有经济发展不平衡的原因，也有政治、文化、政策、观念等诸多方面的影响。随着社会生产力的发展，人们在生产方式、价值理念等方面都发生了巨大的变化，社会个体或群体要求社会在利益分配上保持公平的价值取向，在政治、经济、文化等方面的利益分配能公平合理。现阶段我国教育资源的均衡发展问题、人才培养机制的健全问题以及人才选拔的高考公平问题等是当前教育公平领域的典型问题。这些问题如不能及时有效解决，将不仅破坏教育公平，阻碍社会公平的发展，而且会损害社会稳定及和谐社会的构建，因此教育公平问题日益成为社会关注的焦点。

一、教育资源的均衡发展问题

教育公平就本质而言，是教育领域中人们对受教育权利、机会等利益条件的享有和评价，是对教育资源分配的一种价值度量。以教育资源的均衡发展来促进教育公平是现代社会教育发展的重要经验。当前我国教育资源配置不均衡的状况，助长了客观存在的城乡差别、地区差别，也使事实上存在的阶层差距拉大。随着教育改革的不断深化，如何在教育公平理念下优化教育结构，促进教育资源均衡发展已成为当前社会关注的重要问题。要把促进公平作为国家基本教育政策，明确教育公平的重点是促进义务教育均衡发展和扶持困难群体，根本措施是合理配置教育资源，向农村地区、边远贫困地区和少数民族地区倾斜，加快缩小教育差距。随着教育改革的不断深化，教育发展中资源配置的不平衡问题成为影响我国教育公平的重要问题。这促使我们对如何在教育公平理念下优化教育结构，促进教育资源均衡发展等一系列问题进行深入思考。

（一）当前中国教育资源不均衡发展的表现与原因

教育公平作为社会公平在教育领域的延伸，在很大程度上成为现代教育的基本价值。当下，我国教育公平的状况依旧不容乐观。由于历史形成的自然、地理和文化等差异，教育在自然环境和资源方面存在诸多的不平等。教育状况虽然得到了很大改善，但存在的问题依然严峻。

探究教育资源配置背后的原因和机制，对于认识我国教育公平的现状和问题、推动教育改革、促进教育公平的实现具有重要的意义。教育资源是否均衡配置，在一定程度上体现了教育公平新的评价维度。教育投入的总量不足和教育经费的分配不合理，是两个同时存在的制度性问题。是否愿意为教育投资，反映的是国家对教育的根本态度，它主要取决于对教育在社会发展中的重要性的认识，取决于一种价值理性。教育经费的分配则主要是效率的考量：有限的教育经费如何使用是最合理的，如何合理地配置使用资源，使之产生最大的社会效益和经济效益。我国教育资源配置中的价值和结构失衡，助长了客观存在的城乡差别、地区差别，制造了严重的学校差距。① 而教育“产业化”发展等则加剧了教育投入不足、教育资源配置不均衡的状况，也使事实上存在的由社会和经济的不平等导致的阶层差距拉大。

1. 城乡教育差距较大，农村教育问题突出

一项从“教育基尼系数”角度对我国1982—2007年教育公平发展及其影响因素的研究显示，城乡之间的教育不平等的差距非但没有降低，反而有进一步扩大的趋势。② 事实上，当前我国城乡教育差异巨大，直接影响了社会教育公平的发展。因此，科学地分析和正确地

---

① 杨东平. 中国教育公平的理想与现实［M］. 北京：北京大学出版社，2006：65.

② 吴永军. 教育公平：当今中国基础教育发展的核心价值［J］. 教育发展研究，2012（18）：1-6.

认识城乡教育存在的问题，并积极寻找对策，将对促进教育均衡发展、实现教育公平具有重大的现实意义。[①]

首先，由于农村经济发展相对落后，城市和农村学生在教育环境和教育资源的使用上差别较大。一方面，有些农村学校的教学环境，如学校环境、实验设备、图书资料等，和城市学校相比有明显差距；另一方面，许多农村优秀教师流动到条件较为优越的城镇，农村好学生流向师资条件较好的城区，农村学校越来越失去吸引力，“空壳校”增多，导致农村教育的恶性循环。[②] 城乡教育的二元格局客观上造成城乡教育的不平等，加深了城乡之间的隔阂。

其次，农村学校由于其分散和班额较小的特点，需要更多的教师。然而，根据国家制定的教师编制标准，农村学校的教师编制反而比城市更少。现行规定的城市小学的师生比是 1∶19，县镇小学的师生比是 1∶21，农村小学的师生比则为 1∶23。这是非常不合理的，它加剧了农村教育的困境。[③]

最后，农民工子女的教育问题成为农村教育的重要问题，严重影响了教育公平的进程。相关资料显示，2015 年，全国共有 1.4 亿 6—14 周岁儿童，流动和留守儿童有 4 958 万人，其中农民工子女 3 386 万人。在这些农民工子女中，进城务工人员随迁子女 1 367 万人，农村留守儿童 2 019 万人。能留在城市公办学校的流动儿童只占全部义务教育阶段农民工子女的 32%，在城市民办学校就读的占 8%，另外 60%的孩子为留在老家的留守儿童。[④]

2. 地区教育差距明显，教育经费投入差别显著

地区差距包含两层含义：省域之间的差距和省域之内的地区差距。而造成地区差距的一个重要原因是地方财政用于义务教育的经费

---

① 游河，刘小干. 城乡基础教育公平问题研究 [J]. 农业考古，2007 (3)：249 - 251.

② 韩文. 到城里去读书——山西朔州部分农村中小学“空巢”关停 [J]. 中国经济周刊，2007 (39)：22 - 23.

③ 杨东平. 中国教育公平的理想与现实 [M]. 北京：北京大学出版社，2006：77.

④ 魏佳羽. 流动＋留守：实为不懂、不愿还是不能 [J]. 科学大观园，2018 (18)：54 -57.

投入存在差异。目前我国用于义务教育的经费无论是省域之间还是省域之内都有很大的差距。世界银行《2011 年世界发展指标》的相关数据显示，2009 年全世界公共教育经费（国家财政性教育经费）占国内生产总值（GDP）的比例平均值为 4.5%，低收入国家的这一比例为 3.7%，中低收入国家的这一比例为 4.1%。① 中国则远远低于当时的世界平均水平，即使到 2011 年，这一比例也仅为 3.93%。② 而 1993 年印发的《中国教育改革和发展纲要》中则强调，逐步提高国家财政性教育经费支出占国民生产总值的比例，20 世纪末达到 4%。事实证明，教育投入的严重不足，极大地制约着教育的发展，进而阻碍着实现教育公平的历史进程。③ 基础教育经费投入的差距体现了国家对义务教育承担的责任不够，教育的财政转移支付政策没有有效施行。

以教育部对全国教育事业统计数据为例，2001 年我国部分省、自治区义务教育经费投入，最高和最低竟然相差 17 倍，这一差距是相当惊人的（见表 6-1）。

表 6-1　2001 年我国部分省、自治区义务教育经费投入状况

义务教育阶段	教育经费类别	平均经费（元）	较低的部分省、自治区的经费（元）	最高与最低相差（倍）
小学	生均教育经费	871	甘肃 687　河北 678　湖北 666	8
	生均公用经费	218	广西 138　河南 129　安徽 120　甘肃 112　贵州 76	17
	生均财政预算内教育经费	658	安徽 486　陕西 483　湖南 482　贵州 453　湖北 397　河南 356	9

① World Bank. *World Development Indicators* 2011 [R]. Washington D. C: The World Bank, 2011: 78.

② 杨东平，黄胜利. 中国教育发展报告（2013）[M]. 北京：社会科学文献出版社，2013：3.

③ 周洪宇. 教育公平是和谐社会的基石 [M]. 合肥：安徽教育出版社，2007：3.

续表

义务教育阶段	教育经费类别	平均经费（元）	较低的部分省、自治区的经费（元）	最高与最低相差（倍）
初中	生均教育经费	1 371	安徽 895　河南 857　贵州 807	5
	生均公用经费	403	甘肃 240　安徽 233　青海 219　贵州 196	9
	生均财政预算内教育经费	838	江西 585　贵州 585　安徽 578　湖南 558　河南 518	7

资料来源：教育部 1995—2001 年全国教育事业统计资料。

中国教育与人力资源问题报告课题组. 从人口大国迈向人力资源强国 [M]. 北京：高等教育出版社，2003：63.

杨东平. 中国教育公平的理想与现实 [M]. 北京：北京大学出版社，2006：81.

事实上，这种省域之间教育经费投入的巨大差距，在省域之内的地区之间同样存在。有学者于 2000 年对湖北省中小学教育经费投入情况进行实证研究，结果表明，省域之内教育经费的投入差异有时候远胜于省域之间，2000 年湖北省普通小学生均预算内公用经费的差距，竟然接近 2 000 倍。① 即便在北京市海淀区这样的经济发达地区，区域内部城乡之间的学校差距仍然十分显著。农村小学的校均教育经费为城镇学校的 31.9%，农村初中的校均教育经费为城镇学校的 83.4%，城镇完全中学的校均教育经费为农村学校的 3.5 倍。② 这种地区教育经费投入上的巨大差异，使农村教育经费短缺的问题显性化，造成的后果是：不少农村学校公用经费严重不足，有的甚至没有公用经费；一些学校存在危房和教育欠债；教师工资不能按时、足额发放；学生家长经济负担过重，致使部分学生失学。③

党的十八大以来，我国不断加大教育投入。据统计，自 2012 年

① 转型期中国重大教育政策案例研究课题组. 缩小差距：中国教育政策的重大命题 [M]. 北京：人民教育出版社，2005：96.

② 程方平. 北京市海淀区教育均衡化调查 [M] //杨东平. 2005 年：中国教育发展报告. 北京：社会科学文献出版社，2006：395.

③ 程刚. 做大蛋糕并先切给义务教育 [N]. 中国青年报，2005-08-19 (7).

以来，我国国家财政性教育经费支出占 GDP 的比例已连续 10 年保持在 4%以上。

3. 阶层差距明显，学校等级化问题突出

在近十多年来我国教育公平的研究中，社会阶层之间享有教育资源的巨大差距由于被城乡之间的巨大差距所遮蔽，而未受到特别的关注。事实上，一系列研究显示，随着在社会转型中城乡差距、贫富差距逐渐拉大，教育制度作为社会分层的机制逐渐凸显，中小学和高等学校学生的阶层差距正在扩大。①

首先，由于受经济资本、社会资本和文化资本等因素影响，一些家庭背景优越、经济条件和社会关系良好的优势阶层子女更容易进入“重点学校”“重点班”，从而比低社会阶层的子女获得更优质的教育资源。由之产生的“高收费”“乱收费”“择校热”等教育现象，使得名校愈好，差校愈差，进一步拉大了本就存在的阶层差距。不仅如此，我国高校不同家庭背景的学生在高考录取分数和学科专业分布上也存在一定的阶层差距（见表 6-2）。

表 6-2　某电力学院 2000 级不同阶层学生的录取分数比较

单位：分

学生类别	总体录取平均分	工科录取平均分	财经录取平均分	文科录取平均分	理科录取平均分
干部子女	512	511	509	521	512
工人子女	516	530	517	514	512
农民子女	534	537	539	525	530

资料来源：余小波．当前我国社会分层与高等教育机会探析——对某所高校 2000 级学生的实证研究 [J]. 现代大学教育，2002 (2)：44-47.

在数据面前，这种阶层差距带来的教育结果是令人震惊的。那些农村学生占多数的人口大省由于配额较少、整体录取率偏低而录取分数奇高，甚至可以比北京、上海等大城市高 100 多分。因此，对农村

① 杨东平. 中国教育公平的理想与现实 [M]. 北京：北京大学出版社，2006：223.

学生而言，只有其中最优秀的那部分学生或者只有考出比城市学生更高的分数，才能进入大学，而城市社会中来自低阶层的学生则考分更高。①

其次，伴随市场经济的逐步发展，产生了一些新型的办学模式，如“校中校”“国有民办”“民有国办”等。“在市场经济大潮冲击下，市场交换原则也逐步渗透进一些重点中学。开始是当地领导给重点中学一定机动名额，允许招择校生高收费，继而发展到‘一校两制’，办‘校中校’‘校中班’；后又发展到‘国有民营’，甚至提出把学校推向‘质量市场’，主张义务教育阶段办学也应该实行‘效益优先、兼顾公平’原则。这样搞的结果负面效应很大，在学生中滋长了拜金主义。”② 这种经过重组和转制形成的等级化的学校制度，不但不能给弱势阶层的受教育者提供平等的入学机会，反而在一定程度上使基础教育非正常化，人为地拉大了阶层差距。

最后，职业教育在等级化学校制度的冲击影响下，成为学校教育的“薄弱地带”。在当前的大教育环境下，往往是弱势阶层的子女在升入普通高中无望的情况下，转而选择职业学校。由于受传统教育观念的影响，有些地区的职业学校办学目标和方向不甚明晰，学校教给学生的不是技术而是类似于普通高中的课本知识，失去了职业教育应有的特色。在计划体制和学校等级化制度的影响下，职业教育和继续教育可持续发展面临严峻挑战。

当然，影响我国教育公平的因素除了以上原因，还有诸如由历史和文化传统造成的教育上的性别差别等。③

（二）实现教育资源均衡发展的路径

从当前情况看，我国要想在教育投入上达到合理的水平，实现城乡、区域、校际等机会均等，似乎道阻且长。在这种情况下，教育结构的优化和教育资源的整合就显得尤其重要。“早期，政府在教育资

---

① 杨东平. 中国教育公平的理想与现实［M］. 北京：北京大学出版社，2006：235.

② 张承先. 关于办重点中学的回顾与前瞻［J］. 中国教育学刊，1997（2）：3－4.

③ 张荣庆. 均衡教育资源　实现教育公平［J］. 学理论，2011（19）：166－167.

源的配置方面，基于早出人才、多出人才的理念，往往对于同一区域不同等级的高校采取差别对待的方式。在教育资源配置过程中向重点学校倾斜的政策屡见不鲜，这样必然使得高等教育资源在分配过程中形成了强者越强、弱者越弱的马太效应，加剧了不同高校之间的不公平竞争。”① 因此，要想实现人人平等地享有公共教育资源的愿望，政府必须采取切实有力的措施，矫正由于历史原因形成的教育不平衡，减少各种教育差距，促进教育资源更加均衡地发展。

1. 坚持公平与质量并重的原则，建立有效的政策机制，促进教育公平

确保所有人获得有质量的教育的权利仍是21世纪的最大挑战。毫无疑问，有质量的全民教育可以赋予人类选择的能力，提高我们的生活质量并且促进人与人间的积极态度。② 分配领域的“效率优先，兼顾公平”原则，与教育领域的教育公平和教育质量是两个不同的逻辑维度，具有不可比拟性。“绩效工资”下如何推进教育公平，提高教育质量，是一个值得深思的问题。义务教育与非义务教育要有所区别，重点高中与非重点高中也要有所区别。建立积极、公平、有效的教育政策机制是促进教育公平的根本保障。

（1）推进建立城乡教育一体化机制

党的十九大报告指出，推动城乡义务教育一体化发展，高度重视农村义务教育，办好学前教育、特殊教育和网络教育，普及高中阶段教育，努力让每个孩子都能享有公平而有质量的教育。实现教育公平是一个长期的过程，政府出台政策推进城乡教育一体化，是新形势下解决教育均衡问题的有效途径。城乡教育一体化问题是教育均衡发展的内在要求，它代表着一种新型的教育发展观、一种科学合理的政策导向，是当前推进教育公平的重要举措。比如打破城乡二元结构形成的以户籍人口为主的学校教育管理体制，建立以常住人口居住地为依

① 联合国教科文组织. 教育的权利：走向全民终身教育［M］. 联合国教科文组织中文科，译. 北京：中国对外翻译出版公司，2001：63.

② 秦行音，王力. 公平与质量——全民教育追求的目标［M］. 北京：北京师范大学出版社，2012：5.

据的管理体制，从而完善保障农民工子女接受义务教育的长效机制。① 完善农村教育体系，构建城乡终身教育体系；贯彻教师结构比例的人事制度，合理规范城乡中小学中、高级教师的人数比例；增拨农村教师素质提升经费，出台更加有利于提升就近入学水平的招生政策；等等。这些都是从政策机制上对各种教育差距的理性修正，给受教育者提供平等的受教育机会。

（2）加大教育财政转移支付力度

规范义务教育财政转移支付，保证所有适龄儿童和少年接受并完成九年义务教育。财政转移支付政策的实施是促进教育均衡发展的有力措施之一。②《中华人民共和国义务教育法》明确说明，要促进义务教育均衡发展。各级政府要合理配置教育资源，首先要解决经费问题。《中华人民共和国义务教育法》还明确规定了农村义务教育所需经费由各级人民政府根据国务院的规定分项目、按比例分担。要因地制宜，通过政府行为和财政转移支付制度对落后地区和弱势群体予以扶持。加大财政向接受农民工子女较多的流入地政府的财政转移支付力度，对农民工子女、进城务工人员的子女等提供平等的教育条件，对特殊学校的学生给予更多的关注。这样，从法律的层面保障义务教育朝着更加均衡的方向发展。

（3）深化教育扶贫工作

使所有的受教育者都能够不因家庭经济贫困、性别、民族、身体残疾等因素的影响，而能够公平地接受各级各类教育，是教育公平的核心内容。1990 年《世界全民教育宣言》即提出普及教育与公平问题，强调消除差别，扩大女童和妇女、贫穷者、工人阶级、农村和边远地区人口、移民等处境不利人群的学习机会。③ 2007 年 5 月，国务院发布文件，建立健全普通高校、高等职业院校和中等职业学校家庭

---

① 杨东平，柴纯青. 深入推进教育公平（2008）［M］. 北京：社会科学文献出版社，2008：12.

② 周洪宇，等. 教育公平论［M］. 北京：人民教育出版社，2010：130.

③ 秦行音，王力. 公平与质量——全民教育追求的目标［M］. 北京：北京师范大学出版社，2012：83.

贫困学生资助政策体系。这是继免除农村义务教育学杂费之后，促进教育公平的又一重大举措。① 因此，应该制定各级各类教育贫困学生资助法或条例，切实落实国家助学贷款新机制，完善各级教育的贫困学生资助制度，促进各个教育阶段、教育群体间的教育公平。

2. 优化师资队伍配置，理顺内部关系，促进教育均衡发展

教育要均衡发展，首先要实现师资的优化配置。师资的培养，名师队伍的建设，还有学校硬件设施的建设等，都会影响教育的均衡发展，从而影响教育公平乃至社会公平。目前，教育队伍中农村优质师资流向城市，办学条件、福利待遇较差的学校师资流向办学条件好、福利待遇高的学校的情况屡见不鲜。因此，必须加快教育改革的速度，理顺教育内部关系，以进一步优化师资配置，促进教育公平的发展。

首先，要加强对农村教师的培养。一方面，充分发挥名师的辐射引领作用，推进“名师工程”，组建名师工作室。从政策、经费、机制等方面对“名师工程”给予支持，通过课堂示范、面授指导、专题讲座等形式，开展“名师结对”工作。实行先进理念共享、优秀教育资源共享、有效成果共享，以“共享”促进教育均衡发展。另一方面，要完善区域内城乡学校教师、校长定期交流轮岗制度。在保证教师的工资、福利等待遇不变的情况下，定期选派优秀中青年教师到办学薄弱的农村学校支教，以提升这些地区和学校的办学水平。优秀骨干教师定期、轮流到薄弱学校支教、挂职，薄弱学校的教师到优质学校跟班进修。对“团队学校”进行捆绑式考核，使“校共体”建设真正落到实处。

其次，要健全农村教师的管理制度。一方面，要加强对农村教师工作任务的管理。实现教师“绩效工资”后，不论是城市还是农村，教师工资待遇一致。而事实上，城乡教师的工作强度是不一样的，农村教师的工作量明显低于城市教师。还有诸如教师工作有很多时候是8小时以外的工作等，都很难用统一标准来衡量。因此要建立激励机

① 杨东平，柴纯青. 深入推进教育公平（2008）［M］. 北京：社会科学文献出版社，2008：6.

制，对农村教师的工作量重新进行考核，否则可能会出现城市教师工作变得不努力而农村教师则更懈怠的问题。另一方面，要加强和完善中小学教职工编制管理工作，推进教师职务（职称）制度改革，探索缩小城乡教学差距、促进农村教育发展的新机制。

3. 优化教育资源配置，增加教育投入，推动教育公平

教育公平是实现社会公平、构建和谐社会的重要基础，是国家对教育资源进行配置时所依据的合理性的规范、原则。教育公平观是关于合理进行教育资源的配置的系统看法。[①] 教育投入不足，必然会导致教育资源配置的失衡。因此，要坚持教育优先发展的战略，把教育公平确立为国家教育政策的基本价值取向，使预算内公共教育经费占GDP的比重达到或超过世界平均水平，建立各级政府教育经费的保障供给机制等，切实促进和维护教育公平。[②]

首先，要调整公共教育支出结构，实行对贫困地区有所倾斜的教育投入政策。根据各地不同的经济状况采取不同的经费管理体制。对中西部等经济欠发达地区的教育经费投入，中央财政应予以倾斜和扶持。

其次，要完善教育经费保障机制，优化教育资源。保障所有学校的办学条件能够不低于国家办学标准，把教育所需经费纳入地方财政保障范畴。整合农村地区的教育资源，合并小弱差的学校，使每所中小学校都能按照法定的标准，拥有大致均等的物质条件。将进城务工的农民工随迁子女接受义务教育工作纳入政府公共财政体系保障范畴，让更多的农村学生享受优质教育资源。

最后，要重视职业教育，提高对职业教育重要性的认识，让职业教育真正教给学生一技之长。通过提升职教办学水平和技术创新等来提高职教的信誉度，扭转招生劣势的被动局面，而不是仅仅依靠政策强制推进普职高教育1∶1硬性分配比例。

---

① 郭彩琴. 教育公平：内涵和规定性［J］. 江海学刊，2003（3）：100－104.

② 廖声丰，张乃丹. 人的全面发展理论视域下教育公平机制构建的思考［J］. 淮海工学院学报（人文社会科学版），2013（2）：98－100.

从总体上看，我国基础教育存在发展不均衡的现象，尤其是城乡之间差距十分明显。这种差距主要是教育资源尤其是财政资源在城乡之间配置不合理甚至失衡造成的。教育经费投入虽然逐年有所增加，但由于缺口大，很多经费预算计划并不能很好落实，未能满足社会经济发展的需要，因而政府要加强对教育的资金投入。

4. 加强政府督导力度，提高办学规范，维护教育公平

《中华人民共和国义务教育法》提出“学校建设，应当符合国家规定的办学标准”。这就意味着有关部门要制定并执行相应的办学标准和学校建设的标准，对一些学校的违规办学行为要严格进行督察整改。同时，要建立相关的教育评估机制，定期进行教育质量的评估和考核。① 事实上，教育行政管理的规范化，能够从一定程度上促进教育公平的有效发展。2012 年，我国《教育督导条例》正式公布，这对于推动政府依法行政、督促学校依法办学、促进教育的均衡发展具有重要的意义。

一些地方和学校违反政策法规规定办学的现象仍然存在，政府要站在贯彻落实习近平新时代中国特色社会主义思想的高度，重视和支持规范办学行为的工作，建立健全教育督导制度，加大对违规办学的监督力度。对有关部门违背办学政策规定的行为，要按有关规定严肃处理。要把规范办学行为情况列入省政府教育督导部门对县市级政府教育工作督导评估的范围，从而真正提高学校的办学水平，办人民真正满意的教育，为全面实施素质教育营造良好的社会环境。

5. 推动教育变革，在人的全面发展中实现教育公平

教育公平的实现，在很大程度上与社会的政治体制、经济体制相关联。没有相应的社会、政治体制变革，教育公平很难有根本性的改观。教育公平实践是否能够取得成效，取决于教育变革的路径是否正确，以及教育变革的决心是否坚定。② 20 世纪 60 年代，一场由政府

① 陈静. 新时期人的全面发展与教育问题探析 [J]. 中共郑州市委党校学报，2002 (3)：42 - 44.

② 尚靖君，王小溪. 教育公平实现的困境与出路 [J]. 外国教育研究，2012 (4)：3 - 11.

主导、社会参与，旨在推进社会平等的教育变革运动在全球范围内轰轰烈烈地展开，教育公平成为其中最重要的内容。像美国教育家科尔曼的《教育机会均等的概念》，瑞典教育家胡森提出的“教育机会均等”等，使教育公平问题成为世界各国普遍关注的问题。进入 21 世纪以来，教育公平问题更加引发国际社会的关注。2005 年，联合国开发计划署（UNDP）发布的《人类发展报告》的主题就是追求公平的人类发展。

总之，教育公平是人类社会特有的一种有关教育机会、权利、资源等教育利益分配公平性和合理性的教育价值观念，是教育发展的理想追求。如何实现教育资源的均衡发展，促进社会个体或群体教育利益的公平分配，是实现教育公平的重要内容。

首先，教育资源的均衡发展为教育公平的实现奠定基础。实现教育资源的均衡发展是教育公平的核心内容。教育资源的合理配置能够平衡城乡、区域、校际等各类教育资源的使用效率，促进教育服务的公益性和普惠性。而教育资源分配不公，会直接影响教育公平，进而破坏社会公平。一方面，教育资源分配不公会扩大各类教育差异，使社会弱势群体的利益无法得到保障，从而阻碍教育公平的实现。另一方面，教育资源分配不公会阻碍教育的均衡发展，导致社会公平的缺失，进而引发社会问题。

其次，以教育的均衡发展来促进教育公平是社会主义社会现代教育发展的重要经验，同时也成为人类对未来教育发展的一种价值理念判断。马克思在《共产党宣言》里指出，资产阶级所谓的教育平等“对绝大多数人来说是把人训练成机器”①，这纯粹是“物”对“人”的统治，是对人的自由全面发展机会的扼杀。马克思主义正是在对资本主义所谓的教育平等的批判中揭示出教育公平的理想目标是培养自由而全面发展的人：“对所有儿童实行公共的和免费的教育。取消现在这种形式的儿童的工厂劳动。把教育同物质生产结合起来。”②“代

①② 马克思恩格斯选集：第 1 卷［M］. 中共中央马克思恩格斯列宁斯大林著作编译局，编译. 北京：人民出版社，2012：417；422.

替那存在着阶级和阶级对立的资产阶级旧社会的，将是这样一个联合体，在那里，每个人的自由发展是一切人的自由发展的条件。”① 人的全面发展是社会生产力发展的必然趋势，也是为人的自由自觉本性所蕴含的价值目标。所以马克思指出，共产主义社会是“以每个人的全面而自由的发展为基本原则的社会形式”②。这样的教育既保证社会成员平等的受教育权利，又出于对人性的关怀，教育在与生产相结合的过程中使所有人的素质得到自由、全面的发展。③ 教育公平在某种意义上说就是在促进教育均衡的前提下，最终使受教育者实现平等、和谐、全面自由的发展。

二、人才培养的机制健全问题

公平是处于社会转型期的中国最为期许的价值追求之一，构建完善的教育公平机制是教育领域实现公平的重要前提和必然步骤。当前我国教育公平机制的弊端在于缺乏完善的机制，不能协调经济不平衡发展所带来的两极分化现象，不能抑制某些制度性因素对教育公平的损害，无法真正实现受教育者个性自由发展的日标。因此，在当前社会背景下，探讨教育公平机制的构建问题，分析教育公平机制的维度，无疑具有一定的现实意义。

（一）教育公平机制的价值诉求与现实困境

教育公平的实现是一个伴随着经济发展和社会民主化进程不断向前推进的过程。一方面，社会化大生产要求实现多阶层、普及化、多样化的教育，使现实社会中的个人逐渐具备全面发展的能力。另一方面，人的全面发展的内在性要求社会在大力推进基本教育权利、教育机会保障下的更高的教育公平的充分享有，保证教育公平在更高水平上的实现，这样人的品格、智力、体力、能力才能继续向前发展。当

① 马克思恩格斯选集：第 1 卷［M］. 中共中央马克思恩格斯列宁斯大林著作编译局，编译. 北京：人民出版社，2012：422.

② 马克思恩格斯全集：第 23 卷［M］. 中共中央马克思恩格斯列宁斯大林著作编译局，编译. 北京：人民出版社，1972：649.

③ 郭彩琴. 论马克思恩格斯的教育公平观［J］. 马克思主义研究，2007（1）：55－59.

前我国还处于社会主义初级阶段，促进教育权利、教育过程公平等方面的机制还不够完善，教育缺乏促进个人自身不断自我发展的有效机制。因此，通过建立平等性、差异性、补偿性和评价性四维一体的教育公平机制，教育公平才有望在当前中国社会真正实现。

马克思曾指出："儿童和少年的权利必须加以维护。他们自己没有能力采取行动来保护自己。因此社会有责任代他们采取行动。……这只有通过变社会理性为社会力量才能做到，而在目前条件下，除通过国家政权施行的普遍法律外没有其他办法。"① 马克思、恩格斯关于教育公平的思想，在保护儿童基本教育权利平等之上，首先是提供"国家政权施行的普遍法律"的保障。可见，教育公平的实现不只是简单的教育理念上的勾勒，更是需要形成促进教育权利、机会等平等发展的机制。我国现存的教育公平问题，很大程度上不是教育者和受教育者自身的或自然的原因造成的，而主要是教育政策以及由教育政策延伸出来的教育法规、制度、机制的缺失和错位造成的。② 教育公平机制的建立和完善有着深刻的历史原因和迫切的现实需要。

1. 当前教育公平机制不能协调经济不平衡发展所带来的两极分化现象

在《哥达纲领批判》中，马克思针对德国工人党提出的把"平等的国民教育"作为国家的精神的和道德的基础这一主张，指出德国工人党所提倡的这种和经济基础、政治制度、阶级差别毫无关系的"教育公平"是根本不可能存在的。③ 事实证明，教育公平问题既是政治问题，又是经济问题。任何脱离社会政治、经济基础来谈教育公平和人的全面发展都是不可能实现的。问题的关键是，教育公平要能够对这种由经济发展带来的不公平现象进行协调，而不是加剧两极分化。

---

① 马克思恩格斯全集：第 21 卷［M］. 中共中央马克思恩格斯列宁斯大林著作编译局，编译. 北京：人民出版社，2003：269－270.

② 张和生. 从"为国选材"到"为民量才"——转型中的高考公平问题研究［M］. 上海：上海交通大学出版社，2013：27.

③ 马克思恩格斯选集：第 3 卷［M］. 中共中央马克思恩格斯列宁斯大林著作编译局，编译. 北京：人民出版社，2012：375－376.

当前我国社会经济的不平衡发展使区域之间、城乡之间在教育资源分配、教育机会均等、教育质量平等等方面的差距不断增大。同时，由教育发展不均衡导致的各种差距，又在一定程度上影响着社会经济的发展，对生产力的发展造成了阻碍。

当下我国教育发展的资源、环境、地域差异极大，农村和中西部贫困地区与城市和东部地区相比尤其如此，社会经济发展的不平衡是造成差异的主要原因。经济发展不平衡导致社会贫富差距加剧，形成教育在城乡、地区、性别、民族之间的极大差异，这种教育差异成为教育不公平加剧的具体表现。① 在我国由计划经济向社会主义市场经济转型的社会变革中，伴随着社会利益主体多元化而衍生出的一系列问题成为影响当前社会教育公平最现实的问题。个别地方教育不但无法推动经济的平衡发展，反而成为金钱和权力的推手，导致“贫者愈贫，富者愈富”，一些贫困地区家庭甚至出现“因教致贫”的怪象。

2. 当前教育公平机制不能抑制某些制度性因素对教育公平的损害

除了经济因素对教育公平产生的制约性作用，一些制度性因素同样影响教育公平的发展。当前我国存在的一些导致教育不公的制度性因素，对教育公平的发展有很大的阻碍。

封建传统和官本位观念在一定程度上影响着教育公平的实现。一方面，由于对“特权阶层”的监督机制缺乏，一些特殊利益集团在教育改革过程中，逐渐形成基于本集团利益的制度性腐败现象，比如教育运行过程中产生的教育“乱收费”现象、“择校热”现象、校（班）际差异不断加剧现象以及高等教育“自主招生黑幕”等，拉大了本就存在的阶层差距，严重损害了教育的公平和正义。

另一方面，阶层之间的双向流动偏少，导致出现阶层板块化、教育管理体制僵化的现象。比如因拥有优越的家庭条件、社会关系而使一部分学生比另一部分学生取得更好的受教育条件；在城乡二元、重点学校和普通学校二元的发展模式中，由于所处阶层的不平等，农村

① 杨东平. 中国教育公平的理想与现实［M］. 北京：北京大学出版社，2006：70.

普通学校的孩子和城市重点学校的孩子在受教育机会和条件上是不平等的。在推动受教育机会多元化和地方化发展的同时，也出现了功利主义、文凭主义、学术腐败等不良现象。弱势阶层群体，如妇女、儿童以及由社会历史等原因造成的在教育中处于不利地位的人等，享受公共教育服务的权利和机会受到限制，这些都影响了教育公平的真正实现。

3. 当前教育公平机制不能真正实现受教育者个性自由发展的目标

从微观层面讲，教育公平的内在指向要求教育必须适应个人有别于他人的内在特殊性，赋予个人内在发展的自由，使每个受教育者的个性得到全面发展。

考察我国当前的教育现状，在学前教育、义务教育、高等教育等诸多环节，教育的公平性、民主化和个性化都有待加强。受教育者无论在义务教育阶段还是非义务教育阶段，他们的入学权利与机会、入学条件以及享受充分教育的条件都存在不公平问题。教育公平在尊重受教育者内在差异性方面明显不足，受教育者个性自由发展的目标难以实现。

因此，我们在教育权利和教育机会平等的基础上提出了新的要求，指出教育公平的实现意味着个体有教育选择的自由。因为每个人都有权自由全面地发展自己的才能，尤其是当教育选择的自由性成为现代教育的必然选择时，对受教育者的平等、差异、补偿和评价的关注已成为教育选择的新表征。当前中国社会正处于剧烈转型的进程中，构建合理的教育公平机制，使教育在促进人的自由全面发展上发挥功能和作用，显得尤为重要。

（二）构建教育公平机制的四个维度

教育的多样化、高质量和丰富性等，对教育公平的内在运行机制提出了新的要求，构建教育公平的新机制成为社会发展的必然选择。通过建立平等性、差异性、补偿性和评价性四维一体的教育公平机制，现代意义上的教育公平在当前中国社会的实现才有望成为可能。

1. 平等维度

现代社会保障教育公平的核心是受教育权的平等性。这种“平等性”主要体现在教育权利平等和教育机会均等两个方面，即人人享有平等的基本教育权利，同时又能够平等地享有接受各种教育的机会。

第一，受教育权的平等是教育公平的基本要求。马克思、恩格斯对现代社会新的平等观曾做出这样的解释：“一切人，或至少是一个国家的一切公民，或一个社会的一切成员，都应当有平等的政治地位和社会地位。”① 政治和经济的平等是教育公平的社会基础，奴隶社会、封建社会和资本主义社会，都无法实现真正意义上的教育平等。到了社会主义社会，在社会主义民主充分丰富和发展后，才能真正实现教育权利和教育机会的平等。在废除了私有制、消灭了阶级和阶级对立以及消除了旧的分工后，“所有的儿童，从能够离开母亲照顾的时候起，都由国家出钱在国家设施中受教育。把教育和生产结合起来”②。马克思认为，共产主义社会“通过产业教育、变换工种、所有人共同享受大家创造出来的福利，通过城乡的融合，使社会全体成员的才能得到全面发展”③。当前我国经济发展水平不同的城乡之间、区域之间乃至学校之间，教育发展不平衡是一个普遍性问题，我们距离马克思对保证平等受教育权的理想还有很大的差距。

因此，针对这种由政治、经济发展不平衡导致的教育不公平状况，制定有利于体现受教育权平等的入学政策，建立公平的入学机会保障机制、教育资源均衡配置机制、城乡教育一体化机制，完善以居住地为依据的学校教育管理机制、农村教育体系、义务教育免费制度等，都是从政策机制上保障平等受教育权的有效措施，提供给受教育者平等的教育机会。

第二，教育过程的平等是教育公平的保障。“教育机会均等”意味着个体在教育过程中受到公平的对待，即个体进入不同教育渠道的机会是均等的。教育过程的平等是基于社会民主主义之上更为公平的一种教育。“由整个社会共同地和有计划地来经营的工业，更加需要

---

① 马克思恩格斯选集：第 3 卷［M］. 中共中央马克思恩格斯列宁斯大林著作编译局，编译. 北京：人民出版社，2012：480.

②③ 马克思恩格斯选集：第 1 卷［M］. 中共中央马克思恩格斯列宁斯大林著作编译局，编译. 北京：人民出版社，2012：305；308－309.

才能得到全面发展、能够通晓整个生产系统的人……教育将使年轻人能够很快熟悉整个生产系统，将使他们能够根据社会需要或者他们自己的爱好，轮流从一个生产部门转到另一个生产部门。因此，教育将使他们摆脱现在这种分工给每个人造成的片面性。这样一来，根据共产主义原则组织起来的社会，将使自己的成员能够全面发挥他们的得到全面发展的才能。"① 这里恩格斯对教育公平的设想，是通过教育过程的实践来完成的。流水线工作使工人固定在某个岗位上，他的发展是断裂的，而教育过程的平等恰恰是对这种片面发展的解放。通过教育，工人熟悉整个生产过程，具备掌控生产力的能力，促进了社会公平的实现，从而为实现个人全面发展做好充分的准备。

鉴于我国当前的国情，建立以缩小城乡、区域、学校之间教育质量差别为目的的"校共体"机制，完善贫困生助学金制度、教育经费使用监管制度和优势教育资源共享制度，加大教育财政转移支付力度和对口支援扶持力度等，对促进教育过程的平等、实现教育公平具有重要的现实意义。

第三，教育结果的平等是教育公平的理想。教育公平是一种相对公平，绝对的公平是不存在的。教育中权利平等和过程平等的实现，必然包含对教育结果平等的诉求。要求教育结果的平等在当前看来几乎是不可能的，相同的结果很难复制，教育结果只能是相对的平等，教育公平可以为教育结果提供平等的机会。但是，建立在权利平等、机会平等基础上的结果不平等也是一种平等，也是公平的，具有合理性。② 罗尔斯按照公平正义原则，认为公平包括基本权利的平等，也包括非基本权利（财富、收入、权利和权威）的分配不平等。也就是说，平等有形式和内容两个层次。除了形式上的平等，内容上的平等要求我们考虑现实中个体的具体差别，给予特殊群体相应的关怀，即

① 马克思恩格斯选集：第1卷［M］. 中共中央马克思恩格斯列宁斯大林著作编译局，编译. 北京：人民出版社，2012：308.

② 褚宏启. 关于教育公平的几个基本理论问题［J］. 中国教育学刊，2006（12）：1-4.

修正的平等。① 这也使教育即使不能保证每个人成功，也可以为每个人提供平等的成功机会。

2. 差异维度

教育公平从某种意义上讲并不是“把大家拉平”，因材施教是教育活动中普遍的现象。“给每一个人平等的机会，并不是指名义上的平等，即对每一个人一视同仁，如目前许多人所认为的那样。机会平等是要肯定每一个人都能够受到适当的教育，而且这种教育的进度和方法是适合个人特点的。”② 这种“适合个人特点”的教育就是我们通常所说的“差异教育”，它体现的是“不同情况不同对待”的原则。教育公平要求我们关注人与人之间的差异，尊重个体的个性特征。

第一，关注人与人之间的差异性。“20世纪以来的科学和哲学的发展肯定了人与人之间智力或能力的差异，但认为这种差异一般并不表现为好坏、高低、贵贱之间的差异，而是多样化的表现。并进而认为承认差异、适应差异和多样性的平等才是真正的平等。”③ 不同社会，不同地区、不同群体之间的人们总是存在差异。“差异的平等”意味着教育要提供给每个人实现自身独特价值的机会以及保证这种自我价值实现的条件。差异带来历史的曲折式演进，那么它在社会生活中就具有存在的合理性。万事万物“在现象上显示出无穷无尽的变异和程度差别，这些变异和程度差别只有通过对这些经验所提供的事实进行分析才可以理解”④。由于人本身具有的这种“程度差别”，人在社会生活过程中对教育的选择就必然呈现出多样化的趋势。因此，教育必须关注人与人之间的差异性，才更具有公平的意义，才与人的全面发展相一致，与社会进步相一致。

---

① 郭彩琴，曹健. 教育公平：配置教育资源的合理性原则［J］. 江苏高教，2003（5）：23－26.

② 联合国教科文组织国际教育发展委员会. 学会生存——教育世界的今天和明天［M］. 华东师范大学比较教育研究所，译. 北京：教育科学出版社，1996：105.

③ 刘复兴. 我国教育政策的公平性与公平机制［J］. 教育研究，2002（10）：45－50.

④ 马克思恩格斯全集：第25卷［M］. 中共中央马克思恩格斯列宁斯大林著作编译局，编译. 北京：人民出版社，1974：892.

"我国传统的教育制度往往具有鲜明的单一性、不可选择性，甚至强迫性，如高考一考定终身、职业教育与普通教育不相衔接、单一的课程制度，等等。"① 缺乏现代教育迫切需要的差异性，导致了许多教育不公平现象的产生。因此，建立和完善适合差异发展的教育公平机制，诸如选修课制度、科学的考试招生制度、公平的人才选拔制度等，成为教育公平发展的时代性选择。

第二，尊重个体的个性特征。教育在关注人与人的差异之后，还要尊重个体的个性特征。这既是人的全面发展对人在情感、能力和需要诸方面发展的要求，也是教育公平对人的自然力量、社会关系和道德风貌充分发展的推动。尊重个体的个性特征使人不仅成为自身的主人，拥有自由时间，而且在发展中呈现出有别于他人的内在特殊性。人的个性的发展，表征着个人有着与他人区别开来的个性，能够自由地按照自己的意志和愿望表现自身的个性魅力。"自由地发展个性，从而不是为取得剩余劳动而压缩必要劳动时间，而是根本上要把社会的必要劳动压缩到最低限度，到那时候，才能利用为他们大家所解放出来的时间和创造出来的物质手段使个人在艺术上、科学上和其他方面的造诣达到高度的水平。"② 马克思认为，教育应鼓励个体在科学、艺术等诸方面的发展，在对个体的个性自由发展充分尊重的基础上，使人有效地参与社会生产活动，促进个人与社会、国家和民族之间的理解和融合，推动社会公平的发展。

罗尔斯也指出，差异原则并不要求社会去努力抹平障碍，而是合理分配教育方面的资源以改善最不利者的长远期望。教育的一个重要的作用是使一个人欣赏他的社会文化，参与社会事务，从而以这种方式提供给每个人全面发展的确信。到了共产主义社会，随着生产力的进一步解放，教育公平的进一步推进，旧式分工已经被打破，外在的诸如职业差异、社会差异、角色差异等固定差异消除，人的内在个性

---

① 刘复兴. 我国教育政策的公平性与公平机制 [J]. 教育研究，2002 (10)：45-50.

② 马克思. 政治经济学批判大纲（草稿）：第三分册 [M]. 刘潇然，译. 北京：人民出版社，1963：357.

差异发展将得到真正意义上的尊重。

因为个体的发展具有内在独特性、多元性和丰富性，不同个体有不同的内在需要。教育的多样性是对差异性的尊重，也是对这种差异性的适应。这是个人完善自身发展所必需的。为了充分发展人自身多方面的需要和能力，教育的多样化是唯一选择。① 既提供给个人受教育的机会，又提供多样化的教育资源让个人进行选择，这种“个性化的差异教育”为教育公平价值的实现提供了保障。

3. 补偿维度

亚里士多德提出，平等地对待平等的，不平等地对待不平等的。这句话体现的就是补偿原则。补偿原则主要是针对受教育者在政治、经济地位上的不平等提出的。根据受教育者在社会政治、经济地位上的差距，对在社会经济地位方面处境不利的受教育者在教育经济上予以补偿，教育资源向弱势群体倾斜，加强对教育薄弱地区的资源投入，使得弱势群体能够取得与正常群体相同的成功的机会。

第一，补偿对象：弱势群体。弱势群体的存在是社会不公平导致的，与社会经济发展和阶层分化相联系。教育领域的弱势群体通常是指由于历史和现实的诸多原因，从而在受教育权利、机会和资源等方面处于不利地位的群体。如一些天赋较低和在家庭环境较不利的条件中出生的人，流动人口子女、贫困地区的妇女和儿童等，他们的受教育权利和机会还是不平等的。对这类群体，在教育政策上要给予补偿。“只有在废除了资本对男女双方的剥削并把私人的家务劳动变成一种公共的行业以后，男女的真正平等才能实现。”② 在私有制社会，妇女、儿童等承受着私有制剥削的伤害，他们的受教育权得不到充分的保障。当前社会条件下，对弱势群体的补偿可以缩小他们与强势群体间在教育权利和机会上的差距，促进教育公平和质量的提升。

第二，补偿机制：法制保障。建立教育补偿机制首先需要明确教

---

① 刘复兴. 教育政策的价值分析［M］. 北京：教育科学出版社，2003：129－131.

② 马克思恩格斯选集：第4卷［M］. 中共中央马克思恩格斯列宁斯大林著作编译局，编译. 北京：人民出版社，2012：577.

育补偿的责任主体及其承担的责任范围和内容，并以法律制度形式明确；其次要建立保障弱势不利群体利益的教育补偿实现机制、保障机制、监督机制等。① 建立与社会保障机制相协调的教育补偿机制，通过补偿机制对社会弱势群体进行教育利益的补偿，为弱势群体的发展提供制度性保障，是实现教育公平的重要手段。

当前，我国政府出台了一些有利于弱势群体的教育补偿政策，如农村义务教育中的“两免一补”政策、流动人口子女教育政策、面向中西部师范生的免费教育政策等。但面对庞大的弱势群体，这些教育补偿政策显然在力度和范围上都远不足以消除弱势群体面临的教育困境。在我国今后的教育活动中，我们要继续完善贫困学生资助制度、国家助学贷款制度等教育扶贫制度，扩大对弱势群体的资助范围，规范资助过程管理，为实现教育公平提供有效的法制保障，保证他们在经济社会中得以生存，甚至生活得更好。这是国家的责任，更是社会的责任。

4. 评价维度

如果说前面三个维度是目标性维度的话，那么评价维度就是操作性维度。教育评价是根据一定的教育价值观或教育目标，运用可操作的科学手段，通过系统搜集信息、资料并进行分析、整理，对教育活动、教育过程和教育结果进行价值判断，从而为不断完善自我和教育决策提供可靠信息的过程。② 评价维度是对教育公平状况的监测和判断，对于改善教育不公平状况具有重要意义。

我国当前的教育评价体系存在单一性、断裂化、简单化倾向。对评价对象缺少整体连续的关注，对评价结果缺乏科学解读和反馈。“它的一个重大缺陷，是明显缺乏教育公平的维度，缺少比较，难以清晰地认识和评价教育公平的现状。评价不是对教育现状的线性描述和统计，而是基于教育公平维度下对某一理论分析框架的比较和评价，并

① 雷晓云. 政府的责任及其实现：关于义务教育阶段教育资源合理配置的探讨［J］. 教育研究与实验，2013（1）：54－58.

② 袁振国. 当代教育学：第 4 版［M］. 北京：教育科学出版社，2010：221.

呈现教育统计背后所应具有的教育价值和教育政策的导向性。”①

第一，评价的功能：诊断性。从教育评价的过程看，诊断贯穿于评价的全过程。评价的过程其实就是一个诊断的过程。从确定评价目的到评价目标分析、从收集评价资料到评价结果判断，每一个环节都包含着诊断。② 教育评价是以促进改进和发展为目的的一种活动，这种评价是诊断而非甄别。

评价的诊断性功能体现在两个方面：一方面是对教育管理工作的评价，通过对教育管理状态的检查，辨别评价结果的优劣，总结教育的症结所在；另一方面是对教育对象的评价，在现实的教育过程中，它有助于教育者把教育对象适当地放置在社会生活或教育活动的展开中，正确找出妨碍个体学习发展的原因，提高个体自我教育和自我控制的能力，以及识别、控制、利用环境的能力等，从而促进教育对象的自由全面发展。

第二，评价的要求：连续性。连续性要求评价主体在对评价对象进行评价时，既要有有目的、客观整体的评价，还要有基于现实基础的发展性评价。教育在整体结构上具有层次性，在目标内容上又具有连续性。各级各类学校以及各年级之间都有衔接，这种衔接就是一种连续性的表现。这种连续性要求评价主体从发展的观点出发去评价教育成果。③坚持评价的连续性要求评价主体既能了解评价对象原有的发展水平，又能关注其现有的实际水平，以发展的目光对评价对象的学力水平进行整体性评价，在促进实际应用的基础上提高评价的效度。科学的教育评价机制应是多元化的，具有客观性、发展性和全面性，是人性化和统整化的，是促进教育公平的重要手段和方式。

总之，教育不公平的出现除了有社会客观原因，政策、制度本身的缺失或不健全也是不可忽视的一部分原因。教育公平的实现，必然需要公平有效的政策机制加以保障。教育公平机制的建立体现了一定的国家和社会的意志，关系到每个受教育个体或群体的根本利益，是

① 杨东平. 中国教育公平的理想与现实 [M]. 北京：北京大学出版社，2006：270.

②③ 刘本固. 教育评价的理论与实践 [M]. 杭州：浙江教育出版社，2000：281；282.

实现教育利益公平的必然价值选择，具有重要的现代意义。

首先，教育公平机制是推动教育公平的重要保障。教育政策仅仅具备平等或公平的理念远远不够，研究和建立教育政策运行的公平机制是从根本上解决教育不公平问题的关键和保障。事实证明，建立教育公平机制是维护教育制度公平、促进教育公平的重要手段和保障。如进一步推动高考改革，建立高等教育入学机会和权利的保障机制，促进教育决策程序的民主化；建立高考公平机制，实施多元综合素质评价机制；建立弱势利益补偿机制、资源配置均衡机制等：这些措施对推动利益平衡，体现教育的公益性和普惠性，满足受教育个体或群体的教育公平需求具有重要的作用。

其次，教育公平机制是实现教育公平的重要条件。教育公平机制对现实中的教育公平问题能起到积极的调节作用。把国家关于促进教育公平的改革措施、法规政策等通过公平的机制加以规范和确立，使之成为整个国家和社会普遍遵循的意志和原则，对促进教育公平、实现人的全面发展具有重要的意义。随着《中华人民共和国教育法》《中华人民共和国义务教育法》等一系列教育法律法规的颁布，我国的教育公平机制已经建立了良好的基础。《国家中长期教育改革和发展规划纲要（2010—2020年）》指出，要坚持全面发展，把促进教育公平，提高教育质量，作为教育改革的核心内容。这是第一次将促进教育公平提升到国家教育政策的高度。教育公平的理想目标，就是促进每个人的自由全面发展。“代替那存在着阶级和阶级对立的资产阶级旧社会的，将是这样一个联合体，在那里，每个人的自由发展是一切人的自由发展的条件。”① 构建完善的教育公平机制其实就是实现教育公平的理想目标，为推进人的自由全面发展创造现实的条件。

三、人才选拔的高考公平问题

在现代社会，随着社会分工的发展及社会分化的加剧，不同社会

---

① 马克思恩格斯选集：第1卷［M］. 中共中央马克思恩格斯列宁斯大林著作编译局，编译. 北京：人民出版社，2012：422.

群体对利益的诉求不同，社会利益格局日趋多元化。随着社会贫富差距和两极分化的进一步扩大，各种教育不公平的社会现象层出不穷。高考改革过程中出现的不公平现象，如区域不公平、利益表达失衡、差异失衡等问题，使得人们对高考公平性的关注已远超高考这一选拔性考试本身。由于高考公平涉及招生考试、录取分配等一系列复杂的教育现象和社会关系，人们对高考公平的认识还存在一定的差异和偏颇，因此，要探求高考公平问题的解决途径，先厘清高考公平的内涵和价值就具有十分重要的意义。

（一）高考公平的内涵与价值

高考公平问题是当前社会各界普遍关注的焦点问题，也是我国当前高考改革的热门话题。作为教育公平的一个重要环节，高考公平对高等教育公平具有决定作用。

1. 高考公平的内涵

高考公平是教育公平的重要组成部分，是教育公平的核心体现，同时也是衡量社会公平水平的一个重要尺度，是社会公平的具体体现。高考公平作为教育领域人与人之间利益关系的考量和评价，指向人与人之间利益关系的调整，关涉社会利益的再分配问题。“高考公平问题直接关系教育领域的正义和公正，关系社会的稳定乃至于国家的安全。”① 创建于1952年的我国高等学校统一招生考试制度，作为一种选拔性的“举国大考”制度，其社会影响之大，体现教育公平意义之深，已远远超越了教育本身。

首先，从本质上看，高考公平包含考试机会、考试权利及录取程序等多方面的公平，公平是其基础理念和基本取向。概括说，高考公平包含高等学校入学统一考试公平和高等学校统一招生录取公平两方面。从某种意义上说，考试公平是实现高考公平的标准和手段，而招生公平则是实现高考公平的目的，考试公平服务于招生公平。作为一种制度体系，高考公平包含了考生平等考试、专家命题评卷、政府组考招录等一系列主体运行机制及派生流程。

① 程斯辉. 教育公平与国家安全 [J]. 湖北教育（政务宣传），2003 (18)：46－47.

考试是一定组织中的考试主体根据考试目的需要，选择运用有关资源，对考试客体某方面或诸方面的素质水平进行测度、甄别和评价的一种社会活动。[①] 由人类实践活动的社会化分工而出现的甄别社会个体差异的要求，使考试成为一种必然需要。高考作为一种选拔性的考试，由于其具有的甄别性功能，在测度个体差异程度、选拔合格人才、促进社会公平方面起到了举足轻重的作用。可以这样说，以能力本位为原则，按能力大小和才能高低平衡社会冲突，推动社会的改革与发展，是人类社会解决政治和利益冲突时较为理想的政治选择。用考试的手段来解决社会冲突，通过考试区分人的能力大小，按才能高低赋予相应的社会资格和社会地位；每个人要想获得相应的社会资格和社会地位，必须先按公平竞争的原则来进行考试。[②] 高考公平无疑是保证社会全体成员教育起点相对公平的一种有效手段，是维护考试机会公平、考试权利公平，促进考录程序公平的内在要求。

在当今社会中，高考公平首先意味着考试机会、考试权利上的公平。考试机会是表达社会个体或群体获得考试概率的一种可能性。考试机会公平即平等地向所有具有一定考试资格的社会个体提供享有高等教育资源的可能性。考试权利是表征社会个体或群体施行考试可能性大小的一种主观规定。考试权利公平意味着社会个体或群体拥有平等地参与考试的权利。考试机会公平往往以考试权利公平为依托，要求社会个体或群体不受种族、性别、肤色、阶级、经济、文化等因素的影响，平等地享有考试的机会和权利。录取程序公平则是反映社会个体或群体考试结果的现实对待，体现考试公平的现实可能性程度。

全国人民代表大会常务委员会在 2001 年审核批准我国政府于 1997 年签署的联合国人权领域的重要国际公约《经济、社会及文化权利国际公约》第 13 条有明确规定：“一、本公约缔约各国承认，人人有受教育的权利……二、本公约缔约各国认为，为了充分实现这一权利起见：（甲）初等教育应属义务性质并一律免费；（乙）各种形式的中等教育，

---

① 廖平胜. 考试是一门科学［M］. 武汉：华中师范大学出版社，2003：26.

② 郑若玲. 坚持考试，改革考试：潘懋元教授访谈录［J］. 福建自学考试，2002（5）：3.

包括中等技术和职业教育，应以一切适当方法，普遍设立，并对一切人开放，特别要逐渐做到免费；（丙）高等教育应根据成绩，以一切适当方法，对一切人平等开放，特别要逐渐做到免费……”可见，考试机会、考试权利的公平有一定的标准，即基于公平基础上的能力因素——考试分数，离开这个能力因素标准，录取公平就会成为一纸空谈。考试公平在一定程度上保障了考试机会的均等和考试权利的平等；同时，录取程序是高考招生过程的一个重要环节，如录取批次设置、志愿投档模式等是否科学公平公正，会直接影响考试结果的公平与否。因此，录取程序公平则成为当前社会个体或群体实现平等竞争的重要保障。

高考公平从某种意义上说既是一种理想，又是一个渐进的过程。它为每个受教育个体提供了凭借自身能力平等地获得高等教育机会和资源而进入高校学习的可能性，使弱势阶层的教育状况得到改变。

其次，从属性上看，高考公平关涉高等教育资源现实或潜在的恰当分配以及分配的合理性。公平作为组成社会的个体成员相互之间恰当关系的核心概念，通常与合理性相联系。而高考公平的合理性作为一种价值判断，必然涉及如何衡量和分配的问题。我国现阶段，由于受社会经济、政治和文化等发展水平的制约，教育发展的区域差异、城乡差异、阶层差异等影响因素仍客观存在，要想完全实现高考公平，只能是一种理想。在当前客观生产力发展水平条件下，我国高等教育资源相对稀缺，无法满足全体社会成员接受高等教育的需要。如何使有限的教育资源和广泛的教育需求得到公平合理的分配和满足，高等教育资源能否相对合理地依据分配标准进行恰当分配成为关键。

教育机会和资源总要通过一定的方式和手段进行分配，教育考试就是保证这种机会（资源）分配公平合理的最有效的方式和手段。① 当前入学机会的分配，最终依据的就是“成绩”这一考试测评的结果。国家以高考测评的结果为依据，将紧缺的高等教育资源分配给不同的社会个体。因此，高考公平不仅是社会个体的需要，同时也是全

① 江畅. 论教育考试公正的内涵与实质［J］. 湖北招生考试，2007（10）：4－10.

体社会成员的需要。

“教育公平……以人类社会意识为前提……以社会的现实状态为对象，并在一定的世界观指导下，对现实社会提供的教育机会以及教育权利和教育资源的分配情况做出主观评判。”① 高考公平反映了现实社会考试机会、考试权利和考试资源等的分配状况是否合理，是社会成员对现行高考制度下各种教育机会、教育权利和教育资源是否公平合理分配的一种现实判断，指向分配的合理性规范和原则。“合理性的规范是调节人们之间社会关系和资源分配关系的一种规范；合理性的原则是指既能促进社会整体发展，又能使社会成员在享受高等教育资源时受到公正和平等对待的一种原则。”②

一方面，高考公平要求对高等教育资源的分配有一个统一的标准。即不因社会个体或群体在种族、性别、肤色、阶级、经济、文化、区域、身份等因素上的差别而有所区别，每个符合条件的社会个体都平等享有获得高等教育资源的机会和权利。另一方面，高等教育资源分配的依据应具有合理性。马克思在《哥达纲领批判》中，对拉萨尔等庸俗社会主义者的分配理论进行过批判。马克思认为：“消费资料的任何一种分配，都不过是生产条件本身分配的结果；而生产条件的分配，则表现生产方式本身的性质。”③ 可见，任何一种社会分配的存在都有其合理性，分配公平并非孤立存在，首先要基于一定的客观基础，是一定社会生产力和生产关系下的产物。高考公平只能是一种相对公平，而非绝对公平。因此，应以公平为基础，依据一定的学术标准，对高等教育资源进行平等合理的分配。

可以这样说，高考公平既体现在平等的考试机会、考试权利、录取程序上，又体现在对高等教育资源的合理分配和恰当运用上，是国家对优质教育资源进行配置时坚持的合理性判断的规范或原则，意味

---

① 朱金花. 教育公平：政策的视角［D］. 长春：吉林大学，2005.

② 王后雄，李佳，李木洲. 高考公平的内涵及属性［J］. 中国教育学刊，2012（5）：31－35.

③ 马克思恩格斯选集：第3卷［M］. 中共中央马克思恩格斯列宁斯大林著作编译局，编译. 北京：人民出版社，2012：365.

着每个受教育者在享受高等教育资源时受到公平合理的对待。

2. 高考公平的价值

教育公平问题的产生，源于人类社会生产力的发展。随着人类社会实践的发展，由社会分工带来的私有制和阶级分化，使得教育公平真正成为问题。在我国当前特殊的社会文化背景下，高考公平成为影响教育公平的重要因素，是实现教育公平的重要手段和基本前提；同时，高考公平又是促进社会公平公正、实现社会个体个性化发展的重要工具。高考公平问题是关系国计民生、影响社会发展的重要问题。

第一，促进社会的公平与公正。长期以来，公平一直是高考改革的第一关键词。公平是社会实践的产物，是不同的社会实践主体调整、处理社会规范和准则时的一种关系。将促进公平公正作为高考改革的价值取向，不但是人类社会历史发展的客观要求，也是现实社会人们对实质公平的直观利益诉求。“公平是社会大众对高考最为关注的一个方面，也是高考制度的基本功能和精神之所在。”① 国家通过统一招生考试来维护社会个体在高等教育入学机会竞争中的公平，保证社会个体在优质教育资源的竞争中发展起点的相对公平。只有坚持公平公正前提下的高考改革，才有可能使教育改革和社会发展取得价值最大化。可以说，高考公平已经成为现代国家促进社会公平、扩大教育民主的重要手段。

首先，从个人的角度看，高考是否公平，直接反映了考生的高等教育入学机会是否公平。在教育改变命运的今天，受教育个体的高等教育入学机会及接受高等教育水平的程度，在很大程度上决定了个体未来的职业选择、能力发展和社会成就。因此，高考公平在一定程度上保证了考生入学机会公平，促进了各种教育考试选拔机制的客观与公正，保障了个体平等的教育机会和权利。其次，从国家的角度看，高考是否公平，关涉教育资源配置、社会阶层流动等一系列社会公平问题，具有国家治理的功能。高考作为一项教育考试制度，在公平公正分配高等教育入学机会的同时，还具有促进社会流动、稳定政治秩

① 刘海峰. 高考改革首重公平 [N]. 光明日报，2005-06-22 (5).

序、提升社会文化等多项社会功能，是个人、家庭乃至群体合理改变社会身份、地位的重要途径。高考公平对引导中小学素质教育、健全资源配置的社会机制、构建社会阶层流动平台、保证差异公平等都起到举足轻重的作用，是促进社会公平的重要手段。

因此，促进公平公正应是高考作为实现人的社会化和价值需求的重要价值取向。高考通过其遴选、甄别以及间接引导等作用的发挥，促进社会向上合理流动，促进教育公平和社会公平，对维护社会和谐稳定具有十分重要的作用。① 建立在考试招生制度公平基础上的高考公平是“促进民族融合、控制区域发展差距、维系社会公平正义和社会秩序稳定的重要手段，关系国家的核心竞争力”②。国务院于 2014 年 9 月印发的《关于深化考试招生制度改革的实施意见》，对现行考试招生制度进行了明确规范，直接把促进公平公正作为高考改革的基本价值取向。通过对考试招生制度的完善和调控，进一步强化教育在促进社会阶层流动，缩小城乡、区域差异和实现代际转换方面的重要功能，保障社会个体不因出生地、家庭背景等社会因素而影响受教育的机会和权利，重建社会的公平与正义。因此，有学者认为，如果说教育公平是社会公平之基石，那么高考公平则是教育公平之重心。它直接关乎民众的基本人权与切身利益，关乎国家的民心凝聚与社会稳定。③

第二，实现人的个性化发展。促进人的个性化发展，主要指教育为个体学习提供多样化、个性化的服务，尊重不同类型学生个性发展的主体性、多样性，促进个人内在发展的自由性，保证差异公平，实现人的价值需求，使有限的教育资源发挥出最大的效益，最终促进人的全面发展，推动社会公平。可以说，促进公平和实现个性化发展是在对立统一中互相实现的。

一方面，公平是实现人的个性发展的前提和基础。高考改革就是

---

① 张和生. 从“为国选材”到“为民量才”——转型中的高考公平问题研究［M］. 上海：上海交通大学出版社，2013：71.

② 王后雄. 我国高考政策的公平性研究［D］. 武汉：华中师范大学，2008.

③ 郑若玲.“有限多样”：高考形式改革之方向［J］. 探索与争鸣，2013（8）：84－88.

要坚持以人为本的核心价值取向，这是对人的自身关怀的一种理想回归。因为一个连“公平”这一基本权益都无法得到保障的人根本谈不上个性的发展。① 只有基于公平前提下的高考，才有可能使个人的个性化发展和教育改革取得最大的实质性进步。另一方面，个人的个性发展对公平起到了监督和推动的作用。“个人的全面发展，只有到了外部世界对个人才能的实际发展所起的推动作用为个人本身所驾驭的时候，才不再是理想、职责等等。”② 个体通过个性化的发展，在自然、科学、艺术等方面的造诣得到大幅度的提高，其对社会公平的理解和要求也会随之提高。对因社会监督机制等不完善而导致的以权谋私、丧失公平的社会现象会有自发的监督和考量。因此，任何一项由高考这一选拔性考试衍生的制度，其公平公正的程度会直接影响它在社会中的生存与发展。当然，高考公平因其具有的历史性、统一性、相对性以及主客观性等特征，只能是与当下生产力发展水平相适应的相对公平，“关于永恒公平的观念不仅因时因地而变，甚至也因人而异，这种东西正如米尔柏格正确说过的那样，‘一个人有一个人的理解’”③。“公平为先，兼顾个性发展”成为现阶段我国高考价值的合理化存在。

总之，高考公平虽不是教育公平的充分条件，但却是教育公平的必要条件。有教育考试公平，不一定必然有教育公平，但没有教育考试公平，绝不会有教育公平。教育考试公平是教育公平的基本前提。④

（二）当前我国高考公平的现实问题及其成因探析

随着社会生产力的发展和社会分工的扩大，高考公平作为教育公

① 张和生. 我国高考公平的价值及实现路径［J］. 教育测量与评价（理论版），2008（3）：45－48.

② 马克思恩格斯全集：第3卷［M］. 中共中央马克思恩格斯列宁斯大林著作编译局，编译. 北京：人民出版社，1960：330.

③ 马克思恩格斯选集：第3卷［M］. 中共中央马克思恩格斯列宁斯大林著作编译局，编译. 北京：人民出版社，2012：261.

④ 江畅. 教育考试公正论［M］. 武汉：湖北人民出版社，2007：27.

平的重要组成部分，越来越被人们所重视。高考是否公平直接关系教育公平的实现程度，对构建和谐的现代社会、促进人的自由而全面发展具有重要的作用，因此成为社会关注的重大问题。

1. 当前我国高考公平的现实问题

高考作为我国教育领域的一项重要制度，由于直接关系高等教育入学机会、入学条件乃至个体今后的社会地位和发展，其公平性成为社会和民众关注的焦点。虽然 2019 年我国高等教育已迈入普及化阶段，但能不能上大学和上什么样的大学仍旧是广大民众迫切关注的问题。现实生活中，人们在认可高考制度的同时，对高考的公平性也提出了质疑。区域不公平导致的竞争机会不平等、利益表达失衡导致的竞争过程失范、差异失衡导致的竞争结果不公平等都是当前我国高考面临的现实问题。

（1）区域不公平：竞争机会不平等

“什么是‘公平的’分配呢？难道资产者不是断言今天的分配是‘公平的’吗？难道它事实上不是在现今的生产方式基础上唯一‘公平的’分配吗？……难道各种社会主义宗派分子关于‘公平的’分配不是也有各种极不相同的观念吗？”① 当代著名哲学家诺齐克认为，按照个体的贡献大小来分配其政治、经济利益才是公平的。社会生活中个体因其天赋、技能、能力等不同产生的财富利益不同，贫富差距悬殊。在社会可分配的总既得利益一定的情况下，追求结果平等意味着一部分人的既得利益要无偿地分配给另一部分人。这种无偿的分配是没有道理的，因为如果产生这种财富利益的途径是正当的，这部分既得利益是正当得来的，那么社会个体的生存、财产和自由等基本权利就应该得到国家的保护和尊重，而不需要打破这种不平等以实现平等。显然，诺齐克赞成的是一种自由主义平等观。若将这一理论原则贯彻于教育领域，反映在高等教育领域，就是优胜劣汰的能力本位原则，即以考试成绩为依据的考试公平论。

① 马克思恩格斯选集：第 3 卷［M］. 中共中央马克思恩格斯列宁斯大林著作编译局，编译. 北京：人民出版社，2012：361.

而区域公平论者认为，作为一项非基本权利，高等教育的入学机会应按照比例平等的原则来分配，并实现一种恰当的分配份额的契约。这体现了罗尔斯提出的两个正义原则中的补偿原则：对个体因家庭出身、社会财富、地位、文化背景等因素差异而处于弱势地位，应进行补偿。获利多者比获利较少者较多地利用了双方共享的资源——社会、社会合作；相应地，获利少者对社会合作这一共同资源的利用也越少。而获利较多者的成果中，也间接包含着获利较少者的贡献，因而获利较少者的补偿也便应该越多。① 也就是说，不管是处于强势地位者还是处于弱势地位者，他们共享的教育资源是固定而且有限的，一方使用的教育资源多了，意味着另一方应该享有的部分共同教育资源被无形剥夺了。当前国家提出要增加中西部地区招生计划，提高中西部地区和人口大省高考录取率，恰当分配各省份属地招生比例，缩小省际录取率级差，重点高校面向贫困地区定向招生，等等，都是补偿原则下区域公平论的体现。

“正义或公平却是要求，人们生活中由政府决定的那些状况，应该平等地提供给所有的人享有。”② 机会应该平等是社会提供给个体的主观愿望与条件，而机会的实际不平等却有非社会因素存在的客观原因。高等教育入学机会的不平等有客观的社会原因，也有非社会的原因。在高等教育逐渐普及化的今天，由于各省份之间经济、历史、文化、教育等发展的不均衡，产生了高考形式公平和实质不公平。按省份定额录取、按省份倾斜录取分数线、按省份命题等高考政策，从一定层面上催生了区域不公平下主体竞争机会的不平等。

第一，按省份定额录取政策：合理性和矛盾性的困惑。高考按省份定额录取政策是指国家按照一定的原则，对各个省份的高校招生指标进行一定额度分配的政策。它决定着各省份的高考录取率，关系到考生享受高等教育的机会和质量，对维护考试录取的区域公平、促进

---

① 王海明. 公正　平等　人道——社会治理的道德原则体系［M］. 北京：北京大学出版社，2000：52－67.

② 苗力田. 亚里士多德全集：第8卷［M］. 北京：中国人民大学出版社，1994：279.

高水平人才培养乃至国家的稳定与发展做出重要的贡献。然而时至今日，高考按省份定额录取却成为人们诟病高考不公平的重要原因之一，这当中的成因令人沉思。

首先，按省份定额录取政策有一定合理性，是我国长期以来“考试公平”与“区域公平”相互作用的结果。从地区定额录取制度的历史发展来看，我国高考按省份定额录取有以本地招生为主的惯例，这一点从科举时代录取指标分配的南北区域之争就可见一斑。事实上，在社会发展进程中，区域经济发展不平衡这一问题，在世界各国都普遍存在。国家在统筹兼顾的宏观调控下，让部分经济发达地区的教育先发展起来，然后带动经济发展落后地区教育的发展，在坚持考试公平的前提下，适当兼顾区域公平，这对促进我国的高考公平是很有必要的。因为如果无视各省份之间经济、历史、文化、教育等发展的不均衡问题，单纯追求执行同一个录取标准的考试公平，不但会导致各省份之间升学率的不平衡，而且会使一些经济落后的偏远省份考生陷入无学可升的困难处境。因此，按省份定额录取的办法带有优待照顾边疆和文化教育相对落后地区的用意，从自由竞争的角度来看，是与考试的公平原则有些矛盾之处，但从调动落后地区受教育者的学习积极性，促进当地人文教育水平的提升以及维护中华民族团结统一等角度看，则有其合理之处，所以越到后来越是从考试公平趋向区域公平。① 可见，按省份定额录取政策尽管与考试公平有一定冲突，但还是有其合理性的。

其次，按省份定额录取政策存在“质”与“量”难两全的矛盾。按省份定额依据的是各省份高等教育资源的现状、教育发展水平、经济政治条件等因素而非这些省份考生的数量，因而不可避免地出现经济发达省份考生及重点高校所在地的考生优先享有高等教育资源，导致高校招生本土化、地域化倾向，从而在一定程度上造成了高等教育入学机会的不公平。

近年来，我国高等教育学校招生的地域化和本土化倾向严重，在

---

① 刘海峰. 高考改革中的两难问题［J］. 高等教育研究，2003（3）：36－38.

高等教育普及化的背景下更是演化为对优质高等教育资源的争夺。按省份定额的问题集中表现在"985 工程"和"211 工程"等部属高校或重点高校的名额投放与分数线的划定上，以及由此引起的高等教育入学机会的区域性差异上。① 以 2009 年北京大学的招生为例，2009 年北京大学在北京投放的招生指标是每万名考生录取 66.8 名，在天津的指标是 10.2 名，在上海的指标是 4.8 名，全国平均 2.2 名；在山东与河南的指标分别是 1.1 名和 1 名；在广东和安徽的指标分别是 0.68 名和 0.66 名。② 这意味着北京考生被北京大学录取的机会几乎是广东考生和安徽考生的 100 倍。无怪乎香港科技大学原副校长孔宪铎先生曾对上海和北京等人口不到全国 1%的城市集中了全国 10%以上的大学，而很多人口已近千万的贫困地区却没有一所大学的不合理布局深为喟叹。③

为消解日益加重的高校招生地方化倾向，教育部在 2008 年会同国家发展和改革委员会启动了"支援中西部地区招生协作计划"，对部属高校生源计划进行宏观调控。据相关资料统计，"2008—2012 年，协作计划从 3.5 万人逐年扩大到 17 万人，5 年来，相当于在东部地区建设了 68 所专门面向中西部考生、每年招生 2 500 人的公办普通高校。10 年来，部属高校属地招生比例已从 45%降到了 25%"④，基本实现了"部属高校属地招生比例一般不超过 30%"的目标。2016 年，在招生协作计划的基础上，根据教育部出台的跨省份生源计划调控方案，上海、江苏、浙江、福建、湖北等 12 个省份向山西、江西、河南、贵州、四川等 10 个省份共调出 16 万的生源计划。其中湖北省调出最多，达 40 000 人，贵州调入最多，达 38 200 人。然而，"从各省学生就读部属高校的入学机会指数（平均数为 1）看，不同省份悬殊

---

① 刘海峰，李木洲．高考分省定额制的形成与调整［J］．教育研究，2014（6）：73－80．

② 张千帆，曲相霏．大学招生与宪法平等：国际经验与中国问题［M］．南京：译林出版社，2011：1．

③ 孔宪铎．"科教兴国"，三问三议［J］．科技导报，1999（2）：22－27．

④ 汪大勇，邓晖．高考改革：让"独木桥"变"立交桥"［N］．光明日报，2012－07－24（5）．

的状况依然存在，甚至加剧，入学机会指数的差异系数（标准差除以平均数的值）有逐年递增的趋势，入学机会指数的基尼系数也从2001年的0.226提高到2010年的0.298。从各省份的入学机会指数变化情况看，北京、上海、天津的入学机会指数在2000年分别为1.75、1.61、1.51，到2010年，分别提高到3.64、3.73、2.84，西藏、青海、宁夏的入学机会指数也分别提高到2.70、1.82、1.72，但是河南、河北、安徽、内蒙古、广东、广西、云南、贵州、甘肃等省份的部属高校入学机会指数却一直在0.50—0.70的低点徘徊，提高幅度并不明显"①。可见，按省份定额的分配机制给考生平等的受教育机会和权利造成了巨大损害。它不但破坏了经济发达地区和不发达地区考生之间的双向流动，而且加剧了高等教育发展的区域不平衡。

事实上，国家教育主管部门尽管在招生数量上对区域不平衡的情况做了政策上的倾斜，实现了各省份间招生总量的大体均衡，但在录取率、办学层次、招生专业等"质"的方面却无法实现有效的均衡。在整体层面上和编制进程中缺乏宏观指导和调控的着力点，对计划编制进程缺乏监督指导和调控能力，仅仅是对编制结果的"量"的控制，缺乏对"质"的控制。这既影响了高等教育与地区经济的均衡发展，也不利于高等教育公平的实现。② 高考作为一项社会政策，除了具有保证社会成员的受教育权利的功能之外，最主要是承担着改善社会环境、增进社会的整体福利、缩小地区差距、保持社会稳定等重大社会功能。所以，平衡分配重点大学招生名额，遏止本地化倾向，也是确保社会最大公平、公正之要义所在。③ 因此，如何依"法"治"招"，保证招生录取"质"与"量"的均衡，兼顾考试公平和区域公平之间的恰当平衡，是今后按省份定额录取政策在改革中需要探索和

---

① 谈松华，文东茅. 高校招生名额分配研究报告［R］//考试招生制度改革专题调研报告汇编（下）. 国家教育咨询委员会内部文稿，2011：511.

② 王后雄. 我国高考政策的公平性研究［D］. 武汉：华中师范大学，2008.

③ 冯建民. 高考分省划线定额录取：历史参照、问题及对策［J］. 湖北招生考试，2007（24）：51-54.

反思的问题。

第二，按省份倾斜录取分数线：发达地区和落后地区迥异。随着社会主义市场经济的发展，作为一个关系多元利益主体的重大社会问题，高考公平制度随着社会的变革有了许多实质性的改革。尤其在高考实行按省份自主命题后，我国的按省份定额录取依据高等教育学校的布局差异在配额上有一定调整，然而，在中央与地方联合共建、部属高校下放以及强调高校服务地方经济发展的背景下，高考按省份定额最终演化为“两倾”，即倾斜的高考录取分数线与倾斜的招生名额投放。① 国家部属高校招生的地域化倾向，客观上会对各省份的录取分数线产生重大影响，尤其是倾斜的招生名额投放，使得省份间的高考录取分数线差异巨大。按省份倾斜录取分数线，因牵涉不同地区群体之间的利益，而影响了高等教育入学机会分配的公平，曾被称为“最刺眼的教育不公平”。

实际上，以分数为唯一录取依据的招生录取制度产生的一个突出社会问题是发达地区和落后地区的入学机会差距扩大。高考实行按省份自主命题后，各省份之间单纯“分数线”之比并没有多大意义。倾斜的分数线背后关涉的不仅仅是考试公平与区域公平问题，更是关系到区域政治、城乡经济发展水平，包括教育、文化、人口及就业等多种因素的综合问题。“分数”这个标准除了政府在教育资源投入上存在区域性差异的原因之外，还同个体所处的社会经济地位、家庭条件、父母受教育程度及对教育的重视程度紧密联系。一般来说，经济发达地区，政府或家庭在教育经费上的投入越大；反之，经济落后地区政府或家庭在教育经费上的投入就越是不足。这样两者之间的教育产出“分数”的差异也就相应拉大。经济发达地区和经济落后地区之间的区域不公平问题直接影响高考的录取率。具体来说，区域间招生指标的分配额、高等教育资源的丰富程度以及考生的生源质量，对一个省份的高考分数线起着决定作用。各省份间录取分数线的巨大差异

① 刘海峰，等. 高校招生考试制度改革研究［M］. 北京：经济科学出版社，2009：182.

直接反映了省际高等教育入学机会的区域不公平。

第三，按省份命题：统一性与多样化的矛盾。按省份命题的初衷是为高考选拔多样化发展的人才，促进中等学校实施素质教育，同时扩大高等教育学校的办学自主权，是高考政策公平性与多样性、统一性与个性化的体现，旨在推进考试的科学公正、安全高效与准确规范。然而自按省份命题产生以来，无论是学界还是社会，对这一高考命题方式的质疑声不断，近年来这种批判的声音尤甚。

首先，按省份命题有其多样化存在的合理性。一方面，按省份命题使高考的地方性特色得到保存和发扬，减少因地域差异带来的影响，使各省份区域文化的多元特点和优势得到发挥，更有利于培养学生的乡土情感。同时也使考试命题更具有公平的指向性。另一方面，按省份命题有利于整合省际教育资源，使各种教育资源合理分配，提高资源的利用率。同时也有利于深化教育体制改革，推进素质教育，发挥地方政府发展教育的积极性，推动地方基础教育改革尤其是新课程改革的实施，促进教育公平。

其次，按省份命题因其无法具有统一的衡量标准而备受诟病。一方面，按省份命题使得各地的试题难易程度、录取分数线等因缺乏统一标准而无法衡量，从而使各地录取分数线巨大差异的客观事实被掩盖；同时也使成绩的高低失去地方差异的意义，分数只在本省份内部具有可比性，省际不同考生的真实水平却无法区分。这种由省际差异带来的高等教育机会分配的不公平问题，无形中强化了受教育机会的区域不公平，甚至在一定程度上催生了“高考移民”现象。另一方面，按省份命题还会带来诸如教育资源浪费、命题质量和命题安全性存疑、高考户籍限制、高等教育资源区域分配不公等问题。

总之，按省份命题作为高考改革中扩大考试自主权的一种尝试，因其多样化的发展取向，在推进教育公平、保障个体平等的受教育机会和权利等方面起到一定的作用，同时也因其在实际操作中的弊端而加剧了新的教育不公平。无论是全国统一命题还是按省份命题，公平性和科学性都永远摆在第一位。

第四，“高考移民”：对教育补偿性保障的破坏。“高考移民”一般指教育较发达地区的部分考生利用各省份之间高考分数线和录取机会的差异，通过转学、迁移户口等办法到教育欠发达、高考分数线相对较低、入学机会多的地区应考。“高考移民”现象的出现主要由入学机会的区域不公平造成，跟各省份的录取分数线和招生录取机会的巨大差异有直接的关系。当前“高考移民”现象呈现两种流向趋势：一是流向新疆、宁夏、青海、内蒙古、海南等教育欠发达地区；一是流向北京、上海等录取比率较高的教育发达地区（受户籍制度的限制，这种流向情况的数量相对较少）。① 作为一种特殊的教育现象，“高考移民”成为一个破坏考试公平、损害教育公平乃至社会公平的严峻问题。

首先，“高考移民”人为地破坏了区域之间教育资源均衡分配的格局，影响了迁入地考生本可以享受到的教育补偿性保障的权益。“高考移民”直接损害的是迁入地弱势群体的受教育机会，尤其是农民工子女的受教育权利。“高考移民”人为抬高了迁入地省份的录取分数线，挤占了当地考生宝贵的升学名额，扰乱了迁入地正常的高考秩序，被认为是对公平公正原则的破坏和践踏。② 这种“高考移民”行为无疑是对当地考生教育补偿性保障权利的极大破坏。因此，切实保障弱势群体平等的受教育权利，实现高等教育资源分配的普遍平等，建立和完善对弱势群体的教育补偿机制，就成为切实维护高考公平的重要命题。

其次，“高考移民”是移民考生自身遭受教育不公平待遇的表现。区域之间高等教育资源的不均衡配置、基础教育的不均衡发展及高考录取机会的不公平分配等诸多原因，使得不同的省份之间的录取分数线和录取率差异巨大。这人为地造成了教育发达地区升学竞争的激烈，使这些地区的考生无法享受到与其他地方考生同等的升学机会。因此，高考移民考生实际上是一种趋利式“自我补偿”，或者是对入

① 张和生. 从“为国选材”到“为民量才”——转型中的高考公平问题研究［M］. 上海：上海交通大学出版社，2013：107.

② 李泽兵. 社会监督是医治“高考移民”的良方［N］. 中国青年报，2008－07－16（1）.

学机会区域不公的消极“抵抗”。①

“高考移民”实际上是社会不同的利益群体使用高等教育资源的表现和过程。要杜绝“高考移民”，需使我们现行的公共教育在公平正义的基础之上，建立一种利益分配更加公平、均衡的格局，保障高等教育入学机会的平等，重视高等教育补偿性保障制度的建立，完善教育政策的评估体系，以推动高考公平目标的实现。

（2）利益表达失衡：竞争过程失范

利益表达失衡是导致高考不公平的一个重要原因。社会经济领域的不平等必然影响教育公平的程度，同时也扩大了社会不公的程度。在我国，由于入学机会存在区域、城乡、阶层等的差距，社会不同群体间利益表达的异质性增强。高等教育资源的有限性，使不同利益群体在追求利益过程中必然会出现不正当的竞争行为。部分优势群体利用各自在政治、经济领域中的优势在高考各个环节的竞争中投机舞弊以谋取个人或小团体利益，这不但破坏了高考公平的竞争秩序，而且损害了教育公平和社会公平。

要平衡不同社会群体的利益诉求，改变社会不同群体利益表达失衡的状态，规范高考的考录过程，合理地对高考招生录取政策和录取名额进行完善和分配，推动教育公平，维护社会的公平正义。

第一，高校自主招生：自主权的失范和异化。高校自主招生制度自 2003 年启动改革试点以来，其公平性问题一直成为讨论的热点。从根本上讲，一切公共政策都是对特定社会情境的反应，某一特定时期和某一特定地区的复杂社会因素，构成了特定的政策环境。推行高校自主招生制度的初衷是改变传统高考一元化的价值评价方式，建立一种更加公平的多元化高考价值评价体系，扩大高校特色办学的自主权，推动中学素质教育的发展，促进大学对创造性人才的培养，推动差异性公平在高考价值评价中的实现。然而，这一本可以对现行高考招生制度形成有力补充的招生改革政策，却在市场经济的大环境中被

① 张和生. 从“为国选材”到“为民量才”——转型中的高考公平问题研究［M］. 上海：上海交通大学出版社，2013：108.

各类形形色色的利益关系所制约，异化为功利性利益角逐。

首先，利益主体间竞争有失公平。高校自主招生作为一项教育公共政策，其制定与实施涉及多方主体利益诉求，利益分配一旦失衡，则直接损害自主招生的公平性，破坏社会公平。一方面，自主招生政策在实施过程中，涉及政府、学校、考生等多个主体的不同利益诉求。各个主体在利益博弈过程中，必然会因力量的不均等而使强势群体得利、弱势群体利益受损，从而使公平缺失，招生过程异化。如自主招生虽然赋予高校一定的招生自主权，但并非所有的高校都具备自主招生资格，一些“985”高校和“211”高校就成为利益竞争的主场域。因此，无论是高水平大学之间争抢生源的“掐尖”“掐架”，还是线下操作的所谓“点招”“点录”，很大程度上都是优势群体在利益博弈中利用自身资源优势谋取私利的表现，是教育利益的一种异化。另一方面，在自主招生过程中，经济发达地区的教育利益群体能在利益角逐中获得资源优势，而落后地区的教育利益群体则处于弱势地位。高校自主招生的范围、人数和对象往往集中在经济发达地区，农村地区、经济落后偏远地区的考生由于城乡、地域、阶层等差别在经济、文化、信息、资源等方面处于资本上的先天劣势。如 2012 年，在上海大学自主招生简章中，招生的对象只局限在上海市优秀高中毕业生之中；大连理工大学自主招生简章则将文科考生的选拔范围限定在辽宁、吉林、黑龙江、河北、山东、江苏、浙江、湖南、湖北等九省；同济大学自主招生简章则规定无论是中学推荐还是学生自荐，文科生的选拔范围只限定于上海、浙江和江苏三个省份。很显然，农村地区、中西部经济不发达地区的学生被区别对待，他们在教育利益竞争中处于先天弱势地位。社会教育利益分配的不均衡使各利益群体间无法得到公平的对待，自主招生的公平性受到损害。

其次，利益主体内部竞争失范。自主招生政策在一定范围内扩大了高校的招生自主权，随着招生权限的扩大，利益群体内部为争取更多经济利益，出现隐性教育寻租现象。在自主招生过程中，如何公平地使用自主权是学校和考生面临的考验。一方面，高校为了掌控自主权，在制定自主招生考试的内容和标准时，会按照有利于自身利益的方向进行设计，人为加大主观因素的比例，为人情请托、权力寻租、金钱腐败等暗箱操作留下可能的空间。如有些高校为创收而违规扩招、买卖生源；特长生招生存在“黑幕交易”；为争夺生源而虚假宣传、恶意抢夺、胡乱诋毁；有些高中学校为谋求自身利益，在向高校推荐学生时只推荐关系户，不推荐优等生；等等。这些表面上的公平背后是实质上的不公平。再加上自主招生监督机制的不健全，招生选拔方式和标准的自由化、弹性化，为权力寻租和金钱寻租提供了可能，自主招生的过程公平和结果公平受到影响。另一方面，处于优势阶层的考生和家长为获得自主招生资格这一升学捷径，会利用自身优势阶层资本通过寻租谋取利益。优势利益群体通过“托关系”“走后门”谋取私利，成为一种独特的存在。如被人冒名顶替上大学的湖南“罗彩霞事件”，就是优势阶层通过权钱交易，侵害其他考生利益，破坏招生公平的体现。

最后，利益主体本身存在评价不公。如从高校主体来看，所有高校自主招生的申请条件都要求学生品学兼优、特长突出、综合素质优秀，但是对“优秀”的界定却没有明确而细化的评价标准。这不但容易因评价标准模糊而出现暗箱操作乱象，也使一些单科成绩特别优秀的“偏才”“怪才”无缘招生。同时，高校在自主招生选拔中没有统一的规则，对考生的测试缺乏规范，尤其是面试，随意化现象严重，受到媒体和社会公众的诟病，影响了公信力，损害了招生考试的客观性和公平性。① 而一些知名高校之间组织的“自主招生联盟”，由于其形成以及招生政策运作缺少明确的评价维度和刚性标准，则被质疑为换汤不换药的“小高考”。

高校自主招生政策体现了我国高考改革对人才选拔机制多元化的追求和探索。自主招生是有条件的自主，它受制于制度设计的理性逻辑，从根本上受制于社会主导价值观在效率与公平之间的权衡，它同时在保障教育公平的维度上发挥着重要作用。② 扩大高校的自主招生

① 刘海峰. 为什么要坚持统一高考［J］. 上海高教研究，1997（5）：44－46.

② 苏红. 高校自主招生并非无条件的自主［N］. 科学时报，2010－08－31（B1）.

权利，目的在于通过选材主体的多元性发展，建立一种更加公平的多元化选材标准，促进高考价值评价体系科学性发展。高校自主招生并不是改革的目的本身，而是实现科学选材的手段。而公平性则是科学性的价值归属，科学性本身就是公平性更高层次的要求和体现。高校自主招生改革应体现一种“科学性设计、公平性操作”的理念①，要规范自主招生程序，提高自主招生的透明度，建立、健全和完善自主招生招考制度，公开招考过程各个细节，建立相关的公示制度，使公众能够及时了解和获取自主招生的信息，严格监管制度，对招考行为进行监督②，以确保自主招生的公平公正。

有鉴于高校自主招生试点过程中出现的一些实际问题，为坚持以习近平新时代中国特色社会主义思想为指导，健全立德树人落实机制，探索多维度考核评价模式，着力实现学生成长、国家选材、社会公平的有机统一，教育部于 2020 年印发《关于在部分高校开展基础学科招生改革试点工作的意见》，决定自 2020 年起，不再组织开展高校自主招生工作。

第二，高考加分：政策的缺失和异化。高考加分政策的初衷是为了弥补高校招生制度的某些缺陷，其目的是满足学生个性化发展的需要，促进高等教育入学机会的公平，并对弱势群体和落后地区的考生予以补偿，推动社会公平正义的实现。然而在具体实施过程中，因加分制度设计本身的缺陷、政策执行的透明度不高及有效的监督机制缺乏等原因，高考加分政策逐渐失去公平的效度，政策执行走向变异和腐败。甚至在一些地方，高考加分被异化为某些社会阶层的特权，变成权钱交易的通道，极大地损害了教育的公平性。

我国高考加分乱象主要有以下几种表现：一是加分项目繁多。我国高考加分项目分全国性和地方性两大类。全国性高考加分项目共计 14 项，而各类地方性加分项目则高达 200 项，且名目不一，种类繁多，纷繁复杂。由于加分政策缺乏有效的公共监督机制，执行过程中

---

① 王后雄．我国高考政策的公平性研究［D］．武汉：华中师范大学，2008．

② 张蕾，柳军．我国高校自主招生政策探析［J］．继续教育研究，2015（3）：9－10．

缺少刚性标准，不够公开透明等原因，这些种类繁多的加分项目在一些省份被严重异化。二是加分政策随意。高考加分政策自推出以来，其合理性和公平性就备受争议。根据教育部规定，各省（自治区、直辖市）普通高校招生委员会可根据实际需要，对本地区政策性照顾加分项目做出研究和确定，此决定经本省（自治区、直辖市）高校审查后报教育部核准并向社会公布。这种“教育部规定—省级招生委员会决定—学校审查认定”的加分许可模式，从表面上看是高校拥有高考加分最终许可权，但事实上高考加分许可权由省级招生委员会掌握。且对加分许可权归属之规定因过于模糊而失范，容易产生考生加分许可权争议。①三是加分造假严重。加分造假主要是指家长、学校、权力机构人员、社会中介人员等多个社会阶层的不同利益群体利用各自的金钱或权力相互勾结，对考生身份进行变更或造假以获得加分资格，以损害他人利益来谋取私利的行为。高考加分造假问题被频频曝出，社会各个不同的利益团体在权力腐败和寻租下抱团，逐步形成了加分造假“产业链”，严重破坏了高考公平秩序，损害了教育的公平和正义。

有鉴于各种高考加分异化乱象，教育部在《关于做好2016年普通高校招生工作的通知》中明确规定，进一步改革和完善招生录取机制，减少和规范高考加分。在2015年全国性政策鼓励类加分项目全部取消的基础上，2016年只保留5项全国性扶持类加分项目；地方性加分项目则从2014年的95个减少到2016年的35个，减幅为63.2%。《2016年普通高等学校招生工作规定》明确有关省（自治区、直辖市）自行增加的超出规定范围的政策性照顾项目及分值仅适用于向本省（自治区、直辖市）所属高校投档时使用，且分值不得超过20分，同时不得与其他项目分值累加。

第三，考试作弊：竞争的投机和异化。考试作弊是伴随着考试活动产生的一种考试异化行为，它不仅破坏了考试公平，也影响了社会的稳定。考生在考试过程中违背社会诚信，通过替考、作弊等多种违

① 刘练军．高考加分的法律分析［J］．金陵法律评论，2010（2）：85－98．

规手段投机取巧，获得虚假成绩，并以此取得入学机会竞争优势的行为，不但损害了考生公平竞争的权利，更是对教育公平的极大破坏。这种破坏比任何一种制度或政策性的偏差都要严重，特别值得社会重视和防范。考试作弊已经蔓延到所有考试领域和考试活动中，人们深感作弊之扰，深受作弊之害。尤其是高考作弊，严重损害了依据考试结果对高等教育优质资源公平分配的规范，也使公平的考试竞争在利益博弈下异化和变质。

近几年，高考作弊现象时有发生且呈上升趋势，作弊形式变得规模化、团体化、信息化，并形成了一个产业链，从产销各种作弊器材尤其是高科技器材，到卖试题、传送答案、组织替考等“一条龙服务”[①]，不仅个体舞弊案频发，团体性的舞弊事件也层出不穷，如2013 年辽宁盘锦高考舞弊案，2014 年河南开封高考群体舞弊案，2015 年江西南昌高考舞弊案……随着升学竞争的日益加剧，一些人铤而走险，使考试的人才选拔功能遭受严峻考验。考试作弊屡禁不止的原因是多方面的，固然有传统价值取向影响、不良利益驱动等主观原因，也有监管制度不完善、违纪处罚标准难把握等客观原因。2015 年公布的《中华人民共和国刑法修正案（九）》，明确将考试作弊入刑定罪，这对培养诚信意识、打击考试投机、维护考试公平公正和社会稳定起到很好的促进作用。

在高校招生的过程中，还存在一些特殊形式的竞争不公，如对特长生、保送生、定向生、调剂生等的选拔。这些政策的设立，本是为了弥补统一高考单一以分数选材的缺陷，促进高考公平的多元评价，但在实际操作过程中却逐渐异化变质，背离了政策推行的初衷。如特长生加分实际上是对在体育、艺术等方面确有特长学生的奖励，但在实际运行中却出现了各种各样巧立名目加分的失范行为，损害了高考分数的应有解释力，为社会所诟病。[②] 同样，保送生政策等也因缺乏

① 杨行玉，高立平. 考试“公平”危机治理［J］. 陕西教育（高教版），2012（Z2）：99 100.

② 郑若玲. 自主招生改革何去何从［J］. 华中师范大学学报（人文社会科学版），2010（4）：135 - 142.

有效的社会监督机制，推荐条件缺少刚性标准，在现实执行中极易成为利益寻租的腐败阵地，而引发社会的强烈不满。

（3）差异失衡：竞争结果不公平

当前我国的高等教育资源还十分有限，无法满足每个人都接受高等教育的需要。社会个体获得高等教育入学机会的方式是通过高考这种选拔机制来实现的。通过高考的竞争和区分，社会不同群体获得高等教育资源各有不同，接受优质高等教育的机会自然也是迥异。高考选拔制度在实施过程中存在妨碍公平的诸多因素，这些因素使高考结果的差异明显失衡，同时也损害了教育公平。高考结果的绝对公平是不可能的，关键是产生这些结果差异的原因是否是公平合理的。如地域差异、城乡差异、阶层差异、民族差异、个体差异等，这些差异固然有地理环境、历史条件等客观原因，同时也受政策制度、金钱权力、考试内容、评价方式等人为因素的影响。

首先，政策制度设计影响城乡、区域等差异。现实中，国家公共政策的不同取向或偏差，会加剧高考不公平的发展。如我国的高考制度设计，长期以来都是以“城市优先”为价值取向，高考政策、考试内容和标准的设计都是以城市学生状况和学习水平为依据，这对教育资源极匮乏的农村和边远地区是极为不利的。① 一方面，这使城乡、区域之间的高等教育入学差异扩大；另一方面，这种差异的不合理性在当下也越来越受到质疑。一项关于城市考生和农村考生参加高考的录取机会分析显示，城市考生的高考录取率均高于当年总的录取率，而农村考生的录取率总是低于当年的录取率，这说明在国家规定的学制时间内，农村考生难以具备与城市考生同等的学业竞争能力，农村考生升学要付出更多的代价。② 一直以来，我国高等教育在政策制度和资源投入上都对东部地区、经济发达的省会城市等地倾斜，这对扩大区域差异、城乡差异，导致高等教育入学机会不均等都有深远的

① 陈权. 制度安排中的公平与正义：对高等教育机会均等的制度分析［D］. 长春：吉林大学，2005.

② 苟人民. 高考公平的实证考察及认识［M］//《高校招生》杂志社．和谐高考　阳光招生——《高校招生》杂志理论研究专辑．成都：电子科技大学出版社，2006：16－20.

影响。

其次，评价方式影响个体差异。我国当前的高考选拔以分数为唯一录取标准，这种选拔人才的评价方式固然有其合理的一面，但也存在一定的漏洞和不足。一方面无法兼顾不同类型的高校对生源的个性化需求，另一方面忽视了不同考生的个性特征，剥夺了个体多样化发展的可能，导致多元化评价流于形式。这既不利于高校的创新发展，也不利于个体的个性化发展。如在统一的高考评价体系下，学生对文理科过早做出选择，使文理科结构严重失衡。大部分学生选择理工科不是出于兴趣，而是迎合就业的需要，而高校被动扩招理工科学生则是人才培养去个性化、流于程式化的反映。这说明我国当前统一的高考评价方式存在使教育偏功利化的倾向，不但使人才结构失衡，也使学生失去个性化发展的机会。

最后，金钱权力加剧阶层差异。在一些地方，随着社会分化加剧，不同利益群体和阶层之间的差异在加大。那些经济资本和文化资本较丰厚的优势阶层子女更容易获得高等教育入学机会，享受优质的高等教育资源。而那些社会资本不足的弱势阶层子女则更容易在争取入学机会中被边缘化。高等教育入学机会的分配更倾向有优势家庭背景出身的人群。那些更多拥有对社会资源占有和支配权力的阶层，会充分利用自己的权力和资源优势，适应并在社会变迁中维护和延续自己的优势地位，排斥其他阶层。[①] 这种因金钱权力引起的阶层差异失衡，越来越被社会重视和关注。“只有在社会生产力发展到一定阶段，发展到甚至对我们现代条件来说也是很高的阶段，才有可能把生产提高到这样的水平，以致使得阶级差别的消除成为真正的进步，使得这种消除持久巩固，并且不致在社会的生产方式中引起停滞或甚至衰落。”[②]

---

① 罗立祝. 高校招生考试政策研究［M］. 武汉：华中师范大学出版社，2016：214.

② 马克思恩格斯全集：第 18 卷［M］. 中共中央马克思恩格斯列宁斯大林著作编译局，编译. 北京：人民出版社，1964：610.

2. 我国高考公平问题的深层原因

马克思曾针对德国工人党空谈教育平等的观点进行过深入的批判："平等的国民教育？他们怎样理解这句话呢？是不是以为在现代社会中（而所谈到的只能是现代社会）教育对一切阶级都可以是平等的呢？或者是要求用强制的方式使上层阶级也降到国民学校这种很低的教育水平，即降到仅仅适合于雇佣工人甚至农民的经济状况的教育水平呢？"① 马克思认为，只有实现政治、经济上的平等，教育公平才可能成为现实。如果我们脱离经济条件、政治制度和社会文化空谈教育公平，那么高等教育入学机会和权利的平等就不可能真正实现，高考公平最终将成为一句空话。高考公平问题的产生，根源于教育实践的发展，具有历史性、社会性和相对性。高考竞争的实质是各种利益冲突、社会矛盾在教育领域的集中体现。高考公平的实现程度同社会的经济发展水平相关联，与一定的社会制度、社会文化发展相联系，是社会经济利益冲突在教育实践中的集中反映。我国的高考制度始于 1952 年，历经各种演变。高考中的诸多不公平现象，实质上与经济发展及传统文化制约等有着本质的联系。

首先，经济发展不均衡是影响高考公平的物质根源。马克思认为，人的一切活动"首先是为了经济利益而进行的，政治权力不过是用来实现经济利益的手段"②。社会公平问题的产生，源于人类劳动实践的发展。因此，社会公平的实践程度与一定社会的生产关系、生产力水平息息相关，是社会经济基础的反映。高考公平的实现程度同社会的经济发展水平以及由此带来的高等教育入学机会公平、高等教育资源的恰当分配相联系，高等教育优质资源的稀缺及高等教育资源分配不公是产生高考公平问题的根本原因。在教育活动中，各种具有相互利益的个体或群体相互合作，这种合作既有利益上的一致性，也有利益上的冲突性，这就需要有一种恰当的利益分配方式来确定各自

① 马克思恩格斯选集：第 3 卷［M］. 中共中央马克思恩格斯列宁斯大林著作编译局，编译. 北京：人民出版社，2012：375.

② 马克思恩格斯选集：第 4 卷［M］. 中共中央马克思恩格斯列宁斯大林著作编译局，编译. 北京：人民出版社，2012：257.

在教育合作中的利益和负担的份额。

一方面，经济发展不平衡影响高等教育资源的均衡投入，加剧高等教育入学机会和权利的不平等。我国当前的经济发展并不平衡，城乡、区域之间的差距尤其显著，贫富差距分化明显。东部地区经济相对发达，教育经费投入充足，优质高等教育资源相对较多。而中、西部地区则由于经济欠发达，教育经费的投入相对不足，高等教育资源也相对匮乏。另外，随着社会的变革和发展，社会群体的阶层分化明显，不同经济地位的阶层之间高等教育入学机会差异很大，这无疑对高等教育资源分配产生深刻影响。经济发展的不平衡，政府在配置高等教育资源时向重点高校倾斜的政策偏差，高等教育资源配置失衡，加剧了教育的不平等，个体或群体平等的受教育机会和权利无法得到保障。另一方面，高等教育资源的不均衡分配影响教育水平不平衡发展，从而加剧了高考的不公平竞争。经济发达地区教育资源相对丰富，教育质量能够得到保证，教育水平相对先进；经济欠发达地区教育投入不足，导致教育水平相对滞后。由于优质高等教育资源的有限和稀缺，对资源的竞争就愈加激烈。在相同的教育环境下，那些在经济条件中处于优势的阶层，可以获得更多的教育机会和教育资源，从而在高考竞争中处于有利地位；而那些处于劣势地位的阶层，由于受经济条件和生活环境的限制，获得的高等教育入学机会和优质教育资源相对较少，在高考竞争中处于不利地位。在今后的社会竞争中，由于文化知识技能的影响，“贫者愈贫，富者愈富”的现象会出现，从而加剧社会财富分配的两极分化。

其次，社会分配制度建设不完善是影响高考公平的政治根源。“消费资料的任何一种分配，都不过是生产条件本身分配的结果；而生产条件的分配，则表现生产方式本身的性质。”① 马克思认为离开生产方式和生产关系本身孤立地谈社会分配问题是没有意义的。公平问题不仅是一个经济问题，同时也是一个政治问题。实现高考公平，

① 马克思恩格斯选集：第 3 卷［M］. 中共中央马克思恩格斯列宁斯大林著作编译局，编译. 北京：人民出版社，2012：365.

既要以社会经济发展为基础，同时也要与社会政治制度协调发展。高考制度的公平性，在一定意义上指在现实社会生产方式和生产关系条件下实现最大可能的高考公平。如美国学者伊斯顿（D. Easton）所说，本质上任何政策和法律都是对社会利益进行权威性的分配。① 那么，高考制度公平的实质首先是高考活动中利益分配的公平，即高等教育入学机会和高等教育资源的平均分配。高考公平的诸多问题，从本质上讲与社会分配制度的公平直接相关，两者相辅相成，需协调发展。社会分配制度关乎整个社会的利益，其公平性对高考公平构成直接影响。

一方面，社会分配制度的公平制约着高考制度的公平，对高考公平产生直接的影响。改革开放以来，我国社会分配体制进行了很多改革，在推动社会进步、实现教育领域体制转轨、促进高考公平等方面起到了一定的积极作用。但在实际社会运行中，某些规范或约束的缺失，给高考公平的发展带来很大的障碍。如高校自主招生中的权力寻租、金钱腐败现象，按省份定额制、高考加分政策下的高考移民现象等，都是分配制度运行不健全下的高考不公平现象。我国当前高考不公平制度的安排，体现在它对不同地域考生的差别性对待上，即西部省份和京、津、沪等直辖市属于政治特惠的“高考洼地”，而中部地区则属于制造歧视的“高考高地”，两者在形式上表现为高考录取分数线的差异，而其本质则是社会稀缺资源——高等教育入学机会分配的不公，从而造成高等教育发展的区域不公。② 在高等教育资源相对有限的前提下，倘若社会分配制度不合理，则容易使优质高等教育资源被某些优势的利益个体或利益群体控制，个体之间、区域之间高等教育入学机会和资源分配的不均衡加剧。另一方面，高考公平制度建设会对社会分配制度的公平运行起到推动作用。加强政治体制建设，建立正确的教育公平制度，减少高考制度中的不合理安排，如对加分

---

① 伊斯顿. 政治生活的系统分析［M］. 王浦劬，译. 北京：华夏出版社，1999：4－5.

② 张和生. 从“为国选材”到“为民量才”——转型中的高考公平问题研究［M］. 上海：上海交通大学出版社，2013：108.

政策、保送生政策等制定刚性统一标准，增加操作过程的透明性；规范考试内容，对考试作弊制定高风险成本的严厉处罚制度，制定高考考风监督管理和责任追究制度；严格取消“点招”“点录”等自主招生政策，规范统一的自主招生录取制度等。这些措施有利于保证高考制度的科学性和公平性，推动社会分配制度的公平发展。

最后，社会价值观的异化是影响高考公平的文化根源。马克思在《哥达纲领批判》中指出：“权利决不能超出社会的经济结构以及由经济结构制约的社会的文化发展。”① 社会价值观的形成、传承和发展受社会生产力发展水平、生产方式及社会文化的影响，个体的主观评价和意愿受制当时社会文化发展的现状。我们在评判个体的行为或政策的实施是否公平时，体现的是一定社会活动下个人对社会道德标准、社会文化的认同程度。高考作为一种特殊的社会活动，是我国独特的经济环境和体制环境下的文化产物，是考试历史和特殊文化语境下形成的一种文化现象。高考改革只有同中国传统文化和当代社会发展现状相结合，才能实现高考公平的稳步推进和稳定发展。

从考试历史的角度看，我国当前的高考公平问题和科举制的流弊有一定的联系。科举制从最初时公平选材的初衷到最后没落时的僵化保守腐朽，根本原因是它为个体提供的向上流动的社会功能发生了异化。同样，当前我国的高考制度面临和当年科举制相似的困境，传统的“唯学历论”“学而优则仕”等观念，使得个人和社会对学历和出身过分看重，等级观念、特权观念盛行，社会阶层流动开始固化，严重阻碍着高考公平的发展。从社会发展现实的角度看，我国当前的高考因为承担了太多的社会职能，导致利益的高度集中，高考不公平演变为物质利益不公平的外化形式，成为当前教育领域最重大的社会问题。“人们为之奋斗的一切，都同他们的利益有关。”② 在利益驱动下，来自不同阶层的个体或群体以获得优质高等教育资源为目的相互

① 马克思恩格斯选集：第 3 卷［M］. 中共中央马克思恩格斯列宁斯大林著作编译局，编译. 北京：人民出版社，2012：364.

② 马克思恩格斯全集：第 1 卷［M］. 中共中央马克思恩格斯列宁斯大林著作编译局，编译. 北京：人民出版社，1995：187.

勾结。由于缺乏有效的公共监督机制的约束，各种考试舞弊等弄虚作假问题层出不穷，托关系、讲人情、走捷径的社会风气盛行，社会诚信缺失，道德价值理念严重滑坡，这些都会影响高考公平的真正实现。

（三）基于公平取向的高考改革原则

高考改革和社会的实践发展相联系，关涉社会利益的再分配，是维系社会公平、促进社会稳定发展的重要手段。坚持人才选拔的公平性和科学性，是社会对高考改革的价值诉求。一方面，教育资源的稀缺性、有限性与无法满足社会个体或群体的需要之间的矛盾，使得公平冲突成为必然；另一方面，由于受社会生产力发展水平的制约，城乡、区域、阶层等差异会影响高考公平的性质和程度。

高考公平关乎民心向背和社会的稳定，是现代国家追求规范有序竞争，实现高等教育资源合理分配的价值选择。在当前社会经济多元化发展、高等教育进入大众化的背景下，人们对高考公平的要求越来越高，坚持高考改革的程序性正义原则、补偿性正义原则和评价性正义原则，维护社会群体的利益公平成为高考改革的重要价值指向。

1. 程序性正义原则：高考公平的基本起点

在人类社会的活动中，具有相互利益的个体或群体为某种利益而相互合作，由于这种合作的临时性、功利性和冒险性，“就需要一系列原则来指导在各种不同的决定利益分配的社会安排之间进行选择，达到一种有关恰当的分配份额的契约。这些所需要的原则就是社会正义的原则，它们提供了一种在社会的基本制度中分配权利和义务的办法，确定了社会合作的利益和负担的适当分配”①。据此，罗尔斯提出了“作为公平的正义”的两个正义原则——确保自由的原则和确保平等的原则。他还对解决利益冲突或资源分配过程的程序性正义（procedural justice）和补偿性正义（compensatory justice）做了独特的论述和证明。罗尔斯认为，程序性正义强调关注实现正义过程的公

① 罗尔斯. 正义论［M］. 何怀宏，何包钢，廖申白，译. 北京：中国社会科学出版社，1988：1.

平性和合理性，程序或程序本身的公平先于结果公平。同样，在以公平为首要价值的高考改革中，程序性正义原则着重关注形成社会个体或群体利益基本平衡过程的规范性和正义性，体现的是国家在对高等教育入学机会及高等教育资源进行分配时，不仅关注结果的正当性，更关注形成这种结果所依据的规范和原则的合理性和正当性。保证高考程序本身的公正和程序实施过程的公开透明是实现高考公平的基本起点。

首先，程序性正义为高考公平程序的设定提供合理保障。程序性正义强调程序或程序本身的公平，它主张的施用于任何社会个体或群体程序的合理性和正当性要求，目的是保障实现公平的合理和有序。在教育活动中，程序性正义是针对教育结果公平实现过程制定的一种基本结构，这种教育基本结构是一种以公平为核心价值的制度设计，这种公平指向的合理性结果要求程序设计者能在综合考虑各种影响过程的因素下公平公正地制定程序，同时制定制度的过程和结果必须公开透明与相对公正。如制定高校招生录取制度需要考虑的因素从制度设计、考试内容、录取标准到录取过程中的城乡、区域、民族、性别方面的差异等都应当涉及，且保证公正。在高考中，无论考试还是录取，其规则和程序都具有规范性，体现程序的公正，这样势必会保障利益个体或群体各自在程序中的利益和权利，促进教育资源的合理分配和公平竞争机制的规范运行，同时也会推动高等教育入学机会及权利的平等。

其次，程序性正义要求高考程序的实施过程必须公开透明。公平是高考改革的核心价值体现，保证高考在制度、规则、形式、机会等各个程序上的公平、公开和透明，让每个受教育个体在高考过程中平等参加选拔和分配是高考改革的基本前提。我们知道，“无知之幕”（veil of ignorance）背后，每个人的家庭出身、社会地位、天赋能力、价值观念、文化水平等因被遮蔽而具有平等性。尽管这种不考虑实际的抽象假设脱离一定的契约处境，无视人与人之间的各种差异，但为程序性正义超越局限达成共识提供了可能：在教育结果公平的理想和机会、权利、资源等的不平等面前，指向结果公平的程序，即实现教育机会与权利平等和高考资源均衡分配的过程必须公平、公开、透明。如逐步推进的“异地高考”政策、选择性考试制度、按省份指标调整政策等，这些相关政策的调整依据、标准和过程都要公开透明，因为程序公正影响着高考过程公平的实现程度，没有程序上的公平，实质的公平会变得更加遥远。“高考制度公平性体现的程序公正，是国家对高等教育入学机会进行分配时所依据的规范和原则的合理化和公平性。”① 程序公平不但可以提升高考公平的层次，增强高考制度的可接受性，同时也是高考公平的基本起点。

最后，程序性正义本身有一个完善的过程。程序本身是一种人为的设计，这就不可避免带有意识形态的可控性特征。即使是在相同的“客观”程序下，对于不同的考试主体、考试对象、考试内容和考试形式，也会有“接纳”（include）和“排斥”（exclude）两种不同态度，这意味着“程序公平”只是一种理性的权宜，并不是实质的公平。② 但程序性正义的这种不完善并不意味着可以否定它的合理性、正当性和公平性，正如恩格斯所说：“历史同认识一样，永远不会在人类的一种完美的理想状态中最终结束；完美的社会、完美的‘国家’是只有在幻想中才能存在的东西。”③

2. 补偿性正义原则：高考公平的阶段性追求

补偿性正义原则是对不应得的不平等要求给予某种补偿的原则。“补偿原则就认为，为了平等地对待所有人，提供真正的同等机会，社会必须更多地关注那些天赋较低和出生于较不利的社会地位的人们。这个观念就是要按平等的方向补偿由偶然因素造成的倾斜。遵循这一原则，较大的资源可能要花费在智力较差而非较高的人们身上，

---

① 王后雄，王世存. 不同利益群体对高考制度公平性认同度的调查与分析［J］. 教育测量与评价（理论版），2011（9）：4－18.

② 苏尚锋. 考试的起点、过程和结果公平［J］. 湖北招生考试，2005（20）：15－19.

③ 马克思恩格斯选集：第4卷［M］. 中共中央马克思恩格斯列宁斯大林著作编译局，编译. 北京：人民出版社，2012：223.

至少在某一阶段，比方说早期学校教育期间是这样。”① 在教育活动中，为消除受教育个体或群体之间的先在差异性，根据教育条件、经济状况及历史文化背景等的差异，对教育领域中弱势群体、地区施行适当的政策倾斜和优惠补偿政策以保证结果的相对公平，就成为当下我国实现高考公平的阶段性要求。事实上，追求高考公平并非指高等教育资源分配上的平均主义，而是使高等教育资源的分配能够对最不利者进行改善并使之受益，让每个受教育个体都能享受到教育公平带来的受教育机会和权利的平等，是让“最少受惠者”受益的一种补偿。

首先，补偿性正义是实现高考公平的现实诉求。在高考中推行补偿性政策，主要是为了体现教育公平的理念，纠正现实中的高考不公平现象，通过对高等教育入学机会和教育资源的有机再分配，缩小弱势群体和强势群体在既得教育利益上的差距，最终实现事实上的高考公平。在教育领域中，对弱势群体的补偿主要包括两个方面：一是对因客观原因，如地理位置、经济文化水平、家庭出身、先天（或后天）身体条件等因素，而在教育中处于弱势地位的群体进行补偿；二是对教育实践过程中因政策设计、具体教育活动过程不平等等因素而处于弱势地位的群体进行补偿。随着教育利益的多元化发展，高考在表面上的程序公平背后，也隐含着深层的实质不公平。高考改革过程中出现的诸如“自主招生黑幕”“加分造假”“高考移民”“少数民族身份造假”等各种不公平现象，既有外在金钱权力等因素影响的原因，也有内在政策失衡的原因。如果弱势群体的受教育机会、权利、教育资源等权益不能得到公平有效的分配，那么他们可能永远丧失向上流动的机会。因此，旨在维持受教育个体或群体利益相对均衡的教育补偿政策势在必行。高考中对高等教育入学中的弱势群体进行相应利益补偿，减少其因处于不利地位而造成的教育损害，保障其入学机会和权利的平等，成为真正实现高考公平的一个重要途径。

---

① 罗尔斯. 正义论：修订版［M］. 何怀宏，何包钢，廖申白，译. 北京：中国社会科学出版社，2009：77.

其次，补偿性正义要坚持适当的原则。一项政策的实施，往往是各方利益博弈的结果。一部分人（往往是大多数人）的利益在得到满足的同时，必然会有另一部分人（一般是极少数人）的利益受到损害。当下，我国的区域、城乡、阶层等发展差异巨大，要实现高等教育入学机会与权利的普遍平等，就要对弱势群体和地区采取补偿机制，以促进教育的均衡发展。但这种补偿要坚持适当的原则，注意科学性和公平性的平衡，否则就会出现矫枉过正的现象，对大多数群体的利益造成抑制和损害，反而会形成新的教育不公平。我国近年来如“高考移民”等现象之所以屡禁不止，在一定程度上也是对教育补偿性政策过分倾斜的不合理进行的消极抵抗。

最后，补偿性正义原则应坚持公共政府的主导。政府是阶级活动的产物，因其自身的本质特性而具有公共性和自利性的特征。“公共性是政府权威正当性的基础或依据，它意味着政府权力的运用必须严格地规定和限制在追求公共目标和普遍福利的范围内。只有政府能够以全体国民的合法身份代表公共利益，处理私人利益与公共利益之间的关系。”① 在高考中，政府作为核定教育补偿对象的执行者，应秉持公平、民主的公共行政理念，使按省份定额录取、自主招生、加分等高考政策和制度在制定时能尽量考虑利益补偿和整体利益之间的平衡。“在政府控制的领域追求公平，目的是纠正市场带来的不公平，或是纠正以往的政府政策导致的不公平。政府实施的补偿性不公平，目的是抵消分配领域之外但又属于更广泛的权利要求之内的不公平。失业保障、儿童抚恤、大学教育担保金、食品券等都是这样的例证。”② 这对于缩小发展差距、普及教育及促进考试公平等具有重要的意义。

3. 评价性正义原则：高考公平的理性把握

作为一种评价性体系，评价性正义的参照坐标是基于历史必然性

① 涂晓芳. 西方政治学中的政府利益观及其评析 [J]. 政治学研究，2005 (4)：106-114.

② 弗雷德里克森. 公共行政的精神 [M]. 张成福，刘霞，张璋，等译. 北京：中国人民大学出版社，2003：107.

基础上分配的恰当性，体现着对教育资源的分配是否恰当的判断，判断这种分配是否具有正当性、合理性和规范性，是否具有恰当的公平性的尺度与标准。当然，作为一种对高考属性和价值的评价，评价性正义首先是以公平为主体价值的尺度，体现着高考改革的价值目标和对高考公平的理性把握。

首先，科学性是评价性正义的核心指向。高考公平的本质是基于公平基础上高考活动合目的性和合规律性的统一。高考公平的科学性强调高考招生录取政策、高等教育资源分配机制等高考制度内部的专业性、恰当性，科学性评价体现的是人们对高考公平的价值判断。一方面，科学性要求评价能够强调价值客体的客观性而不依赖评价主体的主观意识判断。“人类始终只提出自己能够解决的任务，因为只要仔细考察就可以发现，任务本身，只有在解决它的物质条件已经存在或者至少是在生成过程中的时候，才会产生。”[①] 如高考制度内部改革，从科目设置到自主招生，从统一高考到按省份自主命题，从排序志愿到平行志愿等，都是基于高考公平的客观需要做出的调整和改革，符合教育发展规律和人的需要。另一方面，科学性要求有一个相对恰当的评价标准。我国现行的高考评价体系存在模式化、趋同化、应试化的特点，如由“一考定终身”带来的高校招生选拔的“去个性化”问题，因“唯分数论”出现的“考什么教什么”现象，致使中小学“应试教育”问题积重难返，直接或间接影响了普通教育的方向和模式，因“唯学历论”带来的教育功利化导致的高考竞争失范……这些因评价标准缺乏一定科学性而带来的教育问题，损害了学生的身心发展，影响了高考公平的发展。当然，绝对统一公认的评价标准不可能存在，否则也就不符合评价的科学性要求。科学的评价标准只是一种相对概念，建立一种相对恰当和一致的评价标准，如强调综合素质多元评价、多元录取方式并存的录取机制等，被社会认可和支持，是当前推动高考改革稳步实施的关键。

---

① 马克思恩格斯选集：第 2 卷［M］. 中共中央马克思恩格斯列宁斯大林著作编译局，编译. 北京：人民出版社，2012：3.

其次，合理性是评价性正义的内在要求。从公平的维度探讨高考制度评价的合理性（rationality）是评价性正义的内在要求。评价的合理性本质上是一种合规范的价值评判活动。高考公平评价的合理性指评价者在一定条件的限度内，以公平为维度做出的适合实现高考公平的对高考制度及政策、程序、价值等的衡量。一方面，高考公平性评价的合理性具有历史性、阶段性的特征，是社会历史阶段的产物。恩格斯在《反杜林论》中曾说："……仅仅在欧洲最先进国家中，过去、现在和将来就提供了三大类同时和并列地起作用的道德论。哪一种是合乎真理的呢？如果就绝对的终极性来说，哪一种也不是；但是，现在代表着现状的变革、代表着未来的那种道德，即无产阶级道德，肯定拥有最多的能够长久保持的因素。"① 任何评价都是在一定社会条件下进行，因此它的合理性也是依据当时的社会历史条件而衡量，具有相对性。不同的社会历史条件下，对评价对象是否合理性的判断是不同的。我国从统一高考到现在的按省份命题，都是在不同社会条件下做出的高考改革实践，随着社会的发展和教育的进步，这种招生考试方式自然也会发生相应的演变。如当前的以统一招考为主、多样化招生为辅的考试制度等，就是根据当前我国的教育机会、教育资源、教育环境等教育发展现状做出的合理性选择。另一方面，评价主体应具有公平、科学、独立的特征。合理性是一种基于人的活动的实质性价值标准，这种标准源于主体意志外在彰显的诉求和外在来自社会秩序的要求；合理性要求作为评价主体的人必须具有能够判定客体意义的理性标准，不能按独断随意的任性来判断，且要有充分的理由去证明评价主体所赖以做出评价的价值准则符合人的发展性和社会进步性。② 因为与高考相关的利益群体十分复杂，关系到价值评估的方方面面，这就决定了高考公平合理性评价的主体不仅要科学、专业，更要具有合理性。

---

① 马克思恩格斯选集：第 3 卷［M］. 中共中央马克思恩格斯列宁斯大林著作编译局，编译. 北京：人民出版社，2012：470.

② 冯平. 评价的合理性［J］. 哲学研究，1992（4）：35－39.

最后，规范性是评价性正义的必然选择。规范性（normativity）往往指的是一种行为标准或规则。作为评价性正义所具有的规范特性，规范性表达的是一种“应当”与“要求”，它既可以是个人对社会的规范，也可以是社会对个人的规范。① 高考公平评价的规范性，主要指在公平的维度下，评价主体在对高考政策调整、高考体制完善、高等教育资源优化配置等决策进行评价时所遵循的原则性和约束性，是一定的标准、规则等对评价行为所具有的主导作用。在对考试制度、考试内容、考试标准等公平性的系统测量、评价和比较过程中，规范性成为公平维度下高考公平评价的必然选择，对高考在形式、机会和规则等起到权威的规范作用的同时，还可有效促进受教育个体个性的发展。

（四）促进高考公平的实践策略

高考公平既是实现教育现代化、民主化的关键问题，也是社会公平领域的重要问题，对于提升教育公平、稳定社会政治秩序、促进社会流动具有重要的作用。高考的公平性是教育制度的基本功能和重心所在，它使社会个体在一定程度上摒弃了在家庭出身、社会地位和人际关系等人为因素方面的干扰，保证了凭借自身的才能和努力平等地享有高等教育入学机会和权利，成为人类社会永恒的价值诉求。随着高等教育的普及化发展，社会对诸如受教育机会和权利、录取标准、考试内容、考试公平和区域公平等高考公平性问题的关注和诉求也日益增强，高考公平面临严峻的挑战。如何提高高考改革的公平性和科学性，推动教育公平乃至社会公平的发展，是当前高考公平需要思考和解决的问题。

1. 统一性与多元性：改革方向

我们强调高考的公平性不仅仅是关注教育机会、权利及资源等的合理性分配，同时更要关注受教育个体个性的自由和全面发展。这就要求高考改革在坚持统一高考的基本格局下，对其存在的弊端进行合理化改造，以满足个体发展的多元化需求，最终促进受教育的个体或

① 林剑. 应正确理解与阐释马克思分配正义思想［J］. 哲学动态，2014（7）：5－9.

群体在社会竞争中取得进步和发展，满足现代人生存和发展的价值诉求。

首先，坚持统一高考为主的招考制度仍是我国当前和未来很长时间内的必然选择。高考改革从本质上讲是一种利益的再分配，关系到国家的稳定和发展。统一高考作为一种大规模的统一考试制度，其统一性主要体现在统一的政策、标准、规范、原则等。然而“制度是一种独立于个人意志的、非人格化的机制，它没有憎恨与激情……不因人而异，形式上对人人都一样”①，虽然统一考试制度存在制度上的局限性，但它毕竟为每个受教育个体平等地享有高等教育机会提供了可能，是维护社会公平、促进社会流动的重要机制。统一高考制度本质是参与高考过程的各类行为主体的行为准则、范围和行动方向的激励和约束机制，也是高等教育入学机会配置方式的主要依据。作为一项大规模的国家选拔考试制度，统一高考对中国社会的影响广泛而深远。② 作为国家人才选拔的基本制度，统一高考在未来很长时间内仍会是我国招考制度的主体。

其次，坚持招生考试的多元性是高考改革的发展方向。多元性指坚持统一高考制度前提下，各省（自治区、直辖市）高校根据自身特点在招生考试的内容、形式、标准、评价等方面进行改革和创新，满足受教育个体或群体多样化发展的需求。我国现行的统一高考以分数为录取依据的起点公平存在一定的弊端，这种公平以一种单向度的标准掩盖了社会利益诉求多元化和利益阶层日益分化的实质。因此，多元化的招生录取方式就成为高考改革的必然发展方向。一方面，在招生考试形式上，推行多元选录、分类选考的考录制度，灵活选择考试内容，注重多元化评价，克服统一高考单纯以“分数”为唯一录取依据的弊端，增加高校自主权，使招生考试呈现不同的地方特色，实现受教育个体个性的多样化发展，促进高考公平。在招生录取形式上，如按省份命题、自主招生、“三位一体”综合评价招生等就是多元化

---

① 韦伯. 经济与社会：上卷［M］. 北京：商务印书馆，1997：250.

② 姜传松. 高考制度的合法性、现实困境与出路［J］. 教育发展研究，2008（7）：21－24.

选录的典型。通过统一考试选拔人才，通过多元选录、分类选考提供给个体向上发展的机会，实现机会平等并促进社会阶层流动，是高考公平乃至社会公平的内在要求。另一方面，多元化招生录取要注重度的把握，要关注实质公平。在规范考试设置、加大考测能力比重等方面，要注意公平的尺度，考虑考生个体在特长、优势、知识、能力结构上的特点。提高考测的效度、信度和社会认可度，重视对考生综合素质的评价，保证录取过程的公平和公正，防止金钱和权力的干扰。否则既无法实现真正意义上的平等，又会对高考公平造成损害。

最后，坚持统一性和多元性的统一是高考改革的内在要求。统一高考的传统单一化选拔方式和现实中受教育个体多样化发展特征的矛盾必然使人们对高考改革提出强烈要求，同时对改革的公平性也越来越关注。如何建立一种既有统一的刚性要求，又能人性化地满足个体多元化需求的考试录取办法，实现统一性和多元性的有机统一，是当前高考改革的内在要求和坚持的方向。一方面，高考改革的统一性与多元性具有内在一致性。在统一性基础上坚持多元性，是高考公平发展的必然趋势。如当前高校在自主招生改革的内容、措施、方法上都体现了统一性与多元性的灵活统一。“从世界上教育发达国家和地区的实践来看，其入学选拔制度一般都遵循入学选拔的公平性原则、入学标准的多样性原则、入学方式的灵活性原则。将来中国的高考改革应该是兼顾统一性和多样化，或统分结合的形式，在统一与多样之间保持一定的度。”① 另一方面，高考改革的统一性与多元性也存在一定的矛盾。如两者在考试内容、形式、录取标准等方面，因存在具体的区域、学校、专业乃至个体之间的差异，从而具有一定的矛盾性。因此，坚持统一高考为主体、多元化高考改革相结合的方式，是确保高考公平的必然要求，也是推动高考改革、营造良好社会认知环境的现实需要。

---

① 刘海峰. 理性认识高考制度　稳步推进高考改革［J］. 中国高等教育，2013（7）：14－16.

2. 公平性与科学性：改革目标

公平性和科学性一直以来都是高考制度的两大价值取向，两者实质上体现的是公平与效率的关系。兼顾公平性和科学性的统一，在高考选拔过程中将高等教育机会、资源平等地分配给受教育个体或群体，是当前高考改革的根本目标。

首先，坚持公平性是高考改革的基本前提。高考改革必须在公平的条件下才具有合理性，公平是高考改革的基本要求。高考作为一种人才选拔机制，体现公平性是历史发展的必然要求。在高考选拔的过程中，既要考虑到区域、城乡、阶层、民族等经济文化的差异，又要考虑到受教育个体基于考试成绩的公平要求。在高考改革的公平性建设过程中，一方面，要坚持统一高考形式下“分数面前人人平等”的程序性公平。如实行平行志愿，取消“点招”“点录”等选择性招生形式，提高和保障高考成绩和录取结果之间的一致性。在考测内容上注重素质、能力的多元考查，发挥考试的评价性正义功能，探索综合素质评价的多元录取机制等。另一方面，在招生录取过程中，要注重补偿性正义原则，重视对弱势群体或地区的补偿，以缩小各类差距。如清理和规范高考加分政策、保送生标准、自主招生程序，突破高考户籍限制等，克服城乡、区域和阶层等差异，推动高考公平的实现。

其次，兼顾科学性是高考改革的发展方向。公平性是高考改革的内在价值，但若只讲公平性而不提高科学性，那么这种公平仅仅只是低层次的形式公平，无法实现实质公平。因此，在公平优先的基础上兼顾选拔录取的科学性，是高考改革的必然趋势。坚持招生选拔的科学性，一方面要坚持科学的招生考试政策和规律，选拔标准要符合人才成才和培养的规律，另一方面要坚持科学选材和人才培养的统一性，力求考测内容和受教育个体知识结构的一致性。如在对具体考试科目次序和时间的安排、试题难易程度的设置等方面，都要考虑是否符合考生的身心发展规律和心理承受能力；在推行“三位一体”综合评价招生、分类考试、分类选录等过程中，无论是考录程序还是考试评价，都要重视理论和实践的科学结合。

最后，推动公平性与科学性的统一发展是高考改革的根本目标。

高考公平问题很大一部分原因是政策本身的问题，当然也有政策执行过程中因其他因素的干扰而出现的施行不当等问题。在高考政策的一些规定上，有时候会出现公平性和科学性的矛盾统一。如实行高考加分政策是为了更好地科学选材，而清理规范乃至最终取消高考加分政策是为了回应社会对高考公平性的强烈诉求。公平选材和科学选材构成了高考改革决策的价值取向坐标。① 因此，政府要宏观调控，建立一种符合受教育个体利益诉求的表达机制，如推行综合素质多元评价、完善公开招考制度、健全高校自主招生自律机制、建立社会监督机制和招生仲裁制度等，按照一定的标准或规范对高等教育资源和机会进行合理的分配，在保障受教育个体平等享有高等教育机会的同时建立一种科学的流动利益分配机制，提高高等教育利益配置的公平性与科学性，维护高考的公平公正。

3. 民主化与个性化：改革途径

追求高考的民主化和个性化，意味着高考改革在思想、方法、实践等领域的革新。作为高考改革的行动或过程，民主化体现了机会权利平等、过程参与（从决策、组织到管理、评价各个环节）、民主合作、主体自主等具体化的民主精神。而个性化则体现了在高考的选拔性导向上关注受教育个体或群体的各类差异，重视对个体个性化的培养，侧重对其作为“人”的主体性、自主性的教育和反思。通过对民主化和个性化的双重把握，真正促进高考公平的发展，并对基础教育发展起到引导作用。

首先，高考的民主化有助于受教育个体个性化的培养。高考作为选拔人才的手段，本质上是维护教育公平、实现社会公平的主要工具。一方面，高考的民主化可以限制或消除由权力寻租或金钱交易等带来的教育腐败现象，使高考权益得到公平分割，对保障高考各运行环节的公平、公正，维护受教育个体权益等起到很好的推动作用。另一方面，宽松民主的高考政策和环境有利于促进课堂教学民主、师生

① 边新灿. 公平选材和科学选材——高考改革两难价值取向的矛盾和统一 [J]. 中国高教研究，2015 (9)：27－32.

民主等，为受教育个体的自主性和创造性发展提供更多的渠道和方式，促进了个体的个性化发展，并对素质教育起到引领的作用。

其次，受教育个体的个性化发展程度对高考的民主化起到推动作用。一方面，受教育个体不分社会经济、政治地位、文化修养、民族、性别等的差异，平等地享有受教育的机会和权利，势必能在一定程度上调动施教者和受教者的互动合作和积极性，会使受教育群体规模扩大，社会整体的教育文化素质和水平得到提高，对教育民主化进程起到积极的推动作用。另一方面，高考的民主化和个性化是一个共时态的历史发展过程，必然会受一定社会的政治、经济、文化等条件的限制，是一个由低到高不断发展的过程。通过扩大社会、政府、学校、教师及考生之间的公平对话和合作，加强不同教育利益个体或群体的交流和互动，促进高考改革的民主化和个性化发展。

总之，高考公平是教育公平的重要内容，是社会公平的基本尺度。倘若高考不公平，就会损害社会公平最基本的底线。因此，明确高考公平的理念，坚持高考制度的公平性和科学性，探索和发展高考公平理论和实践统一的途径和策略，使每个社会个体或群体都能平等地享有教育赋予人的机会、权利及公平的资源，成为当前和今后我国高考改革的目标和方向。

第七章
新时代教育公平的发展战略

马克思关于共产主义社会教育自由的实现和“自由王国”的理想并非乌托邦，因为这一切都来源于现实社会的实践活动。对教育而言，中国梦代表了当前社会人们对公平的教育机会、教育过程、教育结果的辩证分析和理性把握。可以说，教育公平是实现中国梦的内在要求和根本保障，中国梦本身就蕴含着对教育公平的理性设计。因此，中国梦与共产主义的解放理想具有内在的统一性，是当代中国最伟大的马克思主义。党的十八大以来，习近平总书记对中国梦的基本内涵、发展道路、实践力量、历史意义做出了系统阐释，以全新的视角进一步提升了对中国特色社会主义发展道路的认识，丰富与发展了中国特色社会主义的科学内涵，使得中国梦成为引领当代中国社会发展的精神旗帜。

一、锚定民族复兴目标，为实现教育公平激发精神力量

中国梦是中国共产党人实现中华民族伟大复兴的理想目标和未来实践的前进方向，与中华民族实现“两个一百年”奋斗目标相辅相成。习近平总书记多次强调并深刻阐述的中国梦，在实现中华民族伟大复兴征程上树起了一面精神旗帜，既是对中华民族历史发展的深刻总结，也是对当前和未来中国发展方向的揭示和把握。实现中华民族伟大复兴的中国梦离不开教育，而教育发展的基础关键在保障教育公平。

（一）中国梦是中国特色社会主义重大思想理论成果

作为马克思主义中国化的理论成果，中国梦体现了当代马克思主义基本原理与中国特色社会主义实践的有机结合，赋予中国特色社会

主义理论体系新的思想和能量，为中国特色社会主义共同理想注入更丰富的内涵。

首先，中国梦是促进当代中国社会发展的精神旗帜。党的十八大后，习近平总书记在参观《复兴之路》展览时提出并阐述了中国梦，他强调说，作为中国人民的共同梦想，中国梦体现了中华民族的整体利益，是每一个中华儿女的共同理想和追求目标。中国梦对中国特色社会主义理论进行了提升和发展，成为引领当代中国社会发展的一面精神旗帜。一方面，中国梦是强国梦、复兴梦、幸福梦。只有国家富强，综合国力强盛，民族复兴才有坚实基础，国家安全才有根本保障。民族复兴是国家富强的根本标志，是人民幸福的重要保障。中国梦的核心内容是实现人民幸福，这是中国梦最富有生命力的体现，旨在让每个人都享有人生出彩的机会。“人们的社会历史始终只是他们的个体发展的历史。”① 没有单个个体的进步和发展，就没有整个社会乃至人类的进步和发展，更不可能有真正意义上人民幸福的实现。另一方面，中国梦是实现中华民族伟大复兴的精神力量。习近平总书记关于中国梦的阐释，赋予中国特色社会主义理论新的精神，把中华民族伟大复兴与中国特色社会主义现代化建设以及人民的个人幸福有机统一起来，全面系统阐明了中国梦与世界以及个人奋斗的关系，反映了新一代共产党人的历史责任感和时代担当精神，体现了党的根本宗旨和国家富强、民族复兴、人民群众追求幸福生活目标的高度统一，为推动中国特色社会主义现代化建设注入新的活力。

其次，中国梦是当代马克思主义中国化的理论精华。中国梦体现了对马克思主义思想理论的继承和发展，是当代中国马克思主义思想理论的新发展。一方面，中国梦的提出，基于对中华民族历史经验的总结，以中国特色社会主义建设的实践为基础，继承和创新马克思主义思想，是马克思主义基本原理和当前中国特色社会主义实践相结合的产物。“人们自己创造自己的历史，但是他们并不是随心所欲地创

① 马克思恩格斯选集：第 4 卷［M］. 中共中央马克思恩格斯列宁斯大林著作编译局，编译. 北京：人民出版社，2012：409.

造，并不是在他们自己选定的条件下创造，而是在直接碰到的、既定的、从过去承继下来的条件下创造。”① 中国梦在总结我国社会历史发展基本规律的基础上，赋予社会主义现代化建设新的时代精神，为中国特色社会主义的建设和发展做出了新的解释和科学的回答。另一方面，中国梦的提出，对中国特色社会主义理论的科学内涵进行了深化和发展，丰富了马克思主义中国化的理论。任何一种科学理论的出现，都是对人类社会实践活动的反映，且随着社会和时代的发展变化与时俱进。中国梦理论反映了新时期推进我国现代化建设的迫切需求，明确了当前我国社会主义现代化建设的必由之路，赋予中国特色社会主义理论体系新的时代内涵，推动了马克思主义理论在中国的新发展，体现了马克思主义中国化的时代特征。中国梦理论的系统阐述，标志着马克思主义中国化理论已进入了新的历史高度，对团结全国各族人民，推动社会和平发展具有深远的意义。

（二）教育公平与实现中国梦的关系

中国梦不仅从宏观层面表达了人们对社会公正、国家富强、民族振兴、个人幸福等共同生活理想的愿望和期盼，而且也从微观的教育层面表达了对公平的教育机会、教育权利、教育资源以及资源分配的合理性诉求。中国梦所期许的不仅是教育使个人成为自由、自觉的主体，同时也是使受教育个体或群体在公平的教育环境和教育制度下享受有质量的教育，成就个体生存的自我价值，并拥有全面、和谐、自由、自尊的教育生活和文化生活方式。教育公平是社会公平的重要基础，是关于人的发展起点的公平，是实现社会公平的前提条件，直接关系到中国梦的实现。

1. 教育公平是实现中国梦的内在要求

党的十八大报告明确把教育公平作为推动教育改革、促进社会公平的重要策略，这表明教育公平已成为促进社会公平、推动社会发展的重要途径。教育公平是社会公平的重要组成部分。教育不公平，则

---

① 马克思恩格斯选集：第1卷［M］. 中共中央马克思恩格斯列宁斯大林著作编译局，编译. 北京：人民出版社，2012：669.

社会不公平；社会不公平，中华民族伟大复兴之梦就无法实现。因此，教育公平是实现中国梦的内在要求。作为国家的一项基本教育政策，教育公平对促进社会发展和实现中国梦，具有重要的意义。

首先，教育公平是实现中国梦的应有之义。在党的十八大报告中，教育被放在改善民生和加强社会建设之首，并把“学有所教”放在“劳有所得、病有所医、老有所养、住有所居”之前，这说明教育在中国特色社会主义建设中具有基础性和先导性的作用。在联合国“教育第一”全球倡议行动一周年纪念活动上，习近平总书记指出，要努力让13亿人民享有更好更公平的教育，使每一个中华儿女获得发展自我、奉献社会、造福人民的能力。追求教育公平是人类社会的崇高理想。当前，促进“有质量的教育公平”不仅是世界各国教育发展共同关注的焦点，也是我国教育发展追求的目标，是我国实现人民幸福生活的重要保障，是实现中国梦的必然选择。

其次，教育公平是实现中国梦的重要基础。中国梦本质上是实现人民幸福的梦。人民能否享有更好更公平的教育机会，直接关系到人民能否过上幸福的生活，关系到中国梦本质的实现。大力促进教育公平是以习近平同志为核心的党中央坚持以人为本执政理念在教育事业上的具体体现，是发展中国特色社会主义教育事业的重大举措，是全面深化改革、推进教育治理体系和教育治理能力现代化的必然需求，也是我们党立党为公、执政为民的根本要求，是实现第二个百年奋斗目标和中华民族伟大复兴的中国梦的本质需求。中国梦在中国特色社会主义教育事业中的体现是使我国成为世界教育强国，而教育公平是实现中国梦的重要前提和条件。教育机会、教育权利、教育资源及资源分配的公平合理，对每个人梦想的实现产生直接影响，并且对提高人民的综合文化素质、促进中国特色社会主义经济建设具有十分重要的作用。同时，教育公平还影响和谐社会的构建，对稳定和发展中国特色社会主义现代化建设，实现中华民族伟大复兴具有重要的意义。

2. 教育公平是实现中国梦的核心价值

作为国家的一项基本教育政策，教育公平是实现社会公平的重要途径和手段，对实现中华民族伟大复兴的中国梦，具有十分重要的意义。一方面，实现中国梦，本身就包含对实现教育公平、社会公平的内在要求。公平和正义是人类社会的永恒追求，是社会主义社会的基本价值取向。党的十八届三中全会指出，公平公正的社会发展环境，是当前我国深化改革实现社会经济发展的关键。在中国特色社会主义价值目标中，"公平正义"先于"共同富裕"，居于核心地位，是中国特色社会主义建设的内在要求，也是实现中国梦的重要价值原则。只有维护社会公平，让人民共享改革成果，实现社会共同价值和个人价值的有机统一，中华民族伟大复兴的中国梦才有可能实现。另一方面，教育公平是深化教育改革、促进教育现代化发展的重要手段，是实现中国梦的内在价值取向。马克思主义认为，公平和正义是社会发展的首要价值，并强调要"对所有儿童实行公共的和免费的教育"①。中国梦的实现，归根到底要依靠教育的推动。促进教育公平，提高教育质量，使每个受教育个体或群体享有平等的受教育机会和权利，公平地享有公共教育资源，平等地参与社会竞争，不仅可以加强阶层流动，促进社会公平，而且可以为实现中国梦提供巨大的人才支持，是实现中国梦的必然要求。

作为教育现代化的基本价值取向，教育公平在实现中国梦的进程中具有十分重要的意义。党的十八届五中全会明确提出促进教育公平的具体要求，为进一步深化教育体制改革，推动教育发展指明方向。习近平总书记多次强调，要让人民享有更好更公平的教育，让每个孩子享有受教育的机会，让每个人都有人生出彩的机会。这些论述都是当前中国特色社会主义建设进程中推进教育公平的重要指导，可以说，构建公平正义的社会、推进教育公平是实现中国梦的核心价值。

3. 教育公平是实现中国梦的根本保障

教育公平影响社会公平和人的发展公平，为每一个社会个体拥有公平实现中国梦的机会提供保障。使每个受教育者不分家庭出身、社

① 马克思恩格斯选集：第1卷［M］. 中共中央马克思恩格斯列宁斯大林著作编译局，编译. 北京：人民出版社，2012：422.

会地位、民族、性别、地域等，都公平地享有受教育的机会和权利及获得公平的教育资源分配，是中国特色社会主义教育事业发展的重要方向。恩格斯认为，教育会使年轻人“根据社会需要或者他们自己的爱好，轮流从一个生产部门转到另一个生产部门。因此，教育将使他们摆脱现在这种分工给每个人造成的片面性”①，所以要“结束牺牲一些人的利益来满足另一些人的需要的状况”②，使“所有人共同享受大家创造出来的福利”③。一个公平的社会，能够使社会全体成员平等地享有改革开放和社会进步带来的巨大福利。作为社会公平的重要组成部分，教育公平是实现中国梦的根本保障，也关系到中国梦实现的速度和高度。

一方面，教育公平是社会公平的重要内容，为实现中国梦奠定重要的基础。在人类社会的发展过程中，公平一直是重要尺度。教育公平涉及人与人之间利益关系的合理性问题，是促进社会公平稳定、自由和谐的重要基础。从社会来看，公平是人类社会稳定和秩序的基石，是人类社会发展和效率的源泉。从个体来看，公平是人的首要利益和首要价值追求，是人自由全面发展的最大动力。④ 推动社会公平，促进教育公平发展，对于构建各尽所能、按劳分配的和谐社会，实现中国梦具有重要的作用。另一方面，教育公平作为人才培养的途径和基础，可以让“每个人拥有人生出彩机会”得以实现，为实现中国梦提供强大的智力支持和根本保障。实现中国梦的主体是人，实现人的全面发展，使人民过上幸福生活，是中国梦的根本归宿。只有社会公平，才能在政治、经济、文化等各方面为人的幸福生活创造条件；只有教育公平，才能促成中国特色社会主义教育现代化向教育强国、人力资源强国迈进，使社会中的每个个体实现自我的全面发展成为可能。离开了教育公平，“每个人拥有人生出彩机会”的中国梦就难以实现。

---

①②③ 马克思恩格斯选集：第1卷［M］. 中共中央马克思恩格斯列宁斯大林著作编译局，编译. 北京：人民出版社，2012：308.

④ 胡联合，胡鞍钢. 中国梦：中国每一个人的公平发展梦［J］. 探索，2013（3）：48-53.

二、坚持教育优先发展，为实现教育公平奠定坚实基础

党的十九大报告指出："必须把教育事业放在优先位置，深化教育改革，加快教育现代化，办好人民满意的教育。"公平是社会实践的产物，发展是社会进步的硬道理，公平与发展相辅相成：没有公平，就没有发展，发展是推进公平的重要前提。一个没有发展的社会，谈不上真正的公平，公平需要以发展为前提和保障。同样道理，教育优先发展是实现教育公平的基础和根本保障，实现高质量的教育公平必须坚持教育优先发展；教育发展需要公平的基础，没有教育公平，教育就会失去持续发展的动力，教育公平的实质在于让更多的人能够获得优质的教育。因此，我们需从社会主义现代化建设的全局出发，着眼于实现中华民族伟大复兴的长远需求，坚定不移地走中国特色社会主义教育发展道路，坚持科教兴国战略和人才强国战略，把教育优先发展摆在现代化建设的首位，构建完善的现代国民教育体系和终身教育体系，从而为人人享有平等的受教育机会和权利提供保障。

首先，教育优先发展是实现中国梦的奠基工程。教育是人类发展的重要手段，是国家富强、民族振兴的重要凭借和途径，对社会的政治、经济、文化乃至生态文明的建设发展都具有举足轻重的作用。因此，在当前我国实现中国梦的现代化建设进程中，教育必须居于优先发展的战略地位。习近平总书记曾指出："中国将坚定实施科教兴国战略，始终把教育摆在优先发展的战略位置，不断扩大投入，努力发展全民教育、终身教育，建设学习型社会，努力让每个孩子享有受教育的机会，努力让13亿人民享有更好更公平的教育，获得发展自身、奉献社会、造福人民的能力。"① 这是以习近平同志为主要代表的中国共产党人从人类发展的全局视角及时代和政治的高度出发，把"教育优先发展"作为重大课题摆在全国人民"十大期盼"事情的第一

① 习近平主席在联合国"教育第一"全球倡议行动一周年纪念活动上发表视频贺词[N]. 人民日报，2013-09-27（3）.

位，提出“优先发展教育事业，促进教育公平”的时代命题，阐明了教育发展在实现中国梦征程中的重要地位和作用。虽然我国当前的教育发展已经处于一个新的历史起点，但相对于一些发达国家，我国总体的教育发展水平仍旧不高，教育投入、教育观念、教育内容和人才培养模式等都未达到应有的水平，不能很好地适应国际竞争和现代化建设的需要。教育领域存在的诸多矛盾使得教育发展承载较大的压力，实现教育公平任重而道远。“我国经济总量虽然已经是世界第二，但我国还是世界上最大的发展中国家，还处在社会主义初级阶段，各种教育资源历史积累不足，地区之间教育发展不平衡，教育总体条件还不是很理想，教师特别是基层教师收入总体水平不高，办学条件标准不高，教育管理水平亟待提高。这就要求我们坚持科教兴国战略和人才强国战略，坚持把教育放在优先发展的战略位置，继续大力推动教育改革发展，使我国教育越办越好、越办越强。”① 可见，要破解当代中国社会发展遇到的各种矛盾和问题，促进中国梦的实现，教育优先发展是关键。

其次，教育优先发展是实现教育公平的根本举措。以教育公平为取向，切实把教育摆在优先发展的战略地位，是改革开放以来社会主义现代化建设的一个重要经验，也是促进教育公平，实现人们享有平等受教育机会、权利的根本举措。一方面，要树立科教兴国人才强国战略思想，坚持教育优先发展的理念。明确政府发展和教育管理的责任，明确把是否坚持优先发展教育作为检验政府管理和学校教育是否真正贯彻落实科学发展观的重要内容，通过教育使我国沉重的人口压力转化为人力资源优势，为提高我国综合国力竞争力，推动社会经济发展和科学进步提供强大的人才保证和智力支持，使教育优先发展真正落到实处。另一方面，要统筹各类教育资源，努力为人们提供优质、多样、平等的受教育机会。如普及高水平的九年义务教育，完善结构合理的职业技术教育，提升高等教育办学质

---

① 习近平. 做党和人民满意的好老师——同北京师范大学师生代表座谈时的讲话［N］. 人民日报，2014－09－10（2）.

量，积极发展成人教育、继续教育和社会教育等，不断满足人们多样化的学习需求。

再次，教育优先发展是实现教育公平的动力和保障。坚持教育优先发展，推进教育改革和制度创新，既是教育持续发展的动力，也是促进教育公平发展的保障。一方面，虽然我国当前的教育事业已经取得巨大成就，但还无法满足人人平等享有高质量教育的要求。只有坚持深化教育改革，提高教育水平，不断推进教育制度创新，才能为教育发展提供强大动力和制度保证。另一方面，要健全教育优先发展保障机制，如保证和落实在社会经济发展规划中优先安排教育事业的发展，在财政资金支出中优先保障教育的投入，在公共资源配置中优先满足教育事项的落实，等等。通过规范教育制度，进一步创建以机会公平、权利公平、资源公平和资源分配公平为核心内容的教育发展保障机制，形成公正而公平的教育法律制度环境，使教育公平得到有效保障。

最后，坚持教育优先发展，需要加快发展各级各类教育。扩大教育资源特别是优质教育资源，为广大人民群众提供充足的、优质的、多层次、多样化的受教育机会，是坚持教育优先发展、推进教育公平的重要任务。一是在全国范围内普及高水平的九年义务教育。基础教育是教育的重中之重，也是促进教育公平的基础工程。要强化政府保障责任，完善义务教育投入保障机制，规范全国统一的办学和质量标准，统筹资源配置以确保学校之间的均衡发展。大力发展特殊教育、学前教育、职业教育和普通高中教育，提高基础教育的水平和质量，保障人民享有基本的受教育权利。二是完善结构合理的职业技术教育。把加快发展职业技术教育作为教育工作的一个战略重点，加大政府投入和统筹力度，构建城乡职业技术教育和培训体系。三是大力提升高等教育的办学质量，保持高等教育招生的合理化发展，强化大学生的社会实践能力和创业创新能力，注重创新型人才的培养。四是积极发展成人教育、继续教育和社会教育。以现代国民教育体系为依托，统筹各类教育资源，建设合理的终身教育体系，实现普通教育和职业教育相连接，职前教育与继续教育相沟通，学历教育与非学历教育相补充等，形成开放、灵活、方便的全民学习、终身学习平台，不断满足人民群众多样化的学习需求。

三、推动教育协调发展，为实现教育公平构筑牢固平台

促进教育公平，实现中国梦，不仅要求把教育摆在优先发展的地位，还要优化教育结构，合理配置教育资源，推动教育协调发展。教育协调发展的提出，不仅基于当前我国社会主义现代化建设进程中存在的教育不公平问题，而且是坚持科学发展观，实现社会主义现代化建设的必然选择，是中国特色社会主义理论的创新体现。

首先，实现中国梦要求教育协调发展。党的十八届五中全会提出协调发展理念，明确指出协调是持续健康发展的内在要求。这既是对我国改革开放以来社会主义现代化建设发展经验的总结，也是新时期我国教育改革和发展的重要指针。提出教育协调发展，既是对我国教育发展现状的深刻认识，也是对马克思主义关于人类社会发展理论在教育实践中的创造性运用。教育是否协调发展直接关系到中国梦能否真正实现。坚持教育协调发展，既可以增强教育的平衡性和可持续性发展，也可以促进教育诸领域的协调配合均衡发展。在促进教育公平的同时，为实现中华民族伟大复兴的中国梦奠定坚实的基础。因此，教育的协调发展，对于我国社会主义教育现代化的实现，推动社会可持续发展具有重要的价值意义，既是提升教育质量促进教育公平，构建社会主义和谐社会的必然要求，也是实现中国梦的迫切要求。

其次，教育协调发展是促进教育公平的前提和基础。我国当前的教育问题，有很大一部分原因是由教育结构失衡引起的。结构失衡表现为教育资源在不同教育层级（如学前教育、基础教育和高等教育）、教育种类（如职业教育与普通教育）和地域空间（如城乡不同区域）之间分配不均等，从根本上反映了教育的不公平。[①] 这意味着教育结构优化、教育质量提升是教育得以公平发展的前提条件，协调发展教

---

① 谢维和. 教育活动的社会学分析——一种教育社会学的研究［M］. 北京：教育科学出版社，2000：247.

育是实现教育公平的重要基础，是保证教育公平、提高教育质量的必由之路。在实现中国梦的时代背景下，要对教育结构中各种要素进行完善，对各种比例关系进行合理调整，使教育资源在当前社会历史条件下达到合理配置，从而促进教育公平的实现。

再次，教育协调发展是实现教育公平的重要保障。教育公平的实现需要协调教育各方面的关系，教育协调发展为实现教育公平提供支持和保障。“教育公平的终极目标同样是共同发展、共同富裕和共同幸福，实现教育公平必须协调道德、经济和政治公平的标准和方式……通过协调道德、经济和政治的公平标准和方式，形成持续不断提高平等与效率相互促进的高水平的教育公平。”① 作为社会公平的重要基础，教育公平是一个涉及政治、经济、文化等多方面因素的综合体系，只有对这些方面进行系统协调，教育公平才可能逐步实现。在当前历史阶段，教育协调发展主要表现在统筹城乡协调发展、统筹区域教育协调发展、统筹不同教育层次的协调发展等方面；协调发展需要从制度构建设计、教育投入、政策导向、资源配置、凸显特色等方面进行全面统筹，进而实现教育公平。②

最后，推进教育事业协调发展以促进教育公平。一是要以科学发展观为指导，统筹各级各类教育的发展结构关系和比例，兼顾教育普及和质量的提升，努力构建规模合理、发展协调的教育格局。二是坚持教育的公益性和普惠性，合理配置教育资源，坚持公共教育资源向农村、中西部地区、贫困地区、边疆地区、少数民族地区倾斜。促进基本公共服务均等化，推进区域、城乡、学校、阶层间资源配置的相对均衡。从某种意义上说，教育协调发展是教育资源配置的均衡，更是教育质量的均衡；教育协调发展的实质是教育公平问题，是教育公

---

① 郝文武. 教育公平与社会公平相互促进的关系状态和基本意义 [J]. 北京师范大学学报（社会科学版），2011（4）：13－21.

② 李养民. 基于协调发展理念的教育公平机制探究 [J]. 中国成人教育，2016（9）：22－24.

平思想在基础教育发展政策上的体现。① 三是要关注弱势个体和群体的受教育机会和权利，通过建立和完善教育资助制度和助学体系，解决好困难学生、流动儿童、留守儿童等的教育问题，努力使每个受教育者在教育机会、教育过程和教育结果上达到相对公平的发展。

四、深化教育改革发展，为实现教育公平提供动力支持

随着社会经济和政治的发展，人民群众对教育改革发展的认知和诉求也不断提高。党的十九大报告把“优先发展教育事业，推进教育公平”作为保障和改善民生水平、加强和创新社会治理的重要内容之一，这对新时代的教育改革发展提出了新的要求。在全国教育大会上，习近平总书记明确指出，要深化教育改革发展，促进教育公平。今后教育改革发展的主要任务就是进一步促进教育均衡发展，解决好不平衡不充分的问题，满足人民日益增长的更公平更高质量教育的需求。由此，深入推进教育改革，激发改革创新的内动力，既是新时代教育改革的题中之义，也为实现中国梦、推进教育公平提供了人才保证。

首先，实现教育公平是推进教育改革的根本目标和动力。习近平总书记曾明确提出要坚定实施科教兴国战略，努力让每个孩子享有受教育的机会，努力让 13 亿人民享有更好更公平的教育。② 习近平总书记还指出，教育公平是社会公平的重要基础，要不断促进教育发展成果更多更公平惠及全体人民，以教育公平促进社会公平正义。③ 实现教育公平一直是深化教育改革，创新人才培养的目标，同时也是教育改革创新的价值取向。一是要优化教育改革的内在机制，提升教育改革的动力。要把优先发展教育排在重要的位置，完善教育投入机制、资源配置机制等，促进教育公平。二是推进教育供给侧结构性改

---

① 张扬生. 浅论教育公平和均衡发展 [J]. 江苏教育学院学报（社会科学版），2003 (5)：5－8.

② 习近平主席在联合国“教育第一”全球倡议行动一周年纪念活动上发表视频贺词 [N]. 人民日报，2013－09－27 (3).

③ 全面贯彻落实党的教育方针　努力把我国基础教育越办越好 [N]. 人民日报，2016－09－10 (2).

革，优化教育资源供给，提高教育治理水平，促进教育均衡发展。三是要优化教育服务，简政放权，加强对教育管理服务的监督，构建新型的教育管理服务体系。

其次，深化教育改革发展，满足人民群众对教育的多元化需要。全面推进教育改革的创新和发展，是实现教育公平的内在要求，旨在满足人民日益增长的对优质多样教育的需求。深化教育领域的综合改革，关键在运用创新性思维和全球变革意识统筹推进教育改革，为受教育者提供多元化的服务，增强教育改革的整体性、系统性和协同性。一是坚持教育公平理念，以“公平”和“优质”引领教育改革的价值指向，扩大教育供给，以更多元、灵活的教育供给满足人民群众对优质教育的多样化需求。二是坚持教育协调发展思想，促进教育的多元发展。优化教育结构，推进学校在课程设置、专业布局、人才培养类型等方面的合理化发展，使教育整体结构不断适应新时代社会生产力的发展。三是坚持教育资源共享理念，努力推动教育的公平与正义。新时代人民群众关心的不仅是“有学上”，而且是“上好学”。因此要给每个学生提供平等的优质的受教育机会，关注弱势群体的受教育机会，贯通教育体系的连接，提高教育普及程度，缩小各类教育差距，努力为每个受教育个体提供适合的教育。

再次，深化教育改革发展，建立科学的教育评价体系。在全国教育大会上，习近平总书记强调，要深化教育体制改革，健全立德树人落实机制，扭转不科学的教育评价导向……从根本上解决教育评价指挥棒问题。[①] 2020 年出台的《深化新时代教育评价改革总体方案》也明确指出，要扭转不科学的教育评价导向，破除“五唯”，充分发挥教育评价的指挥棒作用。因此，深化教育改革，需要建立科学的评价机制，让有利于发挥学生综合能力素养、有利于实现创新人才培养的新方法新模式成为引领评价的科学导向。要重视教育的个性化评价以及评价的科学化、多样化，打破人才评价整齐划一、标准统一固化

---

① 坚持中国特色社会主义教育发展道路 培养德智体美劳全面发展的社会主义建设者和接班人 [N]. 人民日报，2018-09-11 (1).

的弊端。

最后，完善教育保障机制，促进教育改革创新发展。教育改革的创新发展，需要一定政策措施提供保障。一方面，要加强对各类机制的统筹，促进改革合力的形成和落实。进一步明晰各级各类教育组织和部门的管理权限和责任，构建完善的协调创新机制。另一方面，要加强对各级各类教育改革政策的监督和指导，完善监督、评估和监测三位一体的教育改革督导机制，强化教育改革创新过程中的系统制度体系，提高政策实施的效率。再有，要发挥基层党建的组织堡垒作用，运用党性标准互动联通，集中各级各类优秀人力资源助力改革创新，保障教育改革的有序推进。

五、促进人的全面发展，为实现教育公平明确努力方向

马克思主义关于人的全面发展理论是人类社会发展的核心价值理念，也是实现中国梦的重要理论依据。马克思曾对未来社会自由王国这样描述："代替那存在着阶级和阶级对立的资产阶级旧社会的，将是这样一个联合体，在那里，每个人的自由发展是一切人的自由发展的条件。"① 马克思认为，人的全面发展是"人以一种全面的方式，就是说，作为一个完整的人，占有自己的全面的本质"②，是人作为社会存在物发展的最高发展阶段和理想状态。它既是人的类特性的全面发展，也是人的自由个性的全面发展；既是人的需要和能力的全面发展，也是人的社会性和社会关系的全面丰富和发展。可以这样说，整个人类社会追求自由和解放的历史，实质上就是社会个体实现自身自由而全面发展的历史过程。实现中国梦，推动人的全面发展，教育公平是关键，必须把教育公平摆在更加重要的位置。因为教育公平是社会公平的重要基础，教育公平的理想目标就是促进人的自由而全面发展。

---

① 马克思恩格斯选集：第1卷［M］. 中共中央马克思恩格斯列宁斯大林著作编译局，编译. 北京：人民出版社，2012：422.

② 马克思恩格斯文集：第1卷［M］. 中共中央马克思恩格斯列宁斯大林著作编译局，编译. 北京：人民出版社，2009：189.

首先，实现中国梦与人的全面发展相辅相成，有机统一。一方面，实现中国梦是促进人的全面发展的重要条件和基础，为人的全面发展指明了方向。实现中国梦的过程就是人作为社会存在物维护自身的自然生存环境，丰富自身的社会关系，协调个体和社会的利益关系，实现自我个性和谐发展的过程，因此两者在发展方向上具有一致性。另一方面，人的全面发展是实现中国梦的核心内容。马克思认为，共产主义就是“以每一个个人的全面而自由的发展为基本原则的社会形式”①。促进人的全面发展的过程实际上就是丰富人的发展、实现中国梦的过程，每个人的自由全面发展是实现中国梦的核心内容，实现中国梦与每个中国人的自由而全面发展有机统一。

其次，教育公平是实现人的全面发展的基础，为实现中国梦提供保障。中国梦不仅是强国梦、复兴梦，同时也是幸福梦，是每个中国人的梦，亦即每个中国人“共同享有人生出彩的机会，共同享有梦想成真的机会，共同享有同祖国和时代一起成长与进步的机会”②，这就必然要求国家给每个人平等发展的机会和权利，把促进教育公平置于重要的位置。教育公平是实现人的全面发展的重要途径，在教育活动过程中，只有每个受教育对象都能得到公平对待，每个受教育个体和群体享有平等的受教育机会和权利，享有平等的教育资源利益分配，人的自由而全面发展才可能真正实现。没有教育公平，人的全面发展就无从谈起。

再次，维护教育公平，促进人的全面发展，为实现中国梦奠定基础。在实现中国梦的时代背景下，只有坚持教育公平，把教育公平的价值理念落实到具体的教育政策、教育法规和制度中，人的全面发展才有实现的可能，个人利益、集体利益和国家利益才能更好地实现和谐统一。“在学有所教、劳有所得、病有所医、老有所养、住有所居上持续取得新进展，不断实现好、维护好、发展好最广大人民根本利益，使发展成果更多更公平惠及全体人民。”③教育公平

① 马克思恩格斯选集：第2卷［M］. 中共中央马克思恩格斯列宁斯大林著作编译局，编译. 北京：人民出版社，2012：267.

②③ 习近平. 在第十二届全国人民代表大会第一次会议上的讲话［N］. 人民日报，2013－03－18（4）.

是实现人的全面发展的基础和保障，人的全面发展是中国梦的核心内容，倘若教育不公平，那么实现中国梦只能是一种美好的愿望。人的全面发展肯定了人在物质世界中的主体地位和价值，强调了人与自然、社会、自身的和谐统一。因此，从马克思主义理论中寻求实现中国梦与人的全面发展之间的契合点，为实现中华民族伟大复兴的中国梦提供理论支持就具有重要意义，同时也为促进教育公平提供了实践依据。

最后，以教育公平为取向促进人的全面发展，为实现中国梦做出积极贡献。一是要深刻理解和把握党的教育方针。教育必须为社会主义现代化建设服务、为人民服务，必须与生产劳动和社会实践相结合，正确引导和帮助受教育个体德智体美劳全面发展，增强全面贯彻党的教育方针、坚持教育发展正确方向的自觉性和坚定性。二是要坚持以人为本、育人为本，认真解决现阶段广大人民群众对教育日益增长的强烈需求和经济社会发展不相适应的矛盾，把促进学生健康成长作为学校教育工作的出发点和落脚点。三是要把素质教育作为我国教育工作的主题，贯穿于各级各类教育之中。以培养学生的创新精神和实践能力为重点，全面提高学生的思想道德素质、科学文化素质和健康素质，充分发挥教育在实现人的全面发展中的主渠道作用。四是要走内涵式发展道路，把提高教育质量作为当前教育的核心任务，用教育质量提升教育公平的水平。五是要坚持因材施教，为每个学生提供最需要的或者是最适合于个体发展的教育，促进学生个性化发展。

总之，“教育是……对中华民族伟大复兴具有决定性意义的事业……中华民族伟大复兴中国梦的实现，归根到底靠人才、靠教育”[①]，努力让每个孩子享有受教育的机会和权利，让每个受教育个体都享有更好更公平的教育，获得自身全面发展的机会和能力，这不仅是实现中华民族伟大复兴的中国梦的重要目标和根本路径，也是每

---

① 习近平. 做党和人民满意的好老师——同北京师范大学师生代表座谈时的讲话［N］. 人民日报，2014-09-10（2）.

个中国人对未来美好生活的期许。因此，在中国式现代化背景下实现中国梦，构建更好更公平的教育体系，不仅具有重大的理论价值，也具有重要的现实意义。推进教育公平，实现中国梦，不仅是推动中国特色社会主义现代化教育事业发展以及全面构建和谐社会的必由之路，而且也为实现人的自由全面发展提供了保障。

第八章
新时代教育公平的推进策略

教育公平是实现社会公平的重要基础，是促进社会公平发展的逻辑起点，也是实现人的全面发展的重要途径。因此，新时代的教育公平已经成为中国特色社会主义教育改革和发展的重要内容，是教育现代化发展的重要目标。新时代的教育公平，以“人”为本位，指向受教育个体是否能得到个性化、多元化发展。一方面，要公平和质量并重，实现人民满意的教育的相对公平；另一方面，要根据教育不公平的客观存在情况，均衡教育资源的合理化、适切性配置，促进有差异的平等的实现，满足不同受教育个体、群体对教育公平的需要，从而促进美好教育的实现。

一、聚焦公平优质：教育发展的新使命

党的十九大报告明确提出要“努力让每个孩子都能享有公平而有质量的教育”，这是新时代教育变革的新要求，也是新时代教育发展的价值诉求。教育不公平有其客观存在的影响因素，厘清其存在的原因，明确公平与质量并重的重要性，对新时代教育公平的发展有着重要的意义。

（一）教育不公平的客观存在原因

教育不公平出现在人类社会历史之中，并不是在已享受教育权利和拥有充足教育资源的人群和阶级那里，恰恰相反，它存在于那些没有资格享受受教育权利，并在教育资源分配结构中始终占据不利位置的那部分人之中。很显然，在不同的人看来，教育公平有着不同的价值和意义，也有着不同的内容和指向。自从人类开始通过教育进行经验传承和精神生产时，关于教育不公平的探讨就已出现。尤其是在私

有制和阶级出现以后，由于普遍的社会不公的出现，教育领域的不公平就成为普遍的历史现象存在于人类社会之中了。

首先，就个体方面而言，教育不公平现象成为客观事实，其主要原因有以下几点。

（1）个体之间天赋能力的多元与差异。人类的自我发展越向前迈进，就越体现出多元性和差异性的个体分化。当个体携带的先天基因存在巨大差异的时候，人与人之间在天赋能力上必然表现为多元性和差异性。需要注意的是，这并没有预先做出善恶好坏的伦理和价值评价。对于人类和个体而言，这都是一个基本事实。因此，个体之间天赋能力的差别并不具有歧视性，无论对于人类自身的演进，还是对个体自我的发展而言，这都是必然的和必要的。因此，基于天赋能力的差别而出现的教育上的不公平是可以容忍的。只是容忍的限度和方式会因人们对教育公平的理解不同而存在差异。

（2）个人所处的家庭环境不同。个人的家庭成长环境千差万别。父母的职业、受教育程度，家庭中子女人数等方面的不同，都会对个人的受教育形式和受教育程度等产生重大影响。而且，教育开始于家庭，在此环境中，儿童学会了第一语言及融于父母和兄弟姐妹之间的社会关系中。在与家庭成员及更大范围的社会和自然环境的互动中，个人的态度和行为随即发展。① 另外，由于家庭收入、所处阶级或阶层不同，家庭对个人天赋能力的培养以及给个人提供的受教育机会和资源也存在差异。“家庭出身不同，个体所享有的竞争机会是不平等的。家庭的经济状况，家庭成员的职业、文化修养以及他们对教育的基本认识，为儿童的教育提供了不同的机会。西方学者把这种由家庭或父母因素导致的机会称为代际转让机会。来自家庭的这种代际转让机会是儿童不可自主选择的。”② 再者，家庭的地理位置也会对儿童的受教育机会产生影响。我国目前实行的是九年义务教育，适龄儿童

① Phillips，A. *Education Rights and Minorities* [M]. London：Minority Rights Group，1994：5.

② 郭元祥. 对教育公平问题的理论思考 [J]. 教育研究，2000（3）：21－24.

一般都是就近入学，因此，家庭的地理位置直接决定了儿童的受教育条件。如果家附近有优质的学校，那么儿童就有机会接受优质教育。反之，则无。前述这些因素是难以消除的，因此，在教育机会方面，绝对均等的设想是不可能实现的。

（3）个人所在的区域环境不同。在不同的地区出生和成长，不免会受到这一地区的区域环境的影响。这种区域环境包括人文地理、生产力发展水平等。这些是除家庭之外的相对比较宏观的环境因素，但会对人的受教育机会的获得和受教育程度等产生深刻影响。在一些偏僻的山区和交通不发达的地区，人们更多关注的是基本生存问题，他们对自身和子女受教育的关注度不会太高。同时，由于区域生产力水平限制，个人所拥有的教育资源相比发达地区也会更少。

其次，就社会和历史发展的整体而言，教育不公平现象客观存在的原因主要有生产力和生产关系的阶段性、社会结构的阶级性以及特定社会中都会存在的人为性因素等。

（1）教育公平的实现程度限于生产力本身的发展。马克思以社会生产关系的标准将西欧社会划分为原始社会、奴隶社会、封建社会和资本主义社会。这一社会形态的划分虽然不具有世界普遍性，但具有典型性。而在不同的社会形态中，人们所拥有的教育资源总量是不同的，对这些教育资源的分配方式也是不同的。因此，教育公平的实现程度是有巨大差异的。

（2）自从阶级产生以来，不同社会的阶级状况是不同的，即使在同一社会的不同历史时期，阶级结构、阶级层次上的差别也会带来教育水平的差异。再者，教育本身具有阶级属性。教育具有传递统治阶级思想、维持现存社会秩序的价值，还有社会整合的功能。这就决定了不可能兼顾所有人完全公平地享有受教育权，而是会出现一定的偏向。总体来讲，那些在整个社会系统中始终处于被压迫和受剥削地位的人，所分配到的教育资源相对较少，所接受教育的程度相对较低。

（3）在特定社会中，都会存在一定的人为性原因，导致教育不公平的出现，如教育制度、社会发展理念等。在社会主义市场经济条件下催生的教育产业化，虽然在一定程度上促进了教育的发展，但也产生了新的教育不公现象。

最后，纵观人类历史，教育不公平的深层历史原因，主要集中在马克思所着意阐述的“三大差别”的历史现实。其一是工农差别，其二是城乡差别，其三是脑体劳动差别。由于这些差别带来了普遍的社会不平等，教育上的不公平也成了普遍的客观存在。例如，由于工农之间的生产方式和社会生活方式上的不同，工人和农民的受教育程度会出现显著差别。而在现有的分工体系下，脑力劳动和体力劳动的差异带来的是收入水平、工作环境和休闲条件上的巨大差别，这就导致脑力劳动者更易于争取到更多的教育资源和享受更多的教育权利。而那些还在为自身生存耗去人生大部分时间的体力劳动者所拥有的教育资源和享有受教育权利的机会，则相应地减少了。

（二）公平和质量：新时代教育变革的新要求

进入新时代，“公平”和“质量”成为教育变革进程中的重要关键词，既是新时代中国特色社会主义教育的目标，也是新时代教育改革的必然要求。党的十九大报告明确指出，中国特色社会主义进入新时代，我国社会主要矛盾已经转化为人民日益增长的美好生活需要和不平衡不充分的发展之间的矛盾。这对新时代的教育事业提出了新的要求，即如何解决“不平衡不充分”问题，提高教育的公平和质量，以满足人民对教育变革的新诉求。

1. 更公平的教育

联合国教科文组织在《教育 2030 行动框架》中指出，未来教育议程指向全纳和公平，让每个人都有平等受教育的机会。给“每个人”有“平等”受教育的机会，意味着新的教育公平关注每个受教育个体，重视每个受教育个体的个性发展和个体需要。把教育置于为每个受教育个体发展服务的位置，使具有不同性别角色、文化背景、认知能力的学生能个性化地成长，公平地从教育中获取成长资源。[①] 推进更公平的教育，推动教育资源更优质均衡发展，是新时代教育公平

① 周波，黄培森. 关注个体差异：教育过程公平的路径选择 [J]. 河北师范大学学报（教育科学版），2017 (1)：91 - 94.

的重要内容指向。

（1）公平的范围。新时代，教育公平指向“每一个”人，立足以“人”为核心的评估域。① 不论种族、区域、阶层、出身，每个义务教育阶段的儿童都有接受教育的机会和权利，同时，这种受教育的机会和权利不以经济发展水平、政治发展权利等要素为唯一的评估条件。

（2）公平的内容。“更公平”的教育，关注每个学生的个体差异和个性发展，注重对受教育个体主体意识的尊重，重视受教育个体发展过程中的各种影响因素，研究各种教育目标、教育内容的可行性方案，增强受教育个体实实在在的教育公平感、幸福感。

（3）公平的原则。密尔（J. S. Mill）曾说：“国家应要求并促使每个身为其国民的人的教育达到一定的标准，这难道不是显而易见的道理吗?”② 罗尔斯曾对关于公平的两大正义原则进行定义，“公平自由”被列为“第一优先原则”。确实，在影响教育公平发展的诸多因素中，公平自由选择同样被认为是促进个体多元、协调发展的首要原则。一方面，这种公平自由是促进个体协调发展的内在动力；另一方面，这种适合个体发展的公平自由对激发人的潜能，促进人在教育活动中自由全面发挥能动性，真正推动教育的公平发展有着非常重要的作用。

2. 更优质的教育

在当前科技快速发展、国际竞争不断加剧、人才流动全球化的背景下，提高教育质量成为新时代教育改革的重点，是新时代教育发展的价值诉求。新时代的教育公平关注育人质量的内涵式提升，重视相对公平的教育教学质量评估标准和体系的构建，以加强对教学效率、教学效果的更加公平的评价，实现教学质量的提升。“看上去相同的教育其实对不同的人有不同的意义，对于每一个人而言，教育公平是

① 程天君. 以人为核心评估域：新教育公平理论的基石——兼论新时期教育公平的转型［J］. 华东师范大学学报（教育科学版），2019（1）：116－123.

② Mill，J. S. *On Liberty*［M］. London：Himmelfarb，1966：175.

鼓励个人充分发挥个体的潜能，尊重个人的选择，以实现自身的价值。”① 因此，实现更优质的公平，也是新时代教育公平的重要诉求。

树立以“人”为核心的教育公平评价观，实现“人”的发展是教育的最终目的和归宿。在教育“效率”优先还是“公平”优先的更替发展进程中，坚持效率与公平兼顾的合价值理性和工具理性的统一，促进教育质量的内涵式发展，是教育公平评价的原则。新时代人民对美好教育的理想期盼并不是过去简单的教育投入增加、升学率提升等，而是希望能为每个学生提供适合其个性发展、潜力挖掘的有质量的教育公平评价。这也是党的十九大报告中对“发展素质教育”和落实核心素养的新要求。

关注教育质量的公平。以育人质量的提升为核心的教育公平，重视对教育教学效率的评估。通过构建多元化、个性化的教学质量评估方法，确立相对公平的教学质量评估标准，促进每个受教育个体的多样化发展，实现新时代人民群众对“上好学”的价值理性追求。在当前教育机会基本满足的背景下，为每个受教育个体提供公平发展的空间与标准，促进教育质量的公平性发展，是实现新时代教育公平的题中之义。

重视教育质量的内涵式发展。新时期教育发展的深层次问题主要指向“人”的发展问题。当前影响教育质量发展的因素，除了学校硬件、经济发展等外在因素，更关键的因素在价值素养层面。只有重视个体的内涵式发展，注重对个体个性和尊严的尊重，才能真正满足人民群众对“上好学”的价值追求，推动“有质量”的教育公平的深度发展。

二、促进区域均衡：教育机制的新变革

以促进受教育个体的全面发展为目标，从满足受教育个体的个性成长和需要出发，促进教育的公平化发展，提高各级各类教育发展水平和质量，促进教育公平的可持续发展，教育机制的有效变革是关

---

① 田正平，李江源. 教育公平新论［J］. 清华大学教育研究，2002（1）：39－48.

键。在党的十八届三中全会上，党中央明确指出要加强和促进国家治理体系现代化的建设。要推动教育的均衡发展，加强教育部门的组织机制建设是关键环节。当前，人们对教育机会的享有虽然实现了形式上的平等，但仍旧存在一些实质上的不平等，这种不平等一般体现在教育过程和教育结果上。因此，以习近平新时代中国特色社会主义思想为指导，深化教育综合改革，完善教育管理体制，推进教育评价，促进均衡教育发展水平，以推进教育治理现代化，提高教育公平的水平和质量。

建立教育资源统筹机制，提高各级各类教育资源的利用率。构建教育资源协调共享的统筹机制，对各种类型的学校，根据学校的具体情况进行资源整合，提高教育资源的整体利用率。构建教育资源使用保障机制，对教育资源使用过程中不合理的行为进行规范，拓展新型教育资源使用渠道。构建品牌教育资源的生成机制，对优质教育资源进行培育和创新，促进特色教育资源的形成、开发和利用。完善双向流动的教师交流机制，城市和农村的教师不但人员可以双向流动，在教育资源上也要真正流动，尤其是对农村薄弱地区的学校要进行倾斜。增加对农村学校的师资投入，加强教师队伍建设。建立教师工资的保障机制，提高普通教师的待遇，吸引更多的优秀教师能长期留在农村，提高农村学校的教育水平。建立优秀应届大学生到农村就业的优惠制度，吸引一流人才到一线支教，补充农村优质教师资源，缩小区域、学校之间的差距，促进教育资源的均衡分配。

完善教育领导机制，提升教育服务能力。转变教育管理方式，明确各个职级部门在教育管理中的责任和义务，厘清各自行使的权限和职责。规范决策管理机制，对各类议事程序尤其是重大事项的决策设定进行严格规定，规范集体议事的程序，促进决策机制的有效运行。规范教育领导机制的施行条例，促进教育领导机制的制度化、系统化建设。规范教育领导组织机制，完善党委领导的组织制度，保证教育领导工作的整体性和稳定性。加强对教育领导干部队伍的建设，加强党的思想领导和理论武装，建立领导干部培养的长效机制，加强党性思想的培养。规范教育领导干部的法制教育培养机制，增强教育领导干部的法治意识，为教育均衡的有序推进提供法律支撑和保障。

完善各级各类教育的办学机制，促进教育资源优质均衡发展。对学前教育、义务教育的各类办学体制做出分类明确的规定和定位，规范各类入学体制。建立以学为中心的新型学教关系，转变育人模式，创新教学方式和手段，完善教育评价，切实减轻学生的学业负担。构建学校教育、家庭教育与社会教育的协同治理机制，完善相关立法以厘清制度性责任调节与家校教育的责任，构建健康的教育生态环境。完善城乡教育一体化机制，统筹城乡教育一体化的标准、生均公用经费投入额度、教师编制标准等。完善校外培训机构的教育准入制度，明确培训机构的办学资质和标准，规范培训机构的经营范围和内容。完善区域化教育管理模式，拓展名校对薄弱学校的辐射力，采用集团化办学、校共体建设、教育联盟等多样化办学模式，推进教育质量的均衡发展。

规范招生考试制度，保证招生考试的公平与公正。完善0—3岁婴幼儿的托幼服务机制，促进保教一体化机制的健康发展。完善学前教育的入学机制，规范小学入学的科学管理和发展。完善义务教育阶段公办民办学校同步招生制度，对公办民办学校按照统一的标准和方式实施统一管理，促进义务教育资源的均衡发展。完善新高考改革机制，进一步探索课改与考改相互促进的选择性招生考试政策。加强对高中学生综合素质档案的建设管理，探索合理性使用方法，优化以考试成绩为唯一依据的招生模式。探索监督评价制度，允许社会参与对招生考试程序的监督，促进考试招生机制的有效运行。完善试卷评阅制度，规范评卷工作人员的审查机制，保证评卷环节的公平与质量。完善高校自主招生制度，明确高校的招生权限，完善招生考试的立法机制，从根本上规范招生考试制度，杜绝高考移民等诸多不合法现象。

完善教育督导机制，促进教育治理的现代化发展。加强对各级各类教育职能部门履职情况的评价，规范各类政策方针、教育监督、管理引导以及公共服务的履职范围和责任。规范学校的办学程序、招生程序、教学内容、收费标准等，促进学校有质量发展。构建规范的教育质量监测评估机制，对人民群众关心的各级各类重大教育决策项目进行专项督导，建立专门的督导机制。完善督导评估工作的检测体系，对社会关注的热点问题要及时跟踪反馈，对与实现学校教育均衡发展相匹配的硬件设施标准、使用管理办法等要进行评估，促进各项政策的有效落实。加强教育问责机制的落实，完善学校的办学安全防范机制，落实各项安全工作制度，防范意外安全事故的发生，确保各项工作能公平、合理推进。

完善教育财政投入机制，促进教育资源分配的动态平衡。合理规划教育经费支出的方式和比例，优化教育经费投入的分配结构，加强对义务教育阶段经费投入的优化和重视。完善各级各类教育经费预算投入机制，规范各类相关经费的支出使用标准。进一步拓宽学前教育投入机制，努力扩大优质学前教育资源，更好地满足多层次、多样化的学前教育需求。健全义务教育阶段各类公办学校生均公用经费使用标准，对中西部落后地区关键领域予以适当倾斜，对教育薄弱地区或学校建立资源动态调节机制。规范教育转移支付机制，加强对经费使用的规范和监督。规范国家的助学制度，完善国家对各级各类学校的助学奖贷金机制，建立多元化的资助体系，提高资助效率和精准性。构建教育财政投入的评估机制，提高教育投入的支出比重，对教育投入使用状况进行跟踪评估。

完善教育评价改革机制，推动教育优质发展。完善对教育行政部门履职的评价标准，改变“唯升学率”的评价倾向。完善学校评价标准，把落实立德树人根本任务作为中小幼及高等学校教育发展的主要依据。完善对学生的评价标准，重视过程性评价，强调综合评价，改变重智轻德的评价倾向，把德智体美劳全面发展作为学生综合素养评价的主要内容，加强对学生身心健康评价指标的构建。完善对教师的评价标准，重视师德师风建设，把教师的课堂教学实践成效作为教师教学业绩评价的重要依据，推行同行专家评议的制度，落实“破五唯”评价改革措施。

三、振兴乡村教育：教育资源的新优化

党的十九大报告提出了乡村振兴战略，明确指出要深化教育改革，坚持精准扶贫，注重扶贫同扶志、扶智相结合，办好人民满意的教育。作为乡村社会系统中的重要一环，乡村教育与乡村经济、文化、人才、生态等方面的振兴有着密切的内在联系。面对“人民日益增长的美好教育需要与不平衡不充分的教育发展之间的矛盾”，使每个受教育个体在教育资源的均衡恰当配置中，获取实现个体自身优质发展的资源，促进德智体美劳全面发展人才的培养，需要振兴乡村教育，消除教育贫困，分类分层进行教育帮扶，让每个孩子，无论是身处城市还是乡村，都能公平地接受高质量教育，从根源上改善贫困问题。坚持教育的平等原则、补偿原则和评价原则，对教育资源进行优化配置。

优化学前教育布局，重视乡村教育，构建覆盖面广、质量有保证的学前教育公共服务体系，让每个幼儿都有公平的受教育机会。坚持教育的普惠性原则，补齐学前教育普惠性不足的短板。把发展学前教育纳入城镇、社会主义新农村建设规划，改变弱势群体儿童处境不利的状况。① 在统筹考虑经济社会发展、城镇化建设、计划生育政策完善和流动人口管理服务政策调整等对本地人口发展趋势产生影响的基础上，超前谋划区域学前教育布局，以普惠性幼儿园为主体，按照构建覆盖面广、质量有保证的学前教育服务体系建设要求，把幼儿园建设作为城镇化建设和新农村建设的重要项目，统一规划，优先发展。同时，按照就近便利和确保质量的原则，将建设重点放在乡镇以下规模较大的村、城乡接合部和城镇新增的居民区，合理规划建设乡村幼儿园或农村幼儿教学点，着力解决就近入园、方便入园问题。

完善义务教育阶段农村地区学生的资助体系，补齐义务教育公平性不足的短板。推动城乡义务教育一体化有效变革，加大对农村地区教育经费的精准资助力度。加大对乡村地区的教育投入，完善农村偏

① 田伟红. 教育：改变弱势群体状况的根本途径 [J]. 经济师，2010 (4)：28 - 29.

远山区的基础教育设施建设，让每个义务教育阶段的孩子都能真正享有公平而有质量教育带来的好处。

加强对极度贫困地区高中学生的帮扶力度，提高帮扶措施的针对性和有效性。完善精准帮扶的运行机制，调动多方力量参与对农村偏远地区高中段学生的专项资助机制建设，做到全程关注、精准帮扶，真正实现全员全方位全过程育人。同时扩大帮扶育人的范围，加大对中等职业教育的扶持力度，提升职业教育在技能培训、创业创新方面的能力。

加强对乡村教师的培训，通过送教下乡、选送研修、与名校结对及“国培”“省培”等方式培养优秀教师，建立乡村教师长效发展保障机制，提升乡村教师的整体水平。完善城市优秀教师与乡村教师双向轮岗交流机制，加大交流力度，促进城乡教育质量的均衡发展。创新乡村教师培养模式，建立优秀师范生引进制度，加强对薄弱学科优秀特需教师的培养。拓宽乡村教师视野，推动乡村教育提质增效。

构建多元整合的资源参与机制，推动乡村教育的可持续发展。改变帮扶资金由政府单一兜底模式，建立“爱心企业＋”“社会人士＋”“爱心组织＋”等多元教育帮扶体系，实现组织协同，撬动多方社会资本，开辟创新帮扶渠道和形式，增强帮扶工作协同性，提高帮扶工作的整体合力。激活社会、企业及民间组织的参与力量，利用“互联网＋”等网络信息资源，完善城乡教育一体化协作运行模式。

构建帮扶对象的甄别机制，提高帮扶的针对性和有效性。完善教育精准帮扶的保障机制，明确帮扶进程中各类主体的相关责任和义务，增强帮扶工作的持续性和保障性。对帮扶对象进行精准定位，完善帮扶对象的档案建设，让真正需要帮助的困难对象得到实际帮助。建立跟踪随访机制，根据帮扶对象的学业成绩、阶段表现、毕业就业等最终成果进行奖励，对品行有重大问题或学业成绩长时间退步的帮扶对象设立退出制度，使精准帮扶不流于形式。

构建教育精准帮扶的运行机制，充分激发帮扶对象的内生性动力。加强对农村偏远地区的教育精准帮扶项目的建设，设计符合实际需要的帮扶项目，改变过去普惠性有余而针对性不足的情况，按照帮扶需求的轻重缓急抓重点项目，对症突破，精准施策，逐步推进。完善精准帮扶的成效评价机制，实现扶贫与扶志、扶智的深度结合。形成教育帮扶的长效运行机制，使帮扶真正落到实处。对乡村偏远地区的教育重点倾向资金项目，根据实际问题精准把脉，提升教育帮扶对象的综合素养，激发帮扶对象自我创造的内生潜力。

完善教育精准帮扶工作的监督机制，提高帮扶工作的满意度。建立精准帮扶成效考核机制，聘请权威机构对帮扶结果进行考核，加强对考核效度的监测。构建精准帮扶监督和评价体系，对帮扶工作落实不到位的进行问责，在专门平台上定期公示各个环节的活动与效果，要求每项活动有计划、方案与总结，健全活动机制。规范帮扶形式的制约机制，防止出现帮扶群体“脱贫后再返贫”现象。加强对农村落后地区帮扶项目的监督力度，进行实时监控与管理，发现问题及时整改落实。发挥第三方力量的监督作用，加强社会各个力量对帮扶各项措施的监督，提高监督活动的透明度。

完善乡村课程开发机制，提升乡村教育品质。“虽然目前农村经济文化和教育相对落后，但农耕文明、乡土文化有着城市文化、工业文明不可代替，现代化不可缺少的优秀传统。”① 以社会主义核心价值观为引领，充分利用乡土文化独特的资源优势，结合乡土地理、乡土文物、史料以及学校特色等，整理乡村教学资源，开发特色乡土课程。完善对乡村课程的开发，不但能激发学生学习兴趣，培养创新思维和能力，而且对激发学生爱国热情，弘扬中华优秀传统文化，促进乡村教育的振兴发展具有重要意义。

乡村振兴战略的实施是实现第二个百年奋斗目标和全面建设社会主义现代化国家的必然要求。随着我国社会主要矛盾发生变化，振兴乡村教育成为实施乡村振兴的基础工程。党的二十大报告明确提出“全面推进乡村振兴”。习近平总书记在中央农村工作会议上强调，全面推进乡村振兴、加快建设农业强国，是党中央着眼全面建成社会主

① 郝文武. 新时代乡村教育振兴的新目标与新路径［J］. 陕西师范大学学报（哲学社会科学版），2022（1）：57－68.

义现代化强国做出的战略部署。① 乡村振兴，教育先行。只有解决好乡村教育发展不均衡的矛盾，优化乡村教育资源配置，才能推动乡村教育的高质量发展。

四、倡导差异平等：个性发展的新阶段

有差异的平等，指向公平的合理性，教育公平并不是指必须把所有的教育资源绝对平均分配，而是依循“不同情况不同对待”的原则，对教育资源进行“差异性”分配。根据学生的个体差异进行因材施教，精准提供适合学生个体发展需要的教育，使教育服务更加多样化，更加有利于促进受教育个体个性的发展，从而真正实现有质量的公平。

关于教育公平的传统理解，往往认为需要提供同质性的教育才是合理公平的。事实上，不同受教育个体的兴趣爱好、智能潜力、个性禀赋各不相同，因此整齐划一、千人一面的教育服务无法满足学生个性发展的真正需要，只有尊重受教育个体之间的差异，根据个体差异为每个学生提供适合其个性发展的教育，才能真正促进受教育个体的发展。新时代的教育公平，指向“人”的发展，是教育实践进程中“人”的工具合理性和价值合理性的统一。因此，尊重个体之间的差异，把促进每个受教育的“人”的发展作为教育出发点，关注每个受教育个体个性的成长，才能真正增强人民对教育公平的满意度，推进新时代有质量的教育公平的实现。

（一）构建以政府为主导、以市场为辅助的多元混合教育管理机制

党的十九大报告指出，要努力让每个孩子都能享有公平而有质量的教育。这里的“每个孩子”，事实上也是对“有差异平等”更高层次的理解。从某种意义上说，新时代教育公平的实现，首先需要每个受教育个体的主体间性得到确认，使人的个性差异在教育活动中得到尊重，从而为个体的自由而全面发展提供多种可能，这也是新时代中国特色社会主义教育发展的时代内涵。由此，推进差异性平等的教育

① 锚定建设农业强国目标　切实抓好农业农村工作［N］. 人民日报，2022－12－25（1）.

举措，旨在为“每个孩子”提供适合自身发展的教育，通过政府、社会、学校、教师等多方面的努力，减轻由历史、自然、社会、区域、经济等多方面因素造成的教育不公平。

发挥政府的主导性作用，加强政府在教育督导方面的监督评价作用。完善教育督导评估机制，从政府层面对学校是否给学生提供适合的教育进行监督，完善学校教育管理体制，保证学校能提供符合学生发展需要的教育质量。同时，严格建校标准，加强对弱势学校的帮助和补偿。给予学校和教育管理部门相对灵活的权限，针对学校的具体情况开设满足需要的校本化课程，给予学校、教师、学生一定的课程选择权，并对课程的具体开展情况及时进行监督和评估。

加强政府在教育管理方面的宏观调控，促进教育内部均衡发展。新时期教育发展不均衡不充分的矛盾，关键在于教育发展的速度和程度的差异。① 加强对教育管理的调控，可以从宏观的角度调节各个教育部门尤其是学校的教育行为，帮助学校及时解决因发展速度过快或规模扩张过快等导致可提供的教育服务无法满足发展等问题。制定合理的教育决策，尊重受教育个体作为“人”的个性差异，促进学校生源供需平衡，推动教育质量内涵式发展。从教育宏观平衡的角度去调控教育活动，缩小各类教育差距，补齐教育发展的短板，努力让每个学生都享有多元化、适切性的教育。

完善公共教育服务体系，健全现代化公共教育财政制度。改革开放 40 多年的实践证明，良好的公共政策是在价值排序的基础上对政策进行制度化的规范，从而为弱势群体提供更优质的服务。因此，要对全口径的教育预算进行规范，对教育经费的总体使用情况进行评价，建立健全专门的教育经费预拨款机制，提高公共教育财政资金使用的效率，增强教育经费在各个教育领域的精准化投入。促进教育治理体系和供给体系的现代化发展，进一步扩大教育服务的范围，使不同区域、阶层、家庭及学校的学生尤其是农村落后地区的学生都能不

---

① 程天君. 以人为核心评估域：新教育公平理论的基石——兼论新时期教育公平的转型［J］. 华东师范大学学报（教育科学版），2019（1）：116－123.

同程度受惠。

健全教育经费保障机制，促进教育资源发挥多元化公益性效益。教育的公益性是由其具有公共属性的教育本质决定的，这也决定了在资源配置过程中，教育管理不但需要政府的主导，同时也必须通过市场及市场以外多元资源配置机制来实现对教育的宏观调节与控制。建立含社会资本、民间资本、企业教育捐赠等多元教育经费的保障机制，对各级教育投入的正常使用予以保障和监督，尤其是加强对中西部地区教育经费的长效投入，加大对贫困家庭学生的教育资助，为流动人口子女提供优质教育保障服务。

（二）构建差异性教育体系，实现有质量的公平

新时代的教育公平，既是教育目的，也是教育手段。承认教育的合理性差异，按照学生的内在教育诉求建立以“人”为本差异化教育结构，旨在推进新时代教育公平的核心建设，将促进每个受教育个体的个性化发展真正落到实处。为每个受教育个体提供适合个性发展需要的教育，使每个学生都有机会取得成功。完善新时代多元化教育公平评价机制，以促进人民群众教育公平理想目标的实现。

差异性教育体系的构建，首先要调整传统教育结构，提供多元化教育类型。构建分类办学实施机制，为每个学生提供多元适切的教学内容。针对受教育个体的个性特征，提供适合个体发展的差异性教育。在综合考虑教育资源的基础上，根据学校自身发展特点进行分类办学，按照优质普惠、优质均衡、优质多样的原则，分别对学前教育、义务教育、高中教育进行办学定位。

对不同学习阶段、学习群体的学生，提供不同类别的教育。健全特殊教育机制，为特殊群体学生提供教育保障。根据个性化差异的特点，对义务教育阶段的学生提供差异化教育服务。推动高中教育特色办学，促进高中教育的多样化发展，让每个学生根据自身个性化发展需要选择适合自身发展的学校，促进学生全面而有个性地发展，提升学生的综合素养。推行小班化教学，根据学生学习发展的阶段性差异因材施教。

构建多样化培养模式，促进城乡教育一体化发展，为不同类型的受教育个体提供充分的受教育机会和条件。加强对农村薄弱学校教师

教学能力的培养，提升教师差异化教学的能力，为教育薄弱地区的受教育者提供适合其发展的教育。尊重受教育个体的主体性特征，重视其内在的个体差异，在课程开发、师资投入、教学方法选择、教学效果评价等方面进行创新，设置多元培养模式，在社团活动、拓展活动、综合实践、兴趣小组等方面提供丰富的选择，提供适合受教育个体发展特点的教育，切实提高教育公平的质量。

五、创造美好教育：教育公平的新要求

党的二十大报告提出，“中国式现代化是全体人民共同富裕的现代化”，“坚持把实现人民对美好生活的向往作为现代化建设的出发点和落脚点”，并将“建成教育强国”和“人民生活更加幸福美好”纳入2035年我国发展的总体目标。中国特色社会主义进入新时代，我国社会主要矛盾转化为人民日益增长的美好生活需要和不平衡不充分的发展之间的矛盾。人民对美好生活的需求，体现了对社会发展成果共享，实现物质财富丰裕、精神财富富有的发展诉求。满足人民对美好生活的需要，核心的本质是实现共同富裕，这对教育事业的改革发展提出了新的更高要求，即在新时代如何推进和实现“美好教育”，切实解决教育发展中存在的“不平衡不充分”问题，以满足人民日益增长的美好教育需要。使“美好教育”成为新时代人们创造美好生活的根本途径，这是新时代教育改革的必然要求和客观需要，是与所有教育工作者都密切相关的神圣使命，也是当前亟待教育研究者深入思考的重大课题和系统工程。当前，关于美好教育问题的探讨已经开始，有些地方还进行了实践探索和试验，这里主要就新时代美好教育的时代内涵和推进理路做初步阐释和研究，以期对美好教育的思想理论和实践工作有所助益。

（一）美好教育的时代内涵

人民对美好生活的向往表现在对美好教育的需求和期盼上，美好教育是实现美好生活的内在要求和途径。在社会生活和生产劳动的传递中，人类因教育而变得美好。美好教育关注个体的生命成长，追求主体自由自觉的发展，以实现人的自由而全面发展为目标。

1. 美好教育以尊重个体的生命成长为依据，是实现人的生命价值的教育。

美好教育对人的生命价值的实现，以尊重人的生命成长为前提。教育的本质就是促进人的生命的成长，美好教育是个体获得自身生命本质的体现。尊重个体生命的自然成长，意味着个体能够依照自身的生活方式实现自我本性和真实性的发展，能够按照生命内在底层的自我需求状态和创造性，以实现自我人格的真正发展，构建内心真正向往的生命。尊重生命的成长，体现了教育对生命个体独立性的尊重，这意味着美好教育是受教育个体健康快乐、活泼成长的幸福教育，“教育绝不是训诫或告诉我们应该去过哪一种标准生活，而是向人们揭示人们本来可以拥有哪种美好的可能生活，从而使人有可能把握自己的命运，创造自己的生活”①。美好教育指向的美好人生，旨在让人在生命的成长中发现自我，改造自我，最终促进生命本质的自我实现。马克思主义认为，在自由人联合体中的个人，以自身的内在特点而相互区分，这种区分主要体现在个体自我个性和生命的实现上。当受教育个体为追求生命内在价值实现主体性发展而存在，而不是某种外在的附加物时，人的生命才真正具有合乎价值理性的存在。

个体要获得生命成长的自由，实现自我发展和创造，提升自身的存在价值，离不开对公平优质的教育资源的需求。满足人民对“更公平更有质量”教育的需求，解决当前教育发展“不平衡不充分”的矛盾，对于有效激发受教育个体生命成长潜能，促进受教育个体未来美好的成长发展具有重要的意义，是实现个体生命价值的重要路径。作为人类社会的遗传密码，教育是人类特有的社会活动，同时也是实现民族振兴、促进社会进步的基石，承载着亿万人民对美好生活的期盼。人们对美好教育的诉求，正是新时代教育改革发展对教育要“更公平更优质”的要求，是新时代教育对“培养什么人”“怎样培养人”“为谁培养人”的理性思考，也为如何使教育“让人民满意”，促进受教育个体实现美好人生提供了参考。

① 王啸. 教育人学——当代教育学的人学路向［M］. 南京：江苏教育出版社，2003：386.

2. 美好教育以实现人的身心和谐发展为内在要求，是促进受教育个体自由自觉发展的教育。

美好教育是体现人的自由个性发展的社会活动。“一个种的整体特性、种的类特性就在于生命活动的性质，而自由的有意识的活动恰恰就是人的类特性。生活本身仅仅表现为生活的手段。”① “人作为特殊的生命存在物，他的生命活动的性质、他的内在本性的基本要求，就是‘自由’。”② 生命个体自由自觉的活动，离不开教育。在美好的教育活动中，教育不再以对象化的活动为目的，而是以实践活动中的人为存在体，通过生命个体自由自觉的活动来实现人的类本质特征。在全面的活动中，人的个性和能力得到持续发展。美好教育以受教育个体身心和谐发展为最终目的，教师和学生在共同的教育活动中实现主客体的和谐发展。

美好教育是使每个受教育个体能够根据自身的兴趣、爱好、特长等，自主选择符合自身发展需要的教育资源和条件，满足个体差异和多元化选择的需求，使每个人的实际需要得到满足的教育。进入新时代，教育发展的主要矛盾转化为人民日益增长的公平而有质量的美好教育需要与不平衡不充分的教育发展之间的矛盾。教育不再以“有学上”为目标，而是以“上好学”为要求，以实现教育质量的提升、促进每个学生的自由自觉成长为目标，以实现每个学生的美好教育为根本。③ 在美好教育活动中，受教育个体不再是被支配和被驯服的对象，而是作为教育的主体，拥有教育的选择权，在自由自觉的教育活动中身心得到真正的和谐发展。

3. 美好教育以人的自由而全面发展为应然指向，是实现人的全面发展的教育。

马克思对自由人联合体的发展状态曾这样描述：“代替那存在着

---

① 马克思. 1844 年经济学哲学手稿［M]. 中共中央马克思恩格斯列宁斯大林著作编译局，编译. 北京：人民出版社，2018：53.

② 涂艳国. 走向自由——教育与人的发展问题研究［M]. 武汉：华中师范大学出版社，1999：23.

③ 冯建军. 新时代美好教育生活及其创造之路［J]. 中国教育学刊，2018 (12)：43－48.

阶级和阶级对立的资产阶级旧社会的，将是这样一个联合体，在那里，每个人的自由发展是一切人的自由发展的条件。”① 实现人的自由而全面发展是美好教育的理想目标。美好教育在满足个体多样化发展需要的同时，使每个个体的内在潜能得到发挥，在工具理性和价值理性统一的同时，更能促进人作为类主体的真善美的统一。可以说，美好教育的真正实现就是提供满足需要的教育，造就自由而全面发展的人。

美好教育是实现美好生活的重要内容和途径，不仅是新时代美好生活多样性和全面性的根本要求，同时也为受教育个体从“单向度”的人转向“全面而自由发展的人”指明了路径。“人以一种全面的方式，就是说，作为一个完整的人，占有自己的全面的本质。”② 人自身的本质与人内在的需要相联系，美好教育的核心就是满足人的本质需要，尊重个体的独特性，提供给受教育个体最适合的教育，使个体的优势和特长得到有效发挥，每个人都能获得自由全面发展的权利和能力，个体价值或社会价值目标得以达成，最终实现人的自由而全面的发展。

（二）美好教育的推进理路

党的二十大报告指出，“我们的工作还存在一些不足，面临不少困难和问题。主要有：发展不平衡不充分问题仍然突出，推进高质量发展还有许多卡点瓶颈”，“必须加大工作力度”，“必须坚持问题导向……不断提出真正解决问题的新理念新思路新办法”。如何在政策和实践层面推进美好教育的实现，是一个宏大的系统工程：既有战略层面，也有策略层面；既有政府层面，也有学校层面；既有教育内部层面，也有教育外部层面；既是政治哲学问题，又是政策实践问题。总之，美好教育是一个动态发展的实践活动，实现美好教育的举措，需要在实践规划和统筹行动中稳步推进。

---

① 马克思恩格斯选集：第 1 卷［M］. 中共中央马克思恩格斯列宁斯大林著作编译局，编译. 北京：人民出版社，2012：422.

② 马克思. 1844 年经济学哲学手稿［M］. 中共中央马克思恩格斯列宁斯大林著作编译局，编译. 北京：人民出版社，2018：81.

第一，转变教育思想，解决认识“不全面”的问题，树立以美好教育为目标的新理念。

认识是行动的先导，理念是实践的指引。只有思想认识到位了，才可能有正确的决策和落实。党的十九大报告对新时代中国特色社会主义社会的主要矛盾变化做了新的判断。在全国教育大会上，习近平总书记明确提出要培养德智体美劳全面发展的社会主义建设者和接班人，加快推进教育现代化、建设教育强国、办好人民满意的教育。① 党的二十大报告又提出，“教育、科技、人才是全面建设社会主义现代化国家的基础性、战略性支撑”，“坚持为党育人、为国育才，全面提高人才自主培养质量”，“办好人民满意的教育”。这就对新时代美好教育的目标和认识提出了新要求。

1. 教育认识“不全面”问题的种种表现

美好教育是人的发展和教育，实现人的全面发展是美好教育的目的。在社会主要矛盾变化的大背景下，人的发展需求具有多样化、多层次、多方面的特点，从精神文化到政治生活，从现实经济社会地位到心理预期和价值认同等方面，对人的全面发展乃至社会的全面进步都提出了相应的要求。② 当前人们对教育的“不全面”认识主要表现在以下几个方面。一是对培育先进教育理念的认识还不够全面。面向未来的美好教育，对未来人才在创新精神、社会实践、责任能力等方面的要求比较关注，但现实中我们的很多理念还是停留在因循守旧的层面，对开拓创新、适应变化等实践能力的认识还不全面。二是对国家战略发展的实践意义的认识还不够全面。现代教育体系要做到理论意义和实践意义上的统一，教育要为国家战略发展提供智力支持，但面对创新国家建设和实践的需求，现代教育体系的实践建构并不全面，像基础教育、高等教育等在课程设置、课堂教学、优质师资的建设上还缺少全面的认识和部署。三是对美好教育的内涵式发展的认识

① 坚持中国特色社会主义教育发展道路　培养德智体美劳全面发展的社会主义建设者和接班人 [N]. 人民日报，2018-09-11 (1).

② 唐皇凤. 社会主要矛盾转化与新时代我国国家治理现代化的战略选择 [J]. 新疆师范大学学报（哲学社会科学版），2018 (4)：7-17.

还不够全面。现实中谈美好教育首先关注的是教育的外延扩展和外在成绩，如办学规模、学习环境和升学率等，而对质量性、公平性、适切性等育人内涵的关注常常停留于表面化和形式化。四是对德智体美劳全面发展的认识还不够全面。对“智”的理解和认识是全面开花的“智育优先”，但对学生的道德素养、体育健康、审美能力、劳动素养和动手能力等重要性的认识还只停留在表面，认识不够深刻。五是对教育普遍性和阶段性问题的认识还不够全面。对全局把握、趋势判断等问题缺少统筹分析，往往是碰到问题解决问题，对问题的静态存在和动态发展机制等缺少前瞻性的认识。

2. 贯彻教育发展新理念，解决认识发展“不全面”问题的几个关键

新时代的教育在提升人民满意度、促进美好生活的实现上发挥奠基性的作用。教育发展的终极目标是促进人的全面发展，当前要贯彻教育发展的新理念，解决教育发展在认识上的不全面问题。一是要充分认识教育在实现中华民族伟大复兴事业中的基础性作用，认识到美好教育在化解我国当前社会主要矛盾中的重要作用。二是要牢牢抓住教育发展“不平衡不充分”主要矛盾的关键点，完善教育体系，促进教育质量的优质、均衡、全面发展。三是立足学校教育，遵循教育规律，落实立德树人根本任务，促进学校向更加美好的教育生态迈进。四是要把德智体美劳全面发展作为促进学生全面发展的根本目的，切实关注学生可持续发展和综合素养的提升。五是加强对教育治理的全面认识和研判，把依法治教贯穿教育发展新理念，统筹分析教育教学中的一般问题和突出问题，促进教育命运共同体的构建。

第二，坚持推进教育优先发展，解决教育发展“不充分”的问题，为实现美好教育提供根本保证。

党的十八大报告指出：“要坚持教育优先发展，全面贯彻党的教育方针。”党的十九大报告强调必须把教育事业放在优先位置。党的二十大报告进一步指出，“深入实施科教兴国战略”，“坚持教育优先发展……加快建设教育强国”。改革开放 40 多年的实践证明，坚持教育优先发展战略对解决教育发展的“不充分”问题具有非常重要的意

义，为美好教育的实现提供政策保障。

1. 教育发展“不充分”问题的种种表现

新时代的教育，以促进更公平更有质量发展为要求，夯实素质教育基础工程，着眼于民族振兴的人才强国战略和科教兴国战略。当前，教育领域还存在种种发展“不充分”的现象。一是先进教育思想的引领和发展还不够充分。当前育人模式的转变相对于落实立德树人根本任务、提高学生的创新能力和实践能力还存在差距，真正落实素质教育还需要很长时间。二是优质教育资源的供给还不够充分。择校热、高收费、大班额、课业负担过重等问题并未真正解决，老百姓“入学难”问题还存在，满足“上好学”的需求还任重道远，义务教育的质量还有待提升。三是满足个性化选择性教育的需要还不够充分。每个受教育个体都具有各自的特点，为每个孩子提供适合的教育、给每个教师提供课程选择权是新时代教育发展的重点。满足教学双方多样化选择的课程建设、学科建设等方面的发展还未充分形成。四是实现依法治教的目标还不够充分。当前推进教育治理现代化的体系和能力都需要进一步完善和提高，加强对教育的宏观调控和监管、提高教育行政部门的公信力和执行力等方面还需要不断加强。五是对人工智能、互联网、大数据等新技术的使用和创新还不够充分。人工智能作为一项促进美好生活的新技术，在学校课堂教学中发挥了深刻的影响，但是，如何使技术的应用更具个性化和实效性，在激发学习兴趣、提高教学质量、促进学习效果评价等方面发挥有效作用，还需要不断研究。

2. 推进教育优先发展，解决教育发展“不充分”问题的几个关键

党的十八大以来，教育现代化加速发展，中国特色社会主义教育进入新时代，教育的基础性、优先性和全局性的作用更加凸显。优先发展教育，构建现代教育体系，培养创新人才，已成为人类共同面临的重大课题和应对诸多复杂挑战、实现可持续发展的关键。均衡优质教育资源的发展，为人们提供多元化、多层次、高质量的受教育条件，成为满足人民实现美好生活的必然途径。一是要坚持教育优先发展不动摇，进一步明确教育强国建设目标，夯实素质教育基础工程。

二是完善现代化教育体系，构建现代教育命运共同体。大力推动学前教育的优质普惠发展、义务教育的优质均衡发展、普通高中教育的优质多样发展、职业教育的产学研一体化发展、高等教育的特色化多样化发展等，统筹推进城乡教育一体化，为实现美好教育奠定坚实基础。三是要健全教育经费保障机制，确保经济发展规划、公共资源及财政资金在教育发展上的优先投入，使教育优先投入的决策落到实处，优化教育资源。四是增强各级各类教育的实效性，提高教育质量。不同学校要结合自身优势，发挥核心竞争力，根据学生的需求提供专业化的教育，重视对个性化、多元化和复合型等新技术人才的培育，培养学生面对新时代诸多挑战的能力。五是要构建终身教育发展理念。积极发展成人教育、社会教育和继续教育，重塑国民素质教育形态，形成全纳、公平、灵活、开放的终身学习平台，实现教育现代化内涵式发展。把教育优先发展落到实处，满足人民群众对多样化、优质化、可选择的美好教育的迫切需求。

第三，推进教育公平，解决教育发展“不平衡”问题，为实现美好教育奠定坚实基础。

党的二十大报告指出，促进教育公平是办好人民满意的教育的重要任务。推进教育公平是实现美好教育的前提和基础，实现美好生活的中国梦需要教育协调发展。解决教育发展中的“不平衡”问题，是当前和今后教育改革的重点，为实现美好教育打下坚实的基础。

1. 教育发展“不平衡”问题的种种表现

我国教育资源配置中的价值和结构失衡，助长了客观存在的城乡差别、地区差别，制造了严重的学校差距。[①] 教育发展中的种种“不平衡”问题，主要表现在以下几个方面。一是城乡教育发展的不平衡。长期形成的城乡二元格局加深了城乡差异，加剧了城乡教育的隔阂和不平等。二是区域教育发展的不平衡。虽然中西部教育已有很大发展，但受文化观念、地理环境等多方面因素的影响，东部和中西部之间的教育发展还是存在很大的差距，在教育经费投入、教学标准条

① 杨东平. 中国教育公平的理想与现实［M］. 北京：北京大学出版社，2006：65.

件等方面的差异还很大。三是教育结构中层次发展的不平衡。学前教育和高中阶段教育仍然是教育体系发展中的短板和弱项，普通教育和职业教育、学科型人才培养和应用型人才培养与社会的经济结构还不是很匹配。[①]四是校际教育发展的不平衡。过去政府基于多出人才的考虑，对同一区域不同级别学校的资源配置采取差别对待的方式，使得不同学校之间的教育不公平加剧。五是不同群体教育水平的不平衡。不同年龄、不同职业和不同家庭背景的群体对教育的参与度和关注度不同，他们之间的教育水平存在较大的差距。

2. 推进教育公平，解决教育发展“不平衡”问题的几个关键

教育发展中的“不平衡”问题往往都是教育中的重点难点问题，解决这些问题是新时代教育对教育工作者提出的使命和要求。一是各级各类教育协调发展。进入新时代，人民对更公平优质教育资源的需求进一步凸显。根据受教育个体或群体在教育条件、环境等各方面的差异，充分利用各级各类优质教育资源，优化整体教育结构，确保教育领域中的弱势群体能够拥有相对公平的教育机会和条件，使每个孩子都“有学上”“上好学”。二是各级各类教育均衡发展。优化教育制度设计，使国家的宏观调控政策和地方的自主创新政策有机结合，推进教育供给侧改革，补齐教育的短板，落实政府的领导职责，推动教育现代化的全面实现，使区域、城乡、学校等优质教育资源的均衡分配问题得到有效解决。三是推进新时代乡村振兴战略。振兴乡村教育是推动优质教育资源协调发展、实现教育公平的重要手段。要构建乡村教育现代化资源体系，打造有利于教育均衡发展的教育命运共同体，消除教育贫困的代际传递。只有补齐教育的短板，实现乡村振兴，教育发展的公共水平才可能提升，新时代美好教育才有可能实现。四是优化师资队伍配置，理顺内部关系，促进教育均衡发展。教育要均衡发展，师资的优化配置是关键。要充分发挥名师的辐射引领作用，推进“强弱结对”“名师帮扶”“定期支教”等教育管理措施，

---

① 陈子季，马陆亭. 着力解决好教育发展不平衡不充分问题 [J]. 人民教育，2017 (21): 18－21.

实行先进理念共享、优质教育资源共享、有效成果共享，以“共享”促进均衡发展。[①] 五是要建立一系列公平有效的教育政策机制，推动教育体制机制改革。要注意国家宏观政策和地方自主政策的有机融合，因地制宜完善教育财政转移支付政策，促进教育的均衡发展。

第四，加强教育改革创新，解决教育发展“不完善”问题，为实现美好教育提供强大动力。

改革开放40多年以来，“我国教育事业迅猛发展，在办学规模、结构、数量及质量等方面都取得了跨越式发展，教育发展总体水平明显提升，服务经济社会发展能力显著提高，这……充分证明了改革创新是推进教育事业蓬勃发展的强大动力”[②]。党的十九大报告明确了对各级各类教育的深化改革和创新实践的总体性部署。全国教育大会也明确提出要坚持改革创新，深化办学体制和教育管理改革。党的二十大报告坚持把创新作为引领发展的第一动力。因此，以教育改革创新来破解教育发展中的“不完善”问题，是新时代实现美好教育的必由之路。

1. 教育发展“不完善”问题的种种表现

当前教育领域内存在的发展“不完善”问题，主要表现在以下几个方面。一是教育的综合性改革推进步调不一致。有的领域改革力度大，发展快；有的领域受多种条件制约，改革推进进度缓慢。二是管理机制改革不同步。有些地方切实推行简政放权，减少形式主义，抓实教育改革措施；有些地方则仍困于各类行政部门的各种检查，无法真正把全部精力投入教育改革中。三是课程改革进度不一致。有些地方的学校能真正落实选择性教育理念，选课走班多元选择，提供给学生适合的教育；有些地方的学校对选择性教育存在各种困惑和误解，推进智慧课堂、数字课堂等新教学方式的改革无法真正落到实处。四是育人模式的转换不完善。有些学校在育人方式上重视德智体美劳全

---

① 庞君芳. 教育公平视域下教育资源的均衡发展［J］. 学术探索，2015（1）：141－146.

② 吴佳莉，郑程月，吴霓. “办人民满意的教育”的内涵、演进与实践路径［J］. 清华大学教育研究，2018（6）：74－79.

面发展，注重对学生核心素养的培育；有些地方的学校则重智轻德，在人才培养上存在欠缺。五是师资队伍建设不同步。有些学校十分重视教师专业能力素养和思想道德素质的提升，打造各种培训平台，促进教师专业发展；有些学校则囿于固有的体制机制，教师发展空间狭窄，教师的成长成才受到限制。

2. 加强教育改革创新，解决教育发展“不完善”问题的几个关键

当前我国教育领域内的改革创新对于破除固有的体制机制障碍，构建现代化教育治理体系具有十分重要的意义，为促进新时代美好教育发展提供强大的动力支持。一是提升教育的开放性。以人类命运共同体意识推进教育的对外开放、深化教育国际交流和合作是推进系统性发展的重要途径。改革开放 40 多年的教育实践证明，只有重视教育交流互鉴，推动教育改革创新，才能提升教育的竞争力，满足人民对美好教育的需求。在人民对国际化教育的需求日益增长的形势下，创新国际合作办学方式，探索构建国际教育基地、学校联盟等新型的教育合作方式。二是提高教育的创新性。一方面要创新教育理念，坚持以人为本。教育是培养人的社会活动，美好教育是以人为中心的教育，必须把人的成长和发展放在教育活动的中心位置；另一方面要创新教育教学方法，提高教师的育人素养。新时代教师应该具备更高的教育素养、更深厚的教育情怀，用自身高水平的教学能力拓宽学生学习的广度和深度，形成和谐发展的新型师生互促关系，立德树人，因材施教。三是加强教育的系统性。教育本身就是一个有机联系的整体，要重视顶层设计的宏观指导，注重改革方略，关注各个领域的现实关联状况，遵循教育规律，优化教育体系，加强教育的系统性。四是要重视教育的艺术性。教育要改革创新，还需要加强审美教育，注重对审美意识的培养，这对于激发教育的创造性，促进受教育主体在生活中实现感性与理性的统一具有十分重要的意义。一方面，审美意识是促进教育创新的动力。“动物只是按照它所属的那个种的尺度和需要来构造，而人却懂得按照任何一个种的尺度来进行生产，并且懂

得处处都把固有的尺度运用于对象；因此，人也按照美的规律来构造。”① 个体对于新鲜事物都会有探索和发现的兴趣，而激发这种兴趣的恰恰就是审美意识。② 拥有审美意识可以使人打破陈规，在改革和创新中不断突破，最后实现生命和活力的提升。另一方面，审美意识的提高，可以促进人对美好教育及生活的深层理解和追求。通过审美意识的培养，可以提高艺术修养，增强文化自信，实现优秀民族文化的传承，进一步推动教育改革和创新。五是增强教育督导的实效性。加强对教育的督导力度，促进管理机制和改革措施的规范和有效施行，推动教育改革的完善和发展。

第五，构建美好教育模式，解决教育发展“不落实”问题，为推进美好教育提供保障措施。

实现美好教育，落实是关键。构建美好教育模式，就是搭建美好教育思想认识与美好教育事业发展相互沟通和融合的桥梁，是美好教育理论与实践的具体行动范式。针对教育发展中存在落实不到位的问题，我们要分析问题产生的原因，构建一套以“美好”为轴心的学校教育模式，提升人民对教育的满意度和幸福感。

1. 教育发展“不落实”问题的种种表现

当前关于美好教育的各项工作都在积极推进，但实施进程中还是存在若干落实不到位的情况，主要表现在以下几方面。一是有些教育思想仅仅停留在口号的层面，教育行政部门在落实思想的过程中没有制定具体的举措和对策，缺乏系统的策略和实践方法。二是有些教育行政部门在教育行动中简单照搬照抄上级文件，依样画葫芦，缺乏解决焦点问题该有的作为和担当，问题解决仅仅充当“二传手”的角色，消极应对。三是有些学校在解决教育问题的过程中缺乏系统的体制机制设计，只是“头痛医头，脚痛医脚”，没有建立长效的运行机制。四是有些学校在解决问题的过程中缺少主题鲜明的整体性校园文

---

① 马克思恩格斯文集：第1卷［M］. 中共中央马克思恩格斯列宁斯大林著作编译局，编译. 北京：人民出版社，2009：163.

② 郭戈，李化侠. 兴趣测评的回眸与展望［J］. 中国教育科学，2019（2）：130-143.

化设计，工作推进缺乏抓手，目标落实找不到切入点和重点。五是有些学校在任务落实过程中缺少明确的目标，工作杂乱无序，实际操作中抓不住亟待解决的核心问题。

2. 构建美好教育模式，解决教育发展“不落实”问题的几个关键

美好教育的实践是美好教育理论的具体化和操作化。加强各种美好教育举措的落实，对于实现公平而有质量的教育、促进人的全面发展具有重要的意义。一是营造美丽校园，突出以学生为中心的育人环境。一方面，在校园环境的建设上体现高品质的文化内涵，引导学生学会自我发现，在良好的校园氛围中进行拓展实践，提升学校的育人功能和文化影响力；另一方面，充分利用学校的硬件环境，实现人与人之间各类活动的和谐互动。二是打造美雅教师，明确新时代美雅教师的责任和标准，为教师终身发展搭建多种平台。利用名师名校长工作室、城乡教育共同体、挂职锻炼、外出进修等途径，提高教师的自我价值认同和职业幸福感，促进教师职业道德素养的提高，使教师不但具备优秀的专业技能，而且塑造和提升其独特的人格魅力和素养。三是培育美好学生，加强素质教育，培育创新思维。将德智体美劳纳入学生培养的全过程，培养学生的创新意识和实践能力，让学生感受学习的美好，成为全面发展的社会主义建设者和接班人。四是创设美优课程，构建“以学为中心”的课程价值体系，形成促进学生全面发展的优美课程文化。一方面，进行国家课程校本化设计，使课程更加贴近学生的学习需要；另一方面，强调课程的综合性和拓展性，使课程学习和学生的美好生活有机融合，让学生在自然的学习和生活中体验自我价值的实现，成为一个理性与感性、认知与情感等多维度整合的完整意义上的人①，成就美好人生。五是构筑美妙课堂，使课堂教学能带给学生美好的学习体验。美妙的课堂以促进学生的全面发展为目标，着眼于学生综合素养的提高。一方面，课堂学习中要关注学生

---

① 靳玉乐，张良. 我国新课改以来课程理论的发展及其影响 [J]. 中国教育科学，2019 (5)：77-87.

的主体性成长，教师要根据每个学生的实际情况给予指导，因材施教；另一方面，要注重学生的真实理解和深度创新，激发学生学习的主动性，使课堂学习突破学科教育的边界，实现知行合一。

参考文献

一、著作

[1] 马克思恩格斯选集：第 1 卷 [M]. 北京：人民出版社，2012.
[2] 马克思恩格斯选集：第 2 卷 [M]. 北京：人民出版社，2012.
[3] 马克思恩格斯选集：第 3 卷 [M]. 北京：人民出版社，2012.
[4] 马克思恩格斯选集：第 4 卷 [M]. 北京：人民出版社，2012.
[5] 马克思恩格斯全集：第 1 卷 [M]. 北京：人民出版社，1995.
[6] 马克思恩格斯全集：第 2 卷 [M]. 北京：人民出版社，1957.
[7] 马克思恩格斯全集：第 3 卷 [M]. 北京：人民出版社，1960.
[8] 马克思恩格斯全集：第 4 卷 [M]. 北京：人民出版社，1958.
[9] 马克思恩格斯全集：第 16 卷 [M]. 北京：人民出版社，1964.
[10] 马克思恩格斯全集：第 18 卷 [M]. 北京：人民出版社，1964.
[11] 马克思恩格斯全集：第 20 卷 [M]. 北京：人民出版社，1971.
[12] 马克思恩格斯全集：第 21 卷 [M]. 北京：人民出版社，2003.
[13] 马克思恩格斯全集：第 23 卷 [M]. 北京：人民出版社，1972.
[14] 马克思恩格斯全集：第 25 卷 [M]. 北京：人民出版社，1974.
[15] 马克思恩格斯全集：第 28 卷 [M]. 北京：人民出版社，2018.
[16] 马克思恩格斯全集：第 30 卷 [M]. 北京：人民出版社，1995.
[17] 马克思恩格斯全集：第 33 卷 [M]. 北京：人民出版社，2004.
[18] 马克思恩格斯全集：第 34 卷 [M]. 北京：人民出版社，2008.
[19] 马克思恩格斯全集：第 44 卷 [M]. 北京：人民出版社，2001.
[20] 马克思恩格斯文集：第 1 卷 [M]. 北京：人民出版社，2009.
[21] 马克思恩格斯文集：第 2 卷 [M]. 北京：人民出版社，2009.
[22] 马克思. 1844 年经济学哲学手稿 [M]. 北京：人民出版社，

2018.

［23］上海师范大学教育系. 马克思恩格斯论教育［M］. 北京：人民教育出版社，1979.

［24］华东师范大学教育系. 马克思恩格斯论教育（修订本）［M］. 北京：人民教育出版社，1986.

［25］毛泽东选集：第1卷［M］. 北京：人民出版社，1991.

［26］毛泽东选集：第2卷［M］. 北京：人民出版社，1991.

［27］毛泽东选集：第3卷［M］. 北京：人民出版社，1991.

［28］中共中央文献研究室，中共湖南省委《毛泽东早期文稿》编辑组. 毛泽东早期文稿［M］. 长沙：湖南人民出版社，1990.

［29］邓小平文选：第2卷［M］. 北京：人民出版社，1994.

［30］鲍传友. 教育公平与政府责任［M］. 北京：北京师范大学出版社，2011.

［31］曹国智，孟湘砥. 徐特立教育思想讲座［M］. 长沙：湖南教育出版社，1983.

［32］陈时见，彭泽平. 教育公平［M］. 北京：高等教育出版社，2012.

［33］程红艳. 为了公平与质量：基础教育学校变革探究［M］. 济南：山东人民出版社，2015.

［34］董宝良，周洪宇. 中国近现代教育思潮与流派［M］. 北京：人民教育出版社，1997.

［35］段忠桥. 重释历史唯物主义［M］. 南京：江苏人民出版社，2009.

［36］冯惠敏. 中国共产党教育公平思想研究［M］. 武汉：武汉大学出版社，2009.

［37］冯建军. 教育的人学视野［M］. 合肥：安徽教育出版社，2008.

［38］冯平. 评价论［M］. 北京：东方出版社，1995.

［39］高丽. 教育公平与教育资源配置［M］. 北京：中国社会科学出版社，2009.

［40］何东昌. 中华人民共和国重要教育文献（1949 年～1997 年）［M］. 海口：海南出版社，1998.

［41］何怀宏. 选举社会及其终结——秦汉至晚清历史的一种社会学阐释［M］. 北京：生活·读书·新知三联书店，1998.

［42］华桦. 教育公平新解——社会转型时期的教育公平理论和实践探究［M］. 上海：上海社会科学院出版社，2010.

［43］华桦，蒋瑾. 教育公平论［M］. 天津：天津教育出版社，2006.

［44］金生鈜. 规训与教化［M］. 北京：教育科学出版社，2004.

［45］金诤. 科举制度与中国文化［M］. 上海：上海人民出版社，1990.

［46］劳凯声. 变革社会中的教育权与受教育权：教育法学基本问题研究［M］. 北京：教育科学出版社，2003.

［47］廖平胜. 考试是一门科学［M］. 武汉：华中师范大学出版社，2003.

［48］刘本固. 教育评价的理论与实践［M］. 杭州：浙江教育出版社，2000.

［49］刘复兴. 教育政策的价值分析［M］. 北京：教育科学出版社，2003.

［50］刘海峰，等. 高校招生考试制度改革研究［M］. 北京：经济科学出版社，2009.

［51］刘同舫. 理想与现实之间的人类解放境界［M］. 北京：人民出版社，2013.

［52］罗立祝. 高校招生考试政策研究［M］. 武汉：华中师范大学出版社，2016.

［53］马和民，高旭平. 教育社会学研究［M］. 上海：上海教育出版社，1998.

［54］马秋帆. 梁漱溟教育论著选［M］. 北京：人民教育出版社，1994.

［55］苗力田. 亚里士多德全集：第 8 卷［M］. 北京：中国人民

大学出版社，1994.

［56］秦行音，王力. 公平与质量——全民教育追求的目标［M］. 北京：北京师范大学出版社，2012.

［57］瞿葆奎，马骥雄. 教育学文集·美国教育改革［M］. 北京：人民教育出版社，1990.

［58］全国十二所重点师范大学. 教育学基础［M］. 北京：教育科学出版社，2002.

［59］任钟印. 西方近代教育论著选［M］. 北京：人民教育出版社，2001.

［60］沈有禄. 中国基础教育公平——基于区域资源配置的比较视角［M］. 北京：教育科学出版社，2011.

［61］舒志定. 马克思教育思想的当代阐释［M］. 北京：学习出版社，2013.

［62］宋恩荣. 梁漱溟教育文集［M］. 南京：江苏教育出版社，1987.

［63］苏君阳. 公正与教育［M］. 北京：北京师范大学出版社，2008.

［64］孙培青. 中国教育史：修订版［M］. 上海：华东师范大学出版社，2000.

［65］孙喜亭. 教育问题的理论求索［M］. 北京：人民教育出版社，2004.

［66］万斌. 万斌文集（历史哲学）：第3卷［M］. 杭州：杭州出版社，2004.

［67］万斌. 万斌文集（政治哲学）：第4卷［M］. 杭州：杭州出版社，2004.

［68］王海明. 公正 平等 人道——社会治理的道德原则体系［M］. 北京：北京大学出版社，2000.

［69］王启富，刘金国. 人权问题的法理学研究［M］. 北京：中国政法大学出版社，2003.

［70］王啸. 教育人学——当代教育学的人学路向［M］. 南京：

江苏教育出版社，2003.

［71］翁文艳. 教育公平与学校选择制度［M］. 北京：北京师范大学出版社，2003.

［72］吴德刚. 中国全民教育问题研究——兼论教育机会平等问题［M］. 北京：教育科学出版社，1998.

［73］吴晓明，陈立新. 马克思主义本体论研究［M］. 北京：北京师范大学出版社，2017.

［74］谢维和，李乐夫，孙凤，等. 中国的教育公平与教育发展（1990—2005）——关于教育公平的一种新的理论假设及其初步证明［M］. 北京：教育科学出版社，2008.

［75］杨东平. 中国教育公平的理想与现实［M］. 北京：北京大学出版社，2006.

［76］杨东平，柴纯青. 深入推进教育公平（2008）［M］. 北京：社会科学文献出版社，2008.

［77］杨东平，黄胜利. 中国教育发展报告（2013）［M］. 北京：社会科学文献出版社，2013.

［78］杨学为. 高考文献：上［M］. 北京：高等教育出版社，2003.

［79］杨学为，等. 中国考试制度史资料选编［M］. 合肥：黄山书社，1992.

［80］袁贵仁. 马克思主义人学理论研究［M］. 北京：北京师范大学出版社，2012.

［81］袁振国. 当代教育学［M］. 北京：教育科学出版社，2004.

［82］詹一之. 晏阳初文集［M］. 成都：四川教育出版社，1990.

［83］张彬，周谷平. 中国教育史导论［M］. 杭州：浙江大学出版社，2007.

［84］张和生. 从“为国选材”到“为民量才”——转型中的高考公平问题研究［M］. 上海：上海交通大学出版社，2013.

［85］张千帆，曲相霏. 大学招生与宪法平等：国际经验与中国问题［M］. 南京：译林出版社，2011.

［86］张人杰. 国外教育社会学基本文选［M］. 上海：华东师范

大学出版社，1989.

［87］张曙光. 生存哲学：走向本真的存在［M］. 昆明：云南人民出版社，2001.

［88］张忠华. 教育学原理［M］. 北京：世界图书出版公司，2012.

［89］中华职业教育社. 黄炎培教育文选［M］. 上海：上海教育出版社，1985.

［90］中央档案馆. 中共中央文件选集（一九三一）：第七册［M］. 北京：中共中央党校出版社，1991.

［91］中央档案馆. 中共中央文件选集（一九四一——一九四二）：第十三册［M］. 北京：中共中央党校出版社，1991.

［92］中央档案馆. 中共中央文件选集（一九四九年一月至九月）：第十八册［M］. 北京：中共中央党校出版社，1992.

［93］中央教育科学研究所. 中华人民共和国教育大事记（1949—1982）［M］. 北京：教育科学出版社，1984.

［94］周洪宇. 教育公平是和谐社会的基石［M］. 合肥：安徽教育出版社，2007.

［95］周洪宇，等. 教育公平论［M］. 北京：人民教育出版社，2010.

［96］朱永新. 中国教育思想史［M］. 上海：上海交通大学出版社，2011.

［97］转型期中国重大教育政策案例研究课题组. 缩小差距：中国教育政策的重大命题［M］. 北京：人民教育出版社，2005.

［98］阿格尔. 西方马克思主义概论［M］. 慎之，等译. 北京：中国人民大学出版社，1991.

［99］阿伦特. 人的境况［M］. 王寅丽，译. 上海：上海人民出版社，2009.

［100］艾德勒. 六大观念［M］. 郗庆华，译. 北京：生活·读书·新知三联书店，1991.

［101］博登海墨. 法理学—法哲学及其方法［M］. 邓正来，姬

敬武，译. 北京：华夏出版社，1987.

［102］德沃金. 认真对待权利［M］. 信春鹰，吴玉章，译. 北京：中国大百科全书出版社，1998.

［103］多尔迈. 主体性的黄昏［M］. 万俊人，朱国钧，吴海针，译. 上海：上海人民出版社，1992.

［104］弗莱雷. 被压迫者教育学：修订版［M］. 顾建新，赵友华，何曙荣，译. 上海：华东师范大学出版社，2014.

［105］弗雷德里克森. 公共行政的精神［M］. 张成福，刘霞，张璋，等译. 北京：中国人民大学出版社，2003.

［106］弗洛姆. 马克思论人［M］. 陈世夫，张世广，译编. 西安：陕西人民出版社，1991.

［107］古特曼. 民主教育［M］. 杨伟清，译. 南京：译林出版社，2010.

［108］哈贝马斯. 重建历史唯物主义：修订版［M］. 郭官义，译. 北京：社会科学文献出版社，2013.

［109］黑格尔. 小逻辑［M］. 贺麟，译. 北京：商务印书馆，1980.

［110］霍奇森. 受教育人权［M］. 申素平，译. 北京：教育科学出版社，2012.

［111］康德. 论教育学［M］. 赵鹏，何兆武，译. 上海：上海人民出版社，2005.

［112］柯林斯. 互动仪式链［M］. 林聚任，王鹏，宋丽君，译. 北京：商务印书馆，2011.

［113］夸美纽斯. 大教学论［M］. 傅任敢，译. 北京：教育科学出版社，1999.

［114］联合国教科文组织. 教育的权利：走向全民终身教育［M］. 联合国教科文组织中文科，译. 北京：中国对外翻译出版公司，2001.

［115］联合国教科文组织国际教育发展委员会. 学会生存——教育世界的今天和明天［M］. 华东师范大学比较教育研究所，译. 北京：教育科学出版社，1996.

[116] 卢梭. 爱弥儿 [M]. 李平沤，译. 北京：商务印书馆，1978.

[117] 卢梭. 论人类不平等的起源和基础 [M]. 李常山，译. 北京：商务印书馆，1982.

[118] 罗尔斯. 正义论 [M]. 何怀宏，何包钢，廖申白，译. 北京：中国社会科学出版社，1988.

[119] 麦克法夸尔，费正清. 剑桥中华人民共和国史（1966—1982）[M]. 李向前，旷昕，韩钢，等译. 海口：海南出版社，1992.

[120] 孟德斯鸠. 论法的精神：上册 [M]. 张雁深，译. 北京：商务印书馆，1961.

[121] 米勒. 社会正义原则 [M]. 应奇，译. 南京：江苏人民出版社，2001.

[122] 诺齐克. 无政府、国家与乌托邦 [M]. 何怀宏，等译. 北京：中国社会科学出版社，1991.

[123] 欧文选集：第 1 卷 [M]. 柯象峰，何光来，秦果显，译. 北京：商务印书馆，1979.

[124] 欧文选集：第 2 卷 [M]. 柯象峰，何光来，秦果显，译. 北京：商务印书馆，1981.

[125] 森. 以自由看待发展 [M]. 任赜，于真，译. 北京：中国人民大学出版社，2002.

[126] 森. 正义的理念 [M]. 王磊，李航，译. 北京：中国人民大学出版社，2012.

[127] 韦伯. 经济与社会：上卷 [M]. 北京：商务印书馆，1997.

[128] 沃尔泽. 正义诸领域：为多元主义与平等一辩 [M]. 褚松燕，译. 南京：译林出版社，2002.

[129] 亚里士多德. 尼各马可伦理学 [M]. 廖申白，译注. 北京：商务印书馆，2003.

二、期刊论文

[1] 安晓敏，邬志辉. 教育公平研究：多学科的观点 [J]. 上海

教育科研，2007（10）.

［2］边新灿. 公平选材和科学选材——高考改革两难价值取向的矛盾和统一［J］. 中国高教研究，2015（9）.

［3］陈栋. 底线与上限：论教育公平的立场、内涵和限度——兼论新教育公平的实践路径［J］. 教育发展研究，2017（2）.

［4］陈华，李红霞. 新时代视域中的教育公平［J］. 广西科技师范学院学报，2020（1）.

［5］陈静. 新时期人的全面发展与教育问题探析［J］. 中共郑州市委党校学报，2002（3）.

［6］陈子季，马陆亭. 着力解决好教育发展不平衡不充分问题［J］. 人民教育，2017（21）.

［7］程天君. 新教育公平引论——基于我国教育公平模式变迁的思考［J］. 教育发展研究，2017（2）.

［8］程天君. 以人为核心评估域：新教育公平理论的基石——兼论新时期教育公平的转型［J］. 华东师范大学学报（教育科学版），2019（1）.

［9］褚宏启. 关于教育公平的几个基本理论问题［J］. 中国教育学刊，2006（12）.

［10］杜瑞军. 从高等教育入学机会的分配标准透视教育公平问题——对新中国50年普通高校招生政策的历史回顾［J］. 高等教育研究，2007（4）.

［11］范国睿. 教育公平与和谐社会［J］. 教育研究，2005（5）.

［12］房宁. 科举制与现代文官制度——科举制的现代政治学诠释［J］. 战略与管理，1996（6）.

［13］冯建军. 新时代美好教育生活及其创造之路［J］. 中国教育学刊，2018（12）.

［14］冯建民. 高考分省划线定额录取：历史参照、问题及对策［J］. 湖北招生考试，2007（24）.

［15］高珊，曾山金，彭定光. 大学理念与教育公平——万俊人教授访谈录［J］. 现代大学教育，2007（3）.

[16] 高兆明. 从价值论看效率与公平——再论效率与公平 [J]. 哲学研究，1996 (10).

[17] 郭彩琴. 教育公平：内涵和规定性 [J]. 江海学刊，2003 (3).

[18] 郭彩琴. 论马克思恩格斯的教育公平观 [J]. 马克思主义研究，2007 (1).

[19] 郭彩琴，曹健. 教育公平：配置教育资源的合理性原则 [J]. 江苏高教，2003 (5).

[20] 郭元祥. 对教育公平问题的理论思考 [J]. 教育研究，2000 (3).

[21] 胡劲松. 论教育公平的内在规定性及其特征 [J]. 教育研究，2001 (8).

[22] 胡联合，胡鞍钢. 中国梦：中国每一个人的公平发展梦 [J]. 探索，2013 (3).

[23] 黄晓波. 社会公平与人的全面发展 [J]. 科学社会主义，2011 (5).

[24] 黄忠敬，孙晓雪，王倩. 从思辨到实证：教育公平研究范式的转型 [J]. 华东师范大学学报（教育科学版），2020 (9).

[25] 江畅. 论教育考试公正的内涵与实质 [J]. 湖北招生考试，2007 (10).

[26] 姜传松. 高考制度的合法性、现实困境与出路 [J]. 教育发展研究，2008 (7).

[27] 金生鈜. 论教育自由 [J]. 南京师大学报（社会科学版），2004 (6).

[28] 康奈尔. 教育、社会公正与知识 [J]. 李复新，马小梅，译. 华东师范大学学报（教育科学版），1997 (2).

[29] 雷晓云. 政府的责任及其实现：关于义务教育阶段教育资源合理配置的探讨 [J]. 教育研究与实验，2013 (1).

[30] 冷余生. 公平与效率究竟是一种什么样的关系 [J]. 交通高教研究，2004 (1).

[31] 李江源，巫春华. 论教育制度终结的障碍及策略（一）[J].

湖南师范大学教育科学学报，2006（4）.

［32］李江源. 论教育制度的若干本质特征［J］. 河北师范大学学报（教育科学版），2011（11）.

［33］李闽榕. 公平与效率真的是“鱼与熊掌不可兼得”吗？——对一个西方经济学界人为制造的伪命题的剖析［J］. 福建论坛（人文社会科学版），2005（7）.

［34］廖声丰，张乃丹. 人的全面发展理论视域下教育公平机制构建的思考［J］. 淮海工学院学报（人文社会科学版），2013（2）.

［35］林剑. 应正确理解与阐释马克思分配正义思想［J］. 哲学动态，2014（7）.

［36］刘复兴. 我国教育政策的公平性与公平机制［J］. 教育研究，2002（10）.

［37］刘海峰. 理性认识高考制度　稳步推进高考改革［J］. 中国高等教育，2013（7）.

［38］刘海峰，李木洲. 高考分省定额制的形成与调整［J］. 教育研究，2014（6）.

［39］刘尧. 教育公平研究综述［J］. 交通高教研究，2002（4）.

［40］卢跃青. 论教育自由［J］. 教育学术月刊，2011（2）.

［41］吕寿伟，柴楠. 教育公平诉求的伦理审视［J］. 国家教育行政学院学报，2013（11）.

［42］缪文升. 正义的法律是实现教育公平的制度保障［J］. 辽宁教育研究，2007（5）.

［43］庞君芳. 教育公平机制的四维分析［J］. 全球教育展望，2015（2）.

［44］庞君芳. 教育公平视域下教育资源的均衡发展［J］. 学术探索，2015（1）.

［45］秦春华. 促进公平公正：高考改革的价值取向［J］. 中国高等教育，2014（20）.

［46］邱伟华. 权力制衡与教育公平之实现［J］. 华东师范大学学报（教育科学版），2011（1）.

[47] 单文周，李忠. 新时代教育公平内涵与建设的思考 [J]. 教学与管理，2019 (36).

[48] 尚靖君，王小溪. 教育公平实现的困境与出路 [J]. 外国教育研究，2012 (4).

[49] 石中英. 教育机会均等的内涵及其政策意义 [J]. 北京大学教育评论，2007 (4).

[50] 石中英. 教育公平的主要内涵与社会意义 [J]. 中国教育学刊，2008 (3).

[51] 司晓宏，宋红霞. 教育公平是教育平等与教育效率和谐发展的理想状态 [J]. 教育理论与实践，2008 (16).

[52] 谈松华. "短缺教育" 条件下的教育资源供给与配置：公平与效率 [J]. 教育研究，2001 (8).

[53] 田晨. 新时代背景下的城乡教育公平问题研究 [J]. 中州大学学报，2020 (3).

[54] 田正平，李江源. 教育公平新论 [J]. 清华大学教育研究，2002 (1).

[55] 涂晓芳. 西方政治学中的政府利益观及其评析 [J]. 政治学研究，2005 (4).

[56] 王后雄，李佳，李木洲. 高考公平的内涵及属性 [J]. 中国教育学刊，2012 (5).

[57] 王寰安. 教育资源配置的竞争机制研究 [J]. 中国教育学刊，2008 (12).

[58] 王善迈. 教育公平的分析框架和评价指标 [J]. 北京师范大学学报（社会科学版），2008 (3).

[59] 王伟清. 试论教育资源配置的行为规范 [J]. 浙江师范大学学报（社会科学版），2008 (4).

[60] 王勇鹏. 论教育制度的公平构建 [J]. 湖南社会科学，2012 (6).

[61] 王运来. 论历史上科举制度在国外的重大影响 [J]. 晋阳学刊，2000 (3).

［62］吴永军. 教育公平：当今中国基础教育发展的核心价值［J］. 教育发展研究，2012（18）.

［63］邢永富. 学习邓小平教育效率与教育公平的思想［J］. 教育研究，1995（12）.

［64］熊春文. 论教育公平与社会公平——基于帕森斯理论视角的一个反思［J］. 中国教育学刊，2007（7）.

［65］杨德广，张兴. 关于高等教育公平与效率的思考［J］. 北京大学教育评论，2003（1）.

［66］杨东平. 教育公平是一个独立的发展目标——辨析教育的公平与效率［J］. 教育研究，2004（7）.

［67］杨东平. 办学体制改革与教育公平［J］. 教育发展研究，2005（24）.

［68］杨东平. 从权利平等到机会均等——新中国教育公平的轨迹［J］. 北京大学教育评论，2006（2）.

［69］洋龙. 平等与公平、正义、公正之比较［J］. 文史哲，2004（4）.

［70］杨明权. 公共性：教育立法的基本价值取向［J］. 教育理论与实践，2007（19）.

［71］杨乔乔. 马克思教育公平理论在新中国的运用与发展［J］. 思想政治教育研究，2020（2）.

［72］杨行玉，高立平. 考试“公平”危机治理［J］. 陕西教育（高教版），2012（Z2）.

［73］叶忠. 试论教育制度公平［J］. 教育与经济，2003（2）.

［74］衣华亮. 教育公平实现中弱势群体利益补偿机制的政策分析［J］. 阅江学刊，2009（3）.

［75］俞吾金. “人的全面发展”问题之我见［J］. 探索与争鸣，2002（8）.

［76］张承先. 关于办重点中学的回顾与前瞻［J］. 中国教育学刊，1997（2）.

［77］张冬毛. 教育公平基本理论的伦理视角［J］. 作家，2007

(4).

[78] 张和生. 我国高考公平的价值及实现路径 [J]. 教育测量与评价（理论版），2008 (3).

[79] 张蕾，柳军. 我国高校自主招生政策探析 [J]. 继续教育研究，2015 (3).

[80] 张铭凯，靳玉乐. 新高考改革的价值取向 [J]. 河北师范大学学报（教育科学版），2016 (1).

[81] 张荣庆. 均衡教育资源　实现教育公平 [J]. 学理论，2011 (19).

[82] 张扬生. 浅论教育公平和均衡发展 [J]. 江苏教育学院学报（社会科学版），2003 (5).

[83] 张朝霞. 构建和谐社会视角下教育公平的伦理审视 [J]. 求实，2011 (4).

[84] 郑若玲. 坚持考试，改革考试：潘懋元教授访谈录 [J]. 福建自学考试，2002 (5).

[85] 郑若玲. 自主招生改革何去何从 [J]. 华中师范大学学报（人文社会科学版），2010 (4).

[86] 郑若玲. “有限多样”：高考形式改革之方向 [J]. 探索与争鸣，2013 (8).

[87] 郑晓鸿. 教育公平界定 [J]. 教育研究，1998 (4).

[88] 钟景迅. 高等教育领域公平问题探讨的批判性反思——从哈贝马斯的批判理论谈起 [J]. 高教探索，2009 (5).

[89] 周波，黄培森. 关注个体差异：教育过程公平的路径选择 [J]. 河北师范大学学报（教育科学版），2017 (1).

[90] 周建国，屈茂辉. 教育公平的法哲学阐释 [J]. 求索，2010 (9).

[91] 周青山，寇杰. 论唐宋科举选材制度中的教育公平思想 [J]. 南都学坛，2001 (1).

[92] 周作宇. 教育、社会分层与社会流动 [J]. 北京师范大学学报（人文社会科学版），2001 (5).

三、学位论文

［1］草珺. 社会主义教育公平观及其实践对策研究——以我国西北地区基础教育为例［D］. 兰州：兰州大学，2017.

［2］陈权. 制度安排中的公平与正义：对高等教育机会均等的制度分析［D］. 长春：吉林大学，2005.

［3］丰向日. “教育平等”观念在中国（1840—2007）［D］. 上海：华东师范大学，2008.

［4］高淑贞. 论受教育权［D］. 长春：吉林大学，2007.

［5］金久仁. 促进教育公平的政府责任研究［D］. 南京：南京农业大学，2016.

［6］李海. 论马克思主义教育公平观及其当代价值［D］. 镇江：江苏大学，2016.

［7］李淼. 和谐社会视域下的城乡二元结构基础教育公平问题研究［D］. 南京：南京航空航天大学，2011.

［8］李宇峰. 马克思主义理解史视域下新中国教育公平历史演进及其经验研究［D］. 大连：辽宁师范大学，2018.

［9］刘欣. 由教育政策走向教育公平——我国基础教育政策的公平机制研究［D］. 武汉：华中师范大学，2008.

［10］毛燕. 当代中国教育公平的问题及对策研究［D］. 石家庄：河北师范大学，2013.

［11］师东海. 教育公平的政治学思考［D］. 长春：吉林大学，2011.

［12］宋红霞. 社会阶层与高等教育机会均等的相关性研究［D］. 西安：陕西师范大学，2009.

［13］田玉婷. 公民受教育权研究［D］. 长春：吉林大学，2004.

［14］王后雄. 我国高考政策的公平性研究［D］. 武汉：华中师范大学，2008.

［15］王佳靖. 教育公平及其社会正义价值［D］. 长春：吉林大学，2013.

［16］王卫东. 高等教育过程公平的社会学分析［D］. 武汉：华

中师范大学，2012.

［17］席岩峰. 孔子教育公平思想研究［D］. 太原：山西大学，2012.

［18］叶纪林. 试论教育公平［D］. 上海：上海师范大学，2006.

［19］张春静. 现实之路——马克思人类解放思想研究［D］. 长春：吉林大学，2013.

［20］张丽华. 戴维·米勒正义思想研究［D］. 重庆：西南大学，2008.

［21］朱金花. 教育公平：政策的视角［D］. 长春：吉林大学，2005.

四、外文文献

[1] Baratta, G. The Individual and the World: From Marx to Gramsci to Said[J]. *Socialism and Democracy*, 1999, 13 (1).

[2] Bourdieu, P. *The State Nobility: Elite Schools in the Field of Power* [M]. Translated by Clough, L. C. Stanford, CA: Stanford University Press, 1996.

[3] Bourdieu, P., Passeron, J. *The Inheritors: French Students and Their Relation to Culture.* Translated by Nice, R. Chicago: University of Chicago Press, 1979.

[4] Bourdieu, P., Passeron, J. *Reproduction in Education, Society and Culture* [M]. Translated by Nice, R. London: Sage, 1990.

[5] Bowles, S., Gintis, H. *Schooling in Capitalist America: Educational Reform and the Contradictions of Economic Life* [M]. New York: Basic books, 1976.

[6] Bowles, S., Gintis, H., Groves, M. O. *Unequal Chances: Family Background and Economic Success* [M]. New Jersey: Princeton University Press, 2005.

[7] Coleman, J. S. *Equality of Educational Opportunity* [M]. Washington: U. S. Dept. of Health, Education, and Welfare, Office of Education, 1966.

[8] Coleman, J. S. What Is Meant by "An Equal Educational Opportunity"? [J]. *Oxford Review of Education*, 1975, 1 (1).

[9] Collins, C. *Ethnically Qualified: Race, Merit, and the Selection of Urban Teachers*, 1920-1980 [M]. New York: Teachers College Press, 2011.

[10] Collins, R., Makowsky, M. *The Discovery of Society* (4th eds.) [M]. New York: Random House, 1989.

[11] Darling-Hammond, L. *The Flat World and Education: How America's Commitment to Equity Will Determine Our Future* [M]. New York: Teacher's College Press, 2010.

[12] Dewey, J. *Democracy and Education: An Introduction to the Philosophy of Education* [M]. New York: Free Press, 1966.

[13] Dewey, J., Dworkin, M. S. *Dewey on Education: Selections* [M]. New York: Bureau of Publications, Teachers College, Columbia University, 1959.

[14] Douglas, J. W. B. *The Home and the School: A Study of Ability and Attainment in the Primary School* [M]. London: Macgibbon & Kee, 1964.

[15] Floud, J. E., Halsey, A. H., Martin, F. M. *Social Class and Educational Opportunity* [M]. Westport, CT: Greenwood, 1973.

[16] Freire, P., Shor, I. *A Pedagogy for Liberation: Dialogues on Transforming Education* [M]. South Hadley, MA: Bergin & Garvey, 1987.

[17] Gordon, L. Paul Willis: Education, Cultural Production and Social Reproduction [J]. *British Journal of Sociology of Education*, 1984, 5 (2).

[18] Husén, T. *Social Background and Educational Career: Research Perspectives on Equality of Educational Opportunity* [R]. Paris: Organisation for Economic Cooperation and Development, 1972.

[19] Kracke, E. A., Jr. *Family vs. Merit in Chinese Civil Service*

Examinations under the Empire [M]//Bishop, *J. L. Studies of Governmental Institutions in Chinese History*. Cambridge, MA: Harvard University Press, 1968.

[20] Marcuse, H. *An Essay on Liberation* [M]. Boston: Beacon Press Books, 1969.

[21] McMahon, W. W., Geske, T. G. *Financing Education: Overcoming Inefficiency and Inequity* [M]. Urbana: University of Illinois Press, 1982.

[22] Mill, J. S. *On Liberty* [M]. London: Himmelfarb, 1966.

[23] Nagel, *T. Equality and Partiality* [M]. New York: Oxford University Press, 1991.

[24] Nowak, M. *The Right to Education* [M] //Eide, A., Krause, C., Rosas, A. *Economic, Social and Cultural Rights*. Boston: Martinus Nijhoff Publishers, 1995.

[25] Parsons, T. The School Class as a Social System: Some of Its Functions in American Society [J]. *Harvard Educational Review*, 1959, 29.

[26] Phillips, A. *Education Rights and Minorities* [M]. London: Minority Rights Group, 1994.

[27] Rikowski, G. Left Alone: End Time for Marxist Educational Theory? *British Journal of Sociology of Education*, 1996, 17 (4).

[28] Sayers, S. *Marxism and Human Nature* [M]. London: Routledge, 1998.

[29] Willis, P. *Learning to Labour: How Working Class Kids Get Working Class Jobs* [M]. New York: Columbia University Press, 1981.

[30] World Bank. *World Development Indicators* 2011 [R]. Washington D.C.: The World Bank, 2011.

[31] Wringe, C. A. *Children's Rights: A Philosophical Study* [M]. London: Routledge & Kegan Paul, 1981.

后记

时间总是匆匆。从2013年9月开始，我进入浙江大学攻读马克思主义基本原理专业博士学位，接着进教育学院博士后科研流动站——博士、博士后，一路走来，十年的时光如白驹过隙，转瞬而逝。这段时间，穿梭于图书馆和宿舍之间，在阴晴晨昏的更替中返顾历史，在史料典籍的爬梳剔抉中感受现实的厚重。大概因为年岁日长，又或因学术艰深，个中滋味，无以言表。求学的初衷可能是为了让自己生活得更明白一点儿，弄清楚怎样的人生才更有价值和意义。或许这样的答案也并非一个博士学位能够诠释，否则我也不会对学习有如此的动力和热忱。每每在图书馆一隅，感受着校园中的宁静和喧嚣，蓦然发现，一个人在窄小的空间中安静地阅读、摘抄、整理、思考和写作的习惯，竟已不知不觉融入我生活的全部。也许，坚守的信念和本心，一直就涵蕴在向“真”的追求中。

本书是在我的博士毕业论文的基础上修改而成的。近四年攻博生涯积淀的成果能够与大家见面，心中感慨万千，大概任何语言也无法准确表达内心的思绪，唯有两个字：感谢！

首先要感谢我的博士生导师万斌教授。记得在刚刚考上导师的博士研究生时，导师专门给我打了电话，让我努力学习早出成果，并结合我的学习背景为我指点了研究方向。带着导师的关怀和鼓励，我十分荣幸地加入了“万门”。在这个大师门中，大家讨论、质疑、思考，感受智慧的碰撞，相处融洽，宛如家一般温暖。当时的导师已然年近古稀，身患沉疾，但仍坚持对我的论文耐心指点，谆谆教诲，给我启发和鼓励。导师以其广博的学识、深刻的思想和正直的品格影响着我，使我在朴素研究的道路上能始终保持自由思索的精神和积极乐观的人生态度。感谢导师为我选择了“教育公平”作为研究的主题，也许这也恰好是自己内在情愫无意识选择的必然结果。在“生活即教育”“教育即生活”的砥砺中，我始终怀揣初心，且行且珍惜。这份初心同时亦在不经意间成为我与浙大及师门的永恒纽带，它以貌似冷静的淡漠，深蕴求是的热情。

感谢我在美国加州大学圣迭戈分校的合作导师吴奎亨（Kwai Hang）教授。在浙江大学读书的第二年，我考取国家公派留学博士研究生资格，前往美国加州大学学习。从我在加州大学转学院、转专业，到撰写论文的结构和内容，吴奎亨教授都十分关心，他指导我沿着马克思主义政治哲学的视角展开研究，就会跳出传统教育学的维度产生新的意义，使我受益匪浅。老师的殷切关怀和悉心指导使我在异国求学的一年多时间里倍感温暖和鼓舞，不忘对学术的依持。

感谢方展画教授。方老师是我的博士后合作导师，在本书后来修改润色的整个过程中，方老师都提出了准确而独到的意见。老师学识渊博，治学严谨，在他的指导下，我得以匡正以前的一些不甚合理的研究思路，保证本书的顺利面世。

感谢我的硕士生导师王尚文教授和方卫平教授。两位老师对我的学业和生活一直都十分关心，他们对我在整个研究阶段所取得的每个微小进步都给予真诚的鼓励和支持，使我倍受鼓舞。

感谢清华大学的石中英教授、浙江大学马克思主义学院刘同舫教授为本书修改提出诸多宝贵建议。感谢浙江省教育厅教研室任学宝主任、浙江省教育科学研究院朱永祥院长在本书修订过程中提供的指导和帮助。感谢刘召峰、吴旭平两位老师，在我论文的具体修改过程中，无论是题目、提纲还是内容细节，两位老师都提出很多建设性的意见，给以切实的帮助，使我深有获益，免走许多弯路。感谢马建青教授、段治文教授、高力克教授、黄铭教授、潘于旭教授、阚阅教授给予的关怀、指点和帮助；感谢浙江大学研究生院的何俊杰、万光龙老师，感谢徐晓霞老师、宇正香老师、喻嘉乐老师，他们为我的论文和求学做了很多细致的指导。

感谢赵恩国、李昕昌两位师兄在我论文撰写过程中提供的诸多帮助。感谢徐华、冯光辉、顾青青及浙江大学马克思主义学院 2013 级博士生班的诸位同学。与大家一起学习的岁月，是人生中最值得留恋的一段时光。同时感谢加州大学国际中心的凯文（Kd Kevin）主任、国际关系学院的老师康纳卡（Rita Kernacs）和学长吴杰森（Jason Wu），在我转院注册、专业选修以及查阅外文文献方面，给我提供了大量的支持和帮助。

人生中能有如此多的良师益友，是何其有幸！

还要感谢我的家人。求学多年，生活的压力、父亲的病况……如果没有你们在背后的默默支持，我不会有如此顺利的求学之路，更不会有今天在研究之路上的继续求索。谢谢你们的理解、支持、鼓励和宽容！

感谢人民教育出版社的刘立德编审、任长松编审、曾红梅编审和本书的责任编辑陆洋博士，他们的专业、敬业、细致、执着让我十分敬佩，也让我对人教社编审人员的严谨和专业由衷赞叹。

需要感谢的人太多。感恩人生中能够遇见如此多可亲可敬的人！生活是一种流逝的存在，它并不存在于一个绝对的时空，在连续、累积、变化的进程中，映照着各异的维度。感恩他人，同时也感谢自己，作为彼此的镜子，迎接生活的每一天。

庞君芳

2023 年 6 月 8 日于杭州金祝新村